Zu diesem Buch

Gerade Eltern, die ihre sorgende und fördernde Rolle ernst nehmen, stehen ihrer erzieherischen Aufgabe oft ratlos gegenüber. Sie wollen die Voraussetzungen dafür schaffen, daß ihr Kind zu einer psychisch stabilen, ausgeglichenen und selbständigen Persönlichkeit heranwächst, fragen sich aber verunsichert, welcher Weg ist der richtige?

Das Elternbuch trägt dazu bei, daß Erziehung nicht zum unlösbaren Problem oder zur lästigen Pflicht wird. Wissenschaftlich fundiert und leicht verständlich gibt es Auskunft über Stufen und kritische Phasen der körperlichen, psychischen und kognitiven Entwicklung des Kindes, über Erziehungsziele und Erziehungsstile, über die möglichst konfliktfreie Abstimmung des Familienlebens und geht differenziert auf die besonderen Bedürfnisse des Kindes ein.

ULRICH DIEKMEYER, geboren 1940, Diplom-Psychologe und Pädagoge, ist Leiter der Abteilung Frühpädagogik im Staatsinstitut für Frühpädagogik und Familienforschung in München.

Ulrich Diekmeyer

DAS ELTERNBUCH 3
Unser Kind im 3. Lebensjahr

Ärztliche Beratung:
Dr. med. Brigitte Mertin

Rowohlt

rororo – Mit Kindern leben

Umschlaggestaltung
Peter Wippermann/Jürgen Kaffer
(Foto: Wretling/Transglobe)

106.–117. Tausend Mai 1992

Vollständig überarbeitete und
erweiterte Neuausgabe
Veröffentlicht im Rowohlt Taschenbuch Verlag GmbH,
Reinbek bei Hamburg, Mai 1992
Copyright © 1973/1992 by Ulrich Diekmeyer
Alle Rechte vorbehalten
Satz Times PostScript Linotype Library, PM 4.0
Langosch Grafik + DTP, Hamburg
Gesamtherstellung Clausen & Bosse, Leck
Printed in Germany
1290 ISBN 3 499 19122 9

Inhalt

EINFÜHRUNG

Eltern, Kind und Umwelt

Das dritte Lebensjahr ist für Ihr Kind und seine geistige, seelische und körperliche Entwicklung fast ebenso bedeutsam wie das vorhergehende.

Die Baby- und Kleinkindphase ist Ende des dritten Lebensjahres abgeschlossen. Dann beginnt das Vorschulalter. Sie werden es bemerken: Ihr Kind wird zunehmend selbständiger. Es leistet oft heftigen Widerstand gegen die Anordnungen der Erwachsenen. Die Eltern müssen sich daran gewöhnen, daß es nicht nur einen eigenen Willen hat, sondern diesen auch durchsetzt.

Ein Grund für diese deutlichen Veränderungen ist seine geistige Leistungsfähigkeit. Das Kind kann immer präziser zwischen «Ich» und «Nicht-Ich» unterscheiden. Die Sprachentwicklung macht große Fortschritte, es versteht immer besser. Auch seine Muskeln, seinen gesamten Körper weiß es jetzt gezielt einzusetzen. Und es ist für Sie eine erhebliche Erleichterung, daß das Kind im Laufe des dritten Lebensjahres sauber wird.

Stellt man die äußerlich meßbaren Fortschritte in den ersten Lebensjahren grafisch dar, so erhält man eine Kurve, die zunächst steil ansteigt und dann von Jahr zu Jahr flacher wird. In seinen ersten Lebensjahren lernt das Kind leicht, es nimmt alle Anregungen begierig auf. Wenn sie in späteren Jahren Entwicklungsrückstände ausgleichen bzw. aufholen wollen, müssen Eltern, Erzieher und Lehrer größere Anstrengungen unternehmen. Und das kann für das Kind schon belastend sein.

Deshalb sollten Sie immer im Bewußtsein haben, daß es ein günstiges, kindgemäßes «Klima» braucht, Eltern, die sich ihm liebevoll und ganz positiv zuwenden, und eine Umwelt, aus der das Kind Anregung und Motivation erhält.

Bedenken Sie einmal, was Ihr Kind in diesen ersten Jahren gelernt hat: zu sehen, zu hören, zu riechen, zu tasten und zu schmecken. Es kann denken und sprechen und hat über all das hinaus noch unendlich viel Wissen gespeichert.

Auch mit seinem Körper kann es schon recht gut umgehen, seine Hände, Arme und Beine gezielt einsetzen. Es kann Freude, Trauer und Wut empfinden und auch ausdrücken. Es ist neugierig

**Geschwister geben einander ständig
viele neue Anregungen.**

auf seine Umwelt und bereit, Kontakt mit anderen Menschen aufzunehmen und zu vertiefen.

All diese Fähigkeiten entwickeln und vervollkommnen sich von Tag zu Tag mehr.

Ihnen fällt die Aufgabe zu, immer wieder Situationen zu schaffen, die Ihr Kind in einer ihm gemäßen Weise anregen und fördern, so daß alles, was es lernt, zu einem unverlierbaren Besitz wird.

Die Anregungen in diesem Band helfen Ihnen dabei. Sie finden Spiele und Übungen für alle Entwicklungs- und Lernbereiche, die Ihrem Kind Spaß machen werden und die auf das Alter eines etwas überdurchschnittlich entwickelten Kindes abgestimmt sind (damit wird berücksichtigt, daß Sie vermutlich auch im vergangenen Jahr in dieser Art mit Ihrem Kind gearbeitet haben).

Wenn Sie den Entwicklungsstand Ihres Kindes mit dem eines älteren Geschwisters oder anderen Kindes in diesem Alter vergleichen, werden Sie sicher Unterschiede feststellen. Dafür kann es verschiedene Gründe geben. Darüber hinaus kann das eine Kind sich in einer Phase schneller als das andere entwickeln. Oder es überspringt einen an sich logischen Entwicklungsschritt und holt ihn später nach. Anlaß zu Sorge besteht aber erst, wenn die Ent-

wicklung in mehreren Bereichen bis zu drei oder vier Monaten verzögert verläuft – sprechen Sie dann sowohl mit einem Arzt als auch mit einem Kinderpsychologen. Bei einem Vorsprung in mehreren Bereichen sollten Sie darauf achten, daß die anderen Schritte nicht unverhältnismäßig weit zurückbleiben.

Die Förderung des Kindes in allen Lernbereichen ist die Aufgabe beider Eltern. Jeder von Ihnen hat auf bestimmten Gebieten besondere pädagogische Fähigkeiten und kann dem Kind unterschiedliche Erfahrungen und Kenntnisse weitergeben.

Es ist aber nicht nur Ihre Aufgabe, Ihr Kind gezielt zu fördern. Sie können darüber hinaus seine Umgebung mit- und umgestalten. Beginnen Sie im Kinderzimmer. Trennen Sie sich von Möbeln, die nur für Erwachsene praktisch sind, aber nicht für das Kind. Wählen Sie die Einrichtung so, daß sie Ihrem Kind gefällt, daß es sie vielleicht auch farblich mitbestimmt. Natürlich müssen Sie bei der Gestaltung des Zimmers vor allem auf die Sicherheit des Kindes achten.

Untersuchungen haben ergeben, daß gerade die «differenzierte» und anregende «Umwelt» des Kindes seine Entwicklung außerordentlich günstig beeinflußt. Es kann darin bewußt und unbewußt die Reize und Lernimpulse aufnehmen, die es für seinen nächsten Lernschritt braucht. Stimmen Sie darüber hinaus auch die anderen Räume Ihrer Wohnung auf die Bedürfnisse des Kindes ab. Sie muß sicher sein, sie sollte genügend Spielraum bieten, veränderbar sein, zu Aktivitäten anregen und möglichst wenig «verbotene» Bereiche enthalten. Ihr Kind hat dann viele Möglichkeiten für eigenes Tun und Mittun.

Auch an die nähere Umgebung des von Ihnen bewohnten Hauses sollten Sie denken. Ist sie langweilig oder gefährlich, suchen Sie so oft wie möglich ein geeigneteres Umfeld auf. Wenn Sie in einer Stadtwohnung leben, sollten Sie unbedingt jede Woche einmal «hinausfahren», vielleicht einen Spielplatz aufsuchen, der zu neuen Aktivitäten herausfordert.

Es ist wichtig, daß Sie Ihr Kind nicht nur mit anderen Kindern, sondern auch oft mit anderen Erwachsenen zusammenkommen lassen. Fremde können oft in kurzer Zeit ganz neue Lernimpulse geben oder sein Interesse für etwas wecken. Dabei lernt es zugleich, sich auf andere einzustellen – auf Erwachsene ebenso wie auf Kinder.

Im Mittelpunkt jeden Bandes der «Elternbuch»-Reihe stehen die Entwicklungsanregungen (Bände 1 bis 3) bzw. das Lernspielprogramm für das Vorschulalter (Bände 4 bis 6). Im übrigen werden in den einzelnen Bänden bestimmte Themenbereiche schwerpunktartig betont. Sie sind dann in den anderen Bänden kürzer behandelt oder kommen darin gar nicht vor. In den Bänden 2 bis 4 finden Sie die folgenden Schwerpunkte:

«Elternbuch 2»:
Sauberkeitserziehung, Spielen und Spielzeug sowie Kinderkrankheiten.

«Elternbuch 3»:
Ernährung des Kindes, Kinderzimmer, Sexualität, Erziehungsziele und Erziehungsstile.

«Elternbuch 4»:
Kindergarten, Umwelt und Verhaltensauffälligkeiten und -störungen.

Praktische Hinweise

Hier noch einige praktische Tips für den Gebrauch dieses Buches: Machen Sie es sich zur Regel, das «Elternbuch 3» mehrmals in der Woche zur Hand zu nehmen. Lesen Sie die Kapitel, die Sie gerade besonders interessieren. Es ist nicht notwendig, daß Sie das Buch «in einem Zug» intensiv durchlesen. Aber legen Sie es an einen Platz, den Sie täglich im Blickfeld haben. Und denken Sie daran, die Entwicklungsanregungen regelmäßig durchzuführen.

In der Regel sprechen wir Sie ganz persönlich an. Mit diesem «Sie» sind meistens beide Eltern, Vater und Mutter, gemeint. Fast alle Aufgaben, Spiele und Beschäftigungen können ja von beiden Eltern übernommen werden.

Es wurde immer wieder mal diskutiert, wie vom Kind selbst gesprochen werden sollte. Mit der Bezeichnung «Ihr Kind» sind wir nicht ganz zufrieden, obwohl wir sie überwiegend verwenden. Das Fürwort «Ihr» soll nicht etwa Besitzansprüche zum Ausdruck bringen oder begründen!

Die erste Fassung der «Elternbuch»-Reihe wurde bereits in den siebziger Jahren entwickelt. Zur Konzeption hat damals Werner Kirst beigetragen, an den ersten Typoskripten waren als Mitarbeiter Beate Diele, Sylvia Erhard, Helmut Knüpfer, Hannelore Potthof und Brigitta Wydler beteiligt, denen an dieser Stelle vielmals gedankt sei. Herzlich sei hier auch Dr. Brigitte Mertin gedankt, die den Autor mit Geduld ärztlich beriet.

Nachdem man in medizinischer und psychologischer Sicht zu neuen Erkenntnissen gelangt ist und sich die gesellschaftliche Situation, auch die Familienformen, geändert haben, wurde eine deutliche Erweiterung des «Elternbuches 3» erforderlich und auch eine Neubearbeitung wesentlicher Textteile.

Auf die größere Differenzierung der Gesellschaft, die verschiedenen Familienformen und Regionen innerhalb des deutschen Sprachraums können wir im «Elternbuch 3» – auch aufgrund des beschränkten Raums – nicht gesondert eingehen. Wir hoffen aber, daß die Ziele unserer Entwicklungsanregungen, unserer Ratschläge, wie Sie Ihr Kind fördern und pflegen, wie Sie gute Rahmenbedingungen schaffen und wie Sie am besten Liebe und Zuwendung dem Kind vermitteln können, so klar dargestellt sind, daß alle Mütter und Väter sie ihrer jeweiligen Lebenssituation anpassen können. Wenn Sie dem Autor eine wichtige Anregung weiterleiten möchten, die bei einer Neuauflage berücksichtigt werden sollte, schreiben Sie bitte an den Verlag – schon jetzt dafür herzlichen Dank!

Ein Kind gut erziehen heißt mitfühlen, mitdenken und beim Handeln von den Bedürfnissen und Möglichkeiten des Kindes ausgehen: wenn das «Elternbuch 3» dazu beiträgt, hat es sein Ziel erreicht.

DER KÖRPER
DES KINDES

So verändert sich der Körper im dritten Lebensjahr

Körperwachstum und Gewicht

Die körperliche Entwicklung verläuft nun etwas langsamer als in den beiden vergangenen Jahren. Sowohl Mädchen als auch Jungen wachsen in diesem Lebensjahr durchschnittlich 7 bis 8 cm. Mit 36 Monaten sind Jungen im Durchschnitt 96 cm, Mädchen 95 cm groß (Abweichungen von 7 bis 8 cm nach oben und unten sind normal). In den ersten Monaten dieses Lebensjahres wird das Kind jeweils fast 1 cm größer, danach verringert sich das Wachstumstempo deutlich.

Das Körpergewicht steigt (wie im vergangenen Jahr) um etwas mehr als 2 kg. Mit drei Jahren wiegen Jungen durchschnittlich 14,5 kg; Mädchen sind gewöhnlich ein halbes Kilo leichter (die normale Schwankungsbreite liegt bei 3 kg mehr oder weniger). Das Gewicht steigt etwa gleichmäßig während des ganzen dritten Lebensjahres. Es ist jedoch mit jahreszeitlichen Schwankungen zu rechnen. Im Herbst nimmt das Kind am meisten zu, im Frühjahr und Sommer am wenigsten.

Die angegebenen Größen- und Gewichtsmaße ändern sich übrigens ständig geringfügig schon innerhalb weniger Jahre: Die Kinder werden heute größer und schwerer als gleichaltrige Kinder früherer Jahrzehnte. Wissenschaftliche Untersuchungen haben außerdem gezeigt, daß alle übrigen Entwicklungsvorgänge einschließlich der psychischen Entwicklung beschleunigt verlaufen (harmonische Akzeleration). Übrigens können Sie schon jetzt erfahren, wie groß Ihr Kind als Erwachsener einmal sein wird. Man kann das anhand von Röntgenaufnahmen der Hand ziemlich genau bestimmen. Für die Vorausberechnung wird die Größe der Eltern mit verwendet.

Körperproportionen

Der Kopf wächst im Verhältnis zum übrigen Körper nicht mehr so schnell. Beim Neugeborenen betrug seine Größe noch ein Drittel der gesamten Körperhöhe, jetzt entspricht sie nur noch einem Fünftel der Körperhöhe. Der Kopfumfang nimmt um 1 bis 1,5 cm zu. Danach ist das Schädelwachs-

**Dieser Junge
hüpft mit
Begeisterung auf
dem Trampolin.**

tum fast abgeschlossen. Mit drei
Jahren hat der Kopf einen Umfang
von rund 51,5 cm bei Jungen, von
49,5 cm bei Mädchen (es können
allerdings auch 2 cm mehr oder
weniger sein). Die Fontanellen
sollten spätestens zu Beginn des
dritten Lebensjahres geschlossen
sein. Der Hirnschädel bleibt im
Verhältnis zum Gesichtsschädel im
Wachstum zurück. Dadurch verliert
das Kind sein «babyhaftes»
Aussehen, es wirkt «erwachsener».

Die Extremitäten, vor allem die
Arme, wachsen schnell. Die
Schultern und das Becken werden
proportional zur Körperhöhe
breiter. Es gibt dabei noch keine
Unterschiede zwischen Jungen und
Mädchen.

Mit der Änderung der Körperpro-
portionen verlagert sich der
Schwerpunkt des Körpers immer
mehr nach unten. Beim Säugling
befand sich der Nabel noch

unterhalb der Körpermitte. Inzwischen sind die unteren Körperpartien gewachsen, der Nabel liegt nun in der Mitte. (Beim Erwachsenen ist er weit oberhalb der Körpermitte.) Durch die Verlagerung des Körperschwerpunkts fällt es dem Kind auch leichter, das Gleichgewicht zu halten.

Weitere körperliche Reifungsprozesse

Von wesentlicher Bedeutung ist natürlich die Weiterentwicklung des Zentralnervensystems. Das Gehirn nimmt an Volumen zu. Gleichzeitig wird die Faltung der Gehirnoberfläche komplizierter. Zwischen den Nervenzellen entstehen zunehmend Verbindungen, die unter anderem die Ordnung und Abrufbarkeit gesammelter Informationen ermöglichen. Deshalb kann man gerade in diesem Alter eine deutliche Zunahme geistiger Leistungen, vor allem des Gedächtnisses, beobachten. Im vierten Lebensjahr ist das Gehirnwachstum weitgehend abgeschlossen.

Der kindliche Organismus wird insgesamt belastbarer. Herz und Lunge wachsen, und damit steigt die körperliche Leistungsfähigkeit. Sie hängt mehr von der Funktionstüchtigkeit des Herz-Kreislauf-Systems als von der Muskelkraft ab. Die Leistungsfähigkeit von Herz und Kreislauf ist – proportional zur Körpergröße – genauso groß wie beim Erwachsenen.

Eine ausreichende körperliche Belastung ist jetzt wichtig, die einem Zurückbleiben der muskulären Entwicklung vorbeugt und außerdem Gelenkigkeit und gute Körperbeherrschung fördert. Das erhöht die Freude des Kindes an der Bewegung.

Sie brauchen nicht zu befürchten, daß Sie Ihr Kind überanstrengen. Kleinere Kinder schützen sich instinktiv davor und wehren sich sogar heftig, wenn von ihnen zuviel verlangt wird. Sie sollten nur dafür sorgen, daß zwischen den Belastungsphasen Pausen gemacht werden.

Grobmotorik und Feinmotorik

Wenn die aufrechte Haltung und das Gehen keine Anstrengung mehr für das Kind bedeuten, verlegt es sein Interesse ganz auf eine fast akrobatische Vervollkommnung seiner Fähigkeiten. Es rennt sehr viel und versucht, schnell scharfe Kurven zu nehmen, es balanciert mit Vorliebe über niedrige Mauern, probiert verschiedene Hüpf- und Springarten aus, es versucht auf einem Bein zu stehen und klettert viel. Zu Beginn des Jahres setzt es beim Treppensteigen immer noch den gleichen Fuß auf die nächste Stufe und zieht den anderen nach, doch gegen Ende

**Ein gelungener
Balanceakt ist für
jedes Kind ein
Erfolgserlebnis.**

kann es wie ein Erwachsener
hinauf- und hinunterlaufen und
muß sich dabei auch nicht mehr
festhalten. Es kann mit geschlossenen Beinen mindestens 20 cm weit
hüpfen und springt auf die gleiche
Weise aus einer Höhe von etwa
20 cm. Geschickt fährt es mit
seinem Dreirad. Wenn es etwas
vom Boden aufheben will, hockt es
sich dazu nicht mehr hin, sondern
bückt sich mit fast geraden Beinen.

Es kann auch besser seinen Körper
in Ruhestellung halten, wenn dies
für eine Tätigkeit nötig ist. Die
Bewegungen werden gezielter und
passen sich genauer der jeweiligen
Situation an. Vorher bewegte sich
bei einer Tätigkeit noch der ganze
Körper mit, und das hatte präzise
Handlungen erschwert. Doch nun
gelingen ihm immer feinere Bewegungen, die viel Konzentration
und die Koordination einzelner
Muskelgruppen und Sinnesorgane

erfordern. Gegen Ende des dritten Lebensjahres kann das Kind Deckel von Flaschen entfernen, einzelne Buchseiten umwenden, einen Turm aus mehreren Klötzchen bauen, komplizierte Formen in die richtigen Öffnungen stecken und große Perlen auffädeln. Außerdem weiß es mit Geräten wie Schere und Besteck gut umzugehen.

Im Laufe des Jahres lernt es, sich weitgehend selbst an- und auszuziehen. Es kann bald Knöpfe auf- und zumachen, ein kleines Tablett mit Geschirr sicher tragen und Geschirr abtrocknen, ohne dabei viel

fallen zu lassen. Es kann sich also schon recht gut selbst bedienen und kleine, sinnvolle Aufgaben übernehmen. Jungen und Mädchen sind gleich geschickt.

Rechts- und Linkshändigkeit

In den ersten beiden Jahren verwendet das Kind die linke und die rechte Hand in gleicher Weise. Erst zwischen dem dritten und fünften Lebensjahr verfestigt sich die Rechts- oder Linkshändigkeit.

Noch vor wenigen Jahren wurde in den Schulen Linkshändern das

An selbstgestellten Aufgaben lernt ein Kind am besten, seine Fähigkeiten einzuschätzen.

Schreiben mit der rechten Hand aufgezwungen. Einige Kinder, die im Alltag überwiegend als Linkshänder handelten, konnten sich damit arrangieren. Bei anderen jedoch waren, abgesehen von einer sehr ungelenken Schriftführung, psychische Störungen die Folge. Sie konnten Wörter nicht zusammenhängend schreiben, ließen Buchstaben und Silben aus oder vertauschten sie, oder sie fingen an zu stottern. Wenn jemand mit der linken Hand schreibt, kommt es oft zur Verkrampfung im angewinkelten linken Arm – insbesondere, wenn die Eltern oder der Lehrer das Schreiben mit der linken Hand negativ bewerten. Wegen des zusätzlichen Kraftaufwands erreichen Linkshänder durchschnittlich nur etwa vier Fünftel der Schreibgeschwindigkeit von Rechtshändern.

Inzwischen wird den Kindern weithin freigestellt, mit welcher Hand sie schreiben, zeichnen oder malen wollen. Dadurch werden unnötige psychische Belastungen vermieden. In den USA wird das rechts- oder linkshändige Schreiben in gleicher Weise akzeptiert – dort schreiben ca. 20 Prozent der Kinder mit der linken Hand. Übrigens neigen etwas mehr Jungen als Mädchen dem Schreiben mit der linken Hand zu, 53 Prozent zu 47 Prozent. Auch die Gesellschaft übt einen Einfluß aus: In einer «rechtshändigen» Gesellschaft entstehen mehr Rechtshänder aufgrund des ständig gegebe-

nen Vorbilds (M. Schreiber, 1988).

In einigen Städten gibt es Geschäfte, in denen die verschiedensten Gebrauchsgegenstände für Linkshänder angeboten werden – damit können Sie Ihrem Kind gegebenenfalls helfen.

Unterstützen Sie es in der Ausbildung seiner bevorzugten (dominanten) Hand. Wenn es mit dieser schon gut umgehen kann, sollten Sie auch die andere Hand in ihrer Weiterentwicklung fördern – durch abwechselndes Werfen eines Balls mit der einen, dann mit der anderen Hand, durch beidhändiges, gleichzeitiges Malen großer Kreise an einer Tafel usw.

Die Förderung der Geschicklichkeit beider Hände ist nicht nur «allgemein» wichtig, sondern auch, weil durch einen Unfall eine Hand zeitweilig oder dauernd beeinträchtigt werden kann. Da die meisten Geräte auf Rechtshänder abgestimmt sind, hat es ein Linkshänder im allgemeinen etwas schwerer. Er muß bei vielen Bewegungen umdenken. Auch dies ist ein Gesichtspunkt für die Förderung auch der «schwächeren» Hand.

Früherkennungs-Untersuchung

In diesem Lebensjahr ist keine Früherkennungs-Untersuchung vorgesehen. (Die letzte war zwischen dem 21. und 24. Lebensmonat, die nächste ist für das vierte Lebensjahr vorgesehen.) Sollten Sie

diese siebte Früherkennungs-
Untersuchung am Ende des zweiten
Lebensjahres nicht gemacht haben,
bemühen Sie sich jetzt darum.

Unabhängig von den empfohle-
nen Früherkennungs-Untersuchun-
gen sollten Sie einmal in jedem
Halbjahr eine Kinderärztin bzw.
einen Kinderarzt aufsuchen, auch
wenn kein direkter Anlaß besteht.
So vermeiden Sie, daß Gesund-
heits- oder Entwicklungsschäden
nicht rechtzeitig erkannt und

behandelt werden. Außerdem lernt
Ihre Ärztin das Kind besser
kennen, und Ihr Kind gewinnt
Vertrauen zu ihr.

Der Tagesrhythmus – Anpassung und Selbstregulation

Elterlicher und kindlicher Rhythmus

Der Tagesrhythmus des Kindes paßt sich in diesem Jahr immer mehr dem der Familie an. Die Schlaf-, Essens- und Wachzeiten können allmählich so eingeteilt sein, daß es fast alle Aktivitäten der Familie miterleben kann. Das ist natürlich eine große Bereicherung für das Kind. In vielen südlichen Ländern stehen die Kinder schon mit zweieinhalb Jahren mit ihren Eltern auf und gehen kaum früher als diese zu Bett. Allerdings machen sie dort in der Regel einen längeren Mittagsschlaf.

Neigen wir nicht ein wenig dazu, das Kind aus der Erwachsenenwelt auszuschließen, durch eigene Räume, Spielaktivitäten, Extra-Mahlzeiten? Wir sind stolz auf unsere «kindbezogene» Erziehung, die sich ganz auf das Kind einstellen will. Sie birgt aber auch die Gefahr, daß das Kind dabei in eine andere Welt «abgeschoben» wird. Und legen wir es nicht manchmal nur deshalb früh ins Bett, damit wir auch mal unsere Ruhe haben? Sind wir nicht gelegentlich ganz froh, wenn es während unserer eigenen Mahlzeit schon ruhig schläft? Gerade wenn man sich in seinem Tagesablauf zu sehr auf das Kind einstellen muß (oder glaubt, es zu müssen), wächst das Bedürfnis, sich bestimmte Zeiten für persönliche Dinge freizuhalten.

Selbstregulation und Regelmäßigkeit

Ein gesundes Kleinkind reguliert seine vitalen Bedürfnisse sehr zuverlässig selbst. Es nimmt sich genügend Schlaf und Nahrung, einmal mehr, einmal weniger – je nach Bedarf. Unbewußt schützt es sich sowohl vor Mangel als auch vor Überforderung. Selbst unter ungünstigen oder sich ständig ändernden Bedingungen bewahrt es diese Fähigkeit in hohem Maße. Nur wenn es krank ist oder sich psychisch belastende Krisensituationen der Familie einstellen, kann ihm diese Fähigkeit zur Selbstregulation vorübergehend verlorengehen. Sie brauchen Ihrem Kind also nie etwas aufzudrängen. Wenn es zum Beispiel eine Zeitlang mittags nicht schlafen will – das kommt in diesem Alter häufig vor –, so sollten Sie nicht darauf bestehen. Sicher wird es dann am Abend früher müde sein oder morgens später aufwachen als sonst. Schläft es dagegen mittags ausgiebig, kann es abends kaum vor 22 oder 23 Uhr einschlafen.

Ein Zwang zur Regelmäßigkeit würde den kindlichen Organismus sogar aus dem Gleichgewicht bringen, statt ihm zu nützen. Das soll natürlich nicht heißen, daß keinerlei «Tagesordnung» notwendig ist. Ein Kind, dem nicht regelmäßig die Möglichkeit zum Schlafen und Essen angeboten wird, fühlt sich vielleicht unsicher oder gar vernachlässigt. Regelmäßigkeit gibt ihm dagegen ein Gefühl der Geborgenheit und Sicherheit, sie schafft Klarheit und Überschaubarkeit von Situationen und Abläufen.

Die richtige Mitte finden Sie, wenn Sie sich an «Angebot» und «Nachfrage» orientieren. So bieten Sie zum Beispiel dem Kind überwiegend zu bestimmten Zeiten das Essen an; wenn es noch keinen Hunger hat, darf es später essen. Ein anderes Mal warten Sie darauf, daß es sich selbst meldet, wenn es hungrig oder durstig ist.

So lernt Ihr Kind «die Regel». Abweichungen davon erlebt es als «Ausnahme». Es erfährt schon früh, daß Ausnahmen und Flexibilität nicht zur Regellosigkeit und zum Verlust der Ordnung führen

müssen. Und es merkt, daß Regeln kein Selbstzweck sind, sondern ein sinnvolles Hilfsmittel zur Organisation und Koordination eigener und gemeinsamer Aktivitäten. Sie brauchen nicht zu befürchten, daß Sie Ihr Kind mit dieser flexiblen Tageseinteilung verwöhnen. Es wird dadurch nicht anspruchsvoll oder eigensinnig, sondern im Gegenteil ruhig und entspannt. Denn es kann ja sicher sein, daß seine Bedürfnisse befriedigt werden.

Ihr Kind kann sich gerade dann gut mit sich selbst beschäftigen, wenn es durch die Integration in den üblichen familiären Ablauf genügend Abwechslung und Kontaktmöglichkeiten bekommt. Auch Sie selbst werden mehr Zeit für eigene Interessen und Beschäftigungen während des Tages finden, wenn Sie Ihrem Kind viel Freiheit für seine Aktivitäten lassen.

Vorschläge zur Tageseinteilung

Wenn morgens bei Ihnen Hektik herrscht, weil ein Familienmitglied das Haus pünktlich verlassen muß, lassen Sie Ihr Kind lieber noch schlafen. Dafür kann es dann abends länger aufbleiben. Wenn es schon früher aufwacht, versuchen Sie es daran zu gewöhnen, noch eine Weile ruhig in seinem Bett zu spielen und vielleicht an einem Knäckebrot zu knabbern.

Wenn ein Kind Enten und Gänse füttert, vergißt es alles andere um sich herum.

Nach dem Waschen und Frühstük-ken ist Ihr Kind allmählich zu lebhafteren Spielen aufgelegt. Es sollte nun bald Gelegenheit haben, sich an der frischen Luft auszuto-ben. Dabei holt es sich gleich den nötigen Hunger für das (gemeinsa-me) Mittagessen. Anschließend spielt es sich noch eine Weile in seinem Zimmer müde oder be-trachtet mit Ihnen ein Bilderbuch. Wenn es nicht schlafen will, kann es sich nun eine Stunde allein beschäf-tigen.

Nachmittags sollte es so oft wie möglich mit anderen Kindern spielen, viel mit nahezu gleichaltri-gen, zwischendurch aber auch mit jüngeren oder älteren Kindern. Suchen Sie dazu möglichst immer mal wieder andere Spielplätze auf. Achten Sie darauf, daß Ihr Kind andere Wohnungen kennenlernt oder auch andere Terrassen und Gärten. (Ihr Kind lernt bei solchen verschiedenartigen Aktivitäten nicht nur viel wegen der unter-schiedlichen Situationen, es lernt vielmehr dabei von Ihnen selbst die dazu erforderliche Initiative, die Vorbereitungen usw. kennen – vorausgesetzt wiederum, daß Sie darüber auch etwas zu ihm sagen.)
   Planen Sie feste Tage und Zei-ten ein, an denen Sie sich in der Aufsicht mit anderen Eltern ab-wechseln. Vielleicht können Sie es darüber hinaus einrichten, daß sich an einem Abend in der Woche mehrere Eltern zum Gedankenaus-tausch treffen. So kann jeder den

Erziehungsstil des anderen verfolgen, daraus Anregungen beziehen oder sich kritisch damit auseinandersetzen.

Abends wird das Spiel wieder ruhiger. Für solche Entspan-nungsphasen sollten Sie geeignetes Spielzeug bereithalten: Bilderbü-cher, Lege- und Steckspiele usw., Dinge also, die Ruhe und Geduld erfordern. In diesen Zeiten lernt das Kind auch, sich mit sich selbst zu beschäftigen und sich auf eine Sache zu konzentrieren. Sie können das unterstützen, indem Sie selbst einer «ruhigen» Tätigkeit nachge-hen, ein Buch lesen, mit Bekannten telefonieren, ein Musikinstrument spielen, einem sonstigen Hobby nachgehen usw. Das Fernsehen bringt um diese Tageszeit keine Sendung, die für ein Kind im dritten Lebensjahr geeignet wäre. Etwas anderes ist es, wenn Sie die eine oder andere gute Kindersen-dung mit dem Videorecorder aufgezeichnet haben und sie gemeinsam ansehen, ganz oder in für Ihr Kind verständlichen Abschnitten.

Zwischen 20 und 22 Uhr geht es dann schlafen, das ist – nach einem Mittagsschlaf – nicht zu spät. Die weitverbreitete Praxis, daß ein Kind um 19 Uhr ins Bett gebracht wird, hat allenfalls für die Eltern Vorteile, sie entspricht nicht dem Kind und seinem Wunsch nach Teilnahme am Leben der Erwach-senen.

**Bei Wasserspielen
kann sich ein Kind richtig
austoben.**

Umwelt

Wie Sie das Kinderzimmer gestalten können

Ihr Kind braucht einen eigenen Bereich

Je größer das Kinderzimmer ist, desto besser ist das natürlich für Ihr Kind. Wenn Sie ihm vorerst aber wegen beengter Wohnverhältnisse noch kein eigenes Zimmer einrichten können, sollte ihm wenigstens ein großer Bereich in einem Zimmer allein «gehören».

Ein Kinderzimmer sollte auf keinen Fall kleiner als 12 qm sein. Soviel Fläche ist nötig, damit sich das Kind beim Spielen richtig ausbreiten kann. (Als reine Spielfläche braucht es wenigstens 2,50 mal 3 m.) In vielen Wohnungen sind die Kinderzimmer wesentlich kleiner als die Elternschlafzimmer. Wenn das auch bei Ihnen zutrifft, sollten Sie tauschen. Schließlich brauchen Sie Ihr Zimmer nur zum Schlafen. Das Kinderzimmer wird dagegen ständig benutzt. Das bedeutet natürlich eine gewisse Einschränkung für Sie, denn wenn in einem relativ kleinen Raum zwei Betten stehen, bleibt nicht mehr viel Platz.

Lassen Sie Ihr Kind bei der Auswahl der Möbel und Farben für sein Zimmer mitreden. Damit fördern Sie seine Selbständigkeit. Und die «eigene» Einrichtung macht den Aufenthalt und das Spielen im Zimmer verlockender.

Aber auch die übrigen Räume sollten «kindgerecht» sein. Räumen Sie kostbare Vasen und andere zerbrechliche Dinge beiseite. Sorgen Sie dafür, daß sich Ihr Kind ungehemmt in der Wohnung bewegen kann und es nicht ständig etwas verboten bekommt. Und wenn es nicht dauernd hören muß: «Faß das nicht an... Vorsicht, gleich zerbrichst du die Vase... Komm nicht mit deinen Marmeladenfingern an die gute Decke...», dann ist es empfänglicher und einsichtiger, wenn ihm etwas verboten werden muß.

Ein äußeres Zeichen für die Gleichberechtigung zwischen Kind und Eltern könnte zum Beispiel auch die gleiche (oder eine ähnliche) Einrichtung im Kinder- und Wohnzimmer sein, die ausgetauscht werden kann (zum Beispiel drei Tische desselben Bautyps, jedoch in unterschiedlicher Größe, von denen einer oder zwei im Wohnzimmer stehen, die man aber bei

Noch wichtiger als die Einrichtung eines Kinderzimmers ist, daß Sie dort oft mitspielen.

Bedarf alle aneinanderstellen kann). Im Kinderzimmer sollte auch eine «Elternecke» eingerichtet werden mit einem bequemen Stuhl. Sie können von dort aus Ihrem Kind beim Spielen zuschauen, einfach bloß «dabeisein», können dort etwas lesen, während Ihr Kind spielt, und ihm zwischendurch einen Tip geben und seine Fragen beantworten.

Bitte verändern Sie nichts im Kinderzimmer, ohne vorher mit dem Kind darüber zu sprechen und es gewissermaßen «um Erlaubnis» zu fragen. So bekommt es früh ein Gefühl dafür, daß man den persönlichen Bereich eines Men-

schen respektiert. Schimpfen Sie nicht, wenn Ihr Kind in seinem Zimmer «Raritäten» wie Steine, ein Vogelnest, alte Schrauben, Autoteile, große Schachteln oder ähnliches aufbewahren möchte! Sie stellen ja auch allerlei Gegenstände in Ihre Wohnung, die andere nicht schön finden, die Ihnen aber etwas bedeuten. Ihr Kind sollte das gleiche Recht haben.

Eine durchdachte Einrichtung des Kinderzimmers ist vor allem dann wichtig, wenn Sie in der Stadt wohnen. Auf dem Land kann ein Kind im allgemeinen täglich lange draußen spielen, ist also weniger auf die Innenräume angewiesen.

Wo soll das Kinderzimmer liegen?

– Ein Kinderzimmer sollte möglichst hell und sonnig sein, also an der Südost- bis Westseite des Hauses liegen.

– Ein Kind im Alter von zwei bis drei Jahren sollten Sie wenigstens in Hörweite haben. Dann hat Ihr Kind auch die Möglichkeit, häufig zu Ihnen zu kommen, um seine Fragen loszuwerden oder Ihre Zuwendung zu spüren. Das Kinderzimmer müßte also in der Nähe des Raumes liegen, in dem Sie sich am meisten aufhalten (in der Nähe der Küche, des Wohnzimmers oder Ihres Arbeitsraumes). Das hat allerdings auch einen Nachteil. Beim Schlafen wird das Kind möglicherweise durch Geräusche aus der Küche oder durch Unterhaltungen im Wohnzimmer gestört.

– Wenn Sie ein Haus allein bewohnen, können Sie diesen Nachteil ausgleichen, indem Sie das Kinderschlafzimmer in den ersten Stock und den Spielraum in das elterliche Wohnzimmer legen. (Vom sechsten Lebensjahr an ist es ideal, im Keller einen Hobbyraum zu haben. Dann kann das Kind so viele Freunde zum Toben, Malen und Werken einladen, wie es mag, ohne daß jemand durch Lärm und Tohuwabohu gestört wird.)

– Ein Kinderzimmer muß gut zu lüften sein. Tagsüber sollte die Raumtemperatur zwischen 19 und 21 Grad liegen, nachts um 3 bis 4 Grad tiefer.

– Wenn Sie an einer sehr belebten Straße oder an einem Bahnhof wohnen, verlegen Sie das Kinderzimmer an die ruhigste Stelle des Hauses.

Leider lassen sich häufig nicht alle Wünsche gleichzeitig erfüllen. Dann müssen Sie die Vor- und Nachteile gegeneinander abwägen und sie mit Ihrem Partner eingehend diskutieren.

Farben im Kinderzimmer

Es ist wissenschaftlich erwiesen, daß Farben unsere Stimmung und unser Leistungsvermögen wesentlich beeinflussen. Farbige Wände können ein Zimmer vergrößern oder verkleinern.

Übersicht 1: Wandanstriche für Kinderzimmer

♦ Vergrößernde Wirkung
Helle Farbtöne: lichtes Rot, Hellblau, Gelb, Orange, Weiß, Rosa

♦ Verkleinernde Wirkung
Dunkle Farbtöne: Mittelrot, Dunkelblau, Braun

Der Deckenanstrich sollte bei einem niedrigen Raum hell sein. Dann bekommt man nicht das Gefühl, von der Decke «erdrückt» zu werden. Ist der Raum zusätzlich noch breit, werden die Wände durch dunklere und intensive Farben betont. Sie werden dadurch «hereingeholt». Bei einem hohen Raum können Sie für die Wände auch eine Tapete mit unauffälligen Querstreifen wählen und die Decke mit aktiven, dunkleren Farben «nach unten ziehen».

Im allgemeinen sollten die Wände im Kinderzimmer in warmen Pastelltönen gehalten sein. So kommen auch die selbstgemalten Bilder besser zur Geltung. In den ersten Lebensjahren mögen Kinder am liebsten die Farbe Rot. Sie sollten jedoch keine zu grellen Farben verwenden. Das macht Ihr Kind zerfahren und nervös.

Für den Fußboden sind harmonisch abgestimmte unempfindlichere Farbtöne zu empfehlen. Wenn der Raum extrem hoch ist, können Sie auch statt eines dunkleren Deckenanstrichs etwas tiefer eine Stoffbespannung einziehen.

Bei kleinen und großen Farbflächen, die dicht nebeneinander liegen, sollten Sie die Komplementär- und Kontrastfarben beachten. Gut zueinander passen die Komplementärfarben Gelb–Violett; Orange–Blau; Rot–Grün; dazu noch Schwarz–Weiß. Mehr harmonisch ergänzen sich die folgenden Kombinationen: Rosa–Grau; Blau–Weiß; Hellblau–Braun; Gelb–Schwarz; Rot–Weiß; Gelb–Blau; Gelb–Grün; Hellblau–Schwarz.

Kombinationen, die jeweils in der Helligkeit abgestuft sind, wirken zum Beispiel hübsch bei Vorhängen oder Kissenbezügen. Reizvoll kann es auch sein, wenn mehrere helle und dunklere Farben «absteigend» verwendet werden (zum Beispiel bei Stuhllehne, Sitzfläche und Stuhlbeinen).

Die folgende Übersicht sagt Ihnen etwas über die psychische Wirkung bestimmter Farben bei großen und kleinen Flächen:

Übersicht 2: Farbwirkungen bei großen und kleinen Flächen

Die folgenden Anregungen geben Ihnen einen guten Anhaltspunkt für Farbentscheidungen. Selbstverständlich kommt es aber im einzelnen auf den Farbwert an und auf die Wechselbeziehung der verschiedenen Farben in einem Raum. Auch die modebedingten Farbtrends können Sie in Ihre Überlegungen einbeziehen.

Übersicht 2: Farbwirkungen

Farbton	kleine Fläche (z. B. Einrichtungsgegenstand)	große Fläche (z. B. Wände, Fußboden, Teppich)
Orange	die Aufmerksamkeit erregend	dynamisch, anregend, höchstens für eine Zimmerwand geeignet
Hellrot	freundlich, anregend	aggressiv, aufreizend
Mittelrot	stimmt optimistisch, hebt Gegenstände hervor	aggressiv, aufreizend; gut zur optischen Verkleinerung, z. B. bei einzelnen Wänden
Dunkelrot	etwas bedrückend	bedrückend
Hellgelb	freundlich	regt an, hellt das Zimmer auf, schafft gelockerte, leichte Atmosphäre
Dunkelgelb	warm	warm, z. B. als Teppichboden sehr einladend
Grüngelb	«giftig»	unangenehm, abstoßend
Lindgrün	an den Frühling erinnernd	aufdringlich
Dunkelgrün	satt, beruhigend	beruhigend, kräftig, ausgleichend, gut zur Entspannung der Augen, z. B. geeignet für Vorhänge
Türkis	auffallend, aufreizend	grell, unruhig, kalt, nicht zu empfehlen für ein Kinderzimmer
Hellblau	sehr verträglich, gut zum Kombinieren mit anderen Farben	wäßrig, kühl, gut für Zimmer, die zuwenig Sonneneinstrahlung haben
Mittelblau	kühl, sachlich, sauber	unpersönlich, abweisend, ernst
Dunkelblau	langweilig, unentschlossen	ruhig, ausgleichend
Rosa	appetitlich, sanft	ausdruckslos
Violett	anziehend, interessant	depressiv, lethargisch, undurchsichtig
helles Violett	lieblich, distanziert	unterkühlt, ausdrucksschwach
Braun	nicht sehr dynamisch, ausgleichend	beschwerend, massiv, undynamisch
Grau	fahl, langweilig	neutralisierend, sachlich, langweilig
Schwarz	gute Kontrastwirkung zu fast allen Farben, wirkt «wertvoll»	traurig, beschwerend

Praktische Vorschläge für die Einrichtung

Im Kinderzimmer muß man spielen, toben und in einem bestimmten Ausmaß auch mit Farben kleckern dürfen. Kaufen Sie also keine Möbel, die «geschont» werden sollen! Vielleicht finden Sie über Annoncen einige ältere und stabile Sachen, die Sie lieber mit fröhlichen Farben bemalen.

♦ Das Bett: Bis zum zweiten oder dritten Lebensjahr kann Ihr Kind im Gitterbettchen schlafen. Danach sind variable Betten, die «mitwachsen», am günstigsten (Größe 90 mal 190 oder 100 mal 200 cm). Bitte kaufen Sie kein Etagenbett. Es ist einfach zu gefährlich. Wenn Sie keinen Platz für zwei Betten haben, ist das eine Lösung: Lassen Sie sich vom Schreiner zwei Betten in unterschiedlicher Höhe und Länge anfertigen, die Sie tagsüber untereinanderschieben – auf diese Weise können Sie auch Spielraum gewinnen.

♦ Die Bettwäsche und weiteres Zubehör: Für das Bett brauchen Sie eine Matratze mit einem abnehmbaren Bezug, mehrere Laken, (Nässe absorbierende) Unterlagen, eine Bettdecke sowie ein flaches Kopfkissen mit Bezügen. Ein Federbett ist nun nicht mehr gefährlich.

♦ Schränke und Regale: Ein großer Kleiderschrank ist jetzt noch nicht nötig. Ihr Kind braucht vor allem viel Platz für sein Spielzeug. Praktisch sind offene Regale oder Schränke, in die man nach Belieben Fachböden einlegen kann (die später zum Kleideraufhängen wieder herausgenommen werden). Es gibt auch spezielle «Anbaumöbel» für Kinder. In die Regale oder Schränke stellen Sie einfach ein paar bunte Besteck- oder Werkzeugkästen (statt Schubladen). Sie sind sehr nützlich für Kleinkram (Malstifte, Bauklötze, Steine usw.).

♦ Tisch und Stühle: Der Tisch darf keine scharfen Kanten haben. Stellen Sie nur praktische und stabile Möbelstücke ins Kinderzimmer. Außerdem sollten die Möbel so beweglich sein, daß Ihr Kind sie zum Beispiel zum Bau eines Hauses, Schiffes oder Lastwagens verwenden kann (Würfelelemente eignen sich besonders gut dazu). Gefährlich sind Klappstühle. Sie werden zwar häufig in Kindergröße angeboten, haben aber große Nachteile: Sie kippen leicht um, und das Kind kann sich darin einklemmen.

Die Höhe des Sitzes und der Tischplatte kann verstellbar sein. Sie sollte für ein Kind in diesem Lebensjahr 25 bis 30 cm (Sitz) bzw. 45 bis 50 cm (Tischplatte) betragen.

♦ Die Wände: Gestalten Sie die Wände so, daß aus einer Malaktion etc. kein Drama entsteht. Das heißt: Wählen Sie eine abwaschbare Tapete oder einen wasserfesten Anstrich.

Als Malwand beschaffen Sie eine große Hartfaserplatte, die Sie in einem geeigneten Farbton grundieren. Unten sollte die Platte einen Vorsprung haben (Leiste mit Rille), damit sich der Staub von Farbmalstiften oder Kreide dort ablagert.

Wichtig ist auch eine Pinnwand. Dazu eignen sich insbesondere grundierte Dämmplatten (Ihr Kind muß eine Nadel eindrücken können). Dort können Zeichnungen, Postkarten und andere Dinge aufgehängt werden.

♦ Der Fußboden: Am besten ist ein warmer Holzboden, Teppichboden oder auch ein Belag aus Teppichfliesen. Er ist warm, läßt sich leicht verlegen und kann stellenweise auch mal ersetzt werden. Die Fliesen sollten so kurzflorig sein, daß Spielsachen mit Rädern gut darauf fahren können.

♦ Die Fenster: Achten Sie auf die Sicherheit für Ihr Kind. Irgendwann versucht es, das Fenster zu öffnen, und klettert dann auf der Fensterbank herum oder lehnt sich weit hinaus. Kippfenster sind da besonders zu empfehlen. Lassen Sie sich durch den Fachmann beraten, wie Sie die Fenster des Kinderzimmers sichern können, welche Beschläge geeignet sind usw. Sie sollten das Fenster auch verdunkeln können, vor allem,

wenn es nach Süden zeigt. Manche Kinder brauchen auch Dunkelheit, um tief und lange schlafen zu können.

♦ Die Beleuchtung: Zu empfehlen sind verstellbare und schwenkbare Arbeitslampen. Sie lassen sich überall befestigen. Die Deckenbeleuchtung sollte blendfrei sein und ein warmes Licht geben. Alle Steckdosen müssen natürlich besonders geschützt sein, gegebenenfalls durch eine Fehlerstrom-Schutzschaltung, die ein Fachmann installieren kann.

♦ Und hier noch einige zusätzliche Tips:
– An einer Steckdose können Sie bei Bedarf eine kleine Orientierungslampe anbringen, die im Dunkeln leuchtet.
– Aus bunten Stoffresten können Sie originelle Kissenbezüge nähen (zum Beispiel in der Form eines Fisches, eines Dampfers, eines Käfers usw.)
– Stellen Sie eine Sprossenwand, eine Leiter oder ein Klettergerät ins Kinderzimmer. Ein Klettergerät kann auf der einen Seite eine Sprossenwand, auf der anderen zwei Kletterstangen, eine Reckstange und/oder eine Schaukel mit Tauen haben. Darunter muß eine Matte liegen. Leiten Sie Ihr Kind anfangs zum Gebrauch der Geräte sorgfältig an, bis es sicher damit umgehen kann.
– Praktisch sind Segeltuchtiere

mit Bauch, die das Kind mit Kleinkram füllen kann.
– Bauen Sie ein kleines Podest im Kinderzimmer. Sie können es aus Holzkisten anfertigen oder einen alten Tisch, dessen Beine abgesägt wurden, dazu verwenden. Seitlich überziehen Sie den Tisch. Dann hat das Kind eine «Bühne», auf der es «größer» ist und bestimmte Spiele (zum Beispiel Theatervorstellungen) spielen kann. Wenn es daneben auf dem Boden sitzt, hat es auch noch einen Tisch.
– Drei glattgehobelte Bretter (etwa 2,0 m, 1,50 m und 1,0 m lang) schaffen viele neue Spielmöglichkeiten: Ihr Kind kann sie als kleine Rutschbahn für sich selbst oder für Spielsachen verwenden, es kann etwas daraus bauen, es kann sie zu einer Straße zusammenlegen usw.
– Auch mit Plastikrohren (Durchmesser 6 bis 10 cm, Länge 1 bis 2 m) kann man eine Menge anfangen, zum Beispiel Murmeln durchlaufen lassen, sich gegenseitig anschauen oder sich Botschaften ins Ohr flüstern.

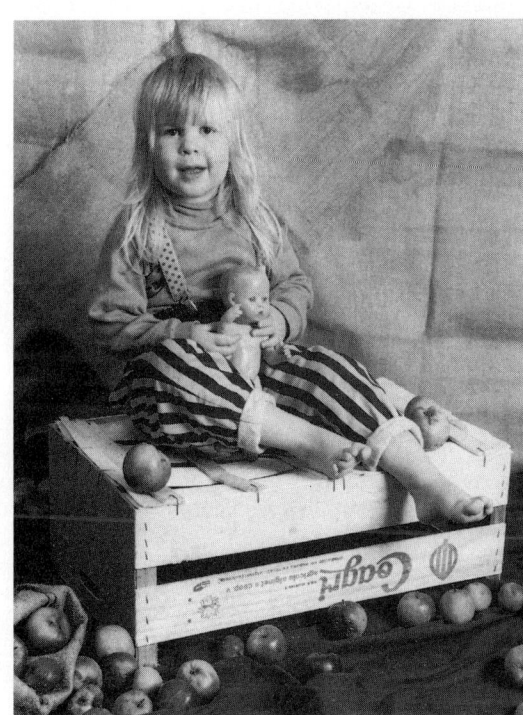

Ein Teil des Kinderzimmers sollte sich für neue Spiele immer wieder anders gestalten lassen.

In dieser Kleidung
fühlt sich Ihr Kind wohl

Jedes Kind rutscht gern auf dem Boden herum. Achten Sie deshalb beim Kauf von Kinderkleidung darauf, daß sie in der Maschine leicht zu waschen ist. Der Stoff sollte luftdurchlässig sein, damit die Haut des Kindes atmen kann. Ist das nicht der Fall, besteht erhöhte Erkältungsgefahr, da die Haut von einem feuchten Film überzogen ist und dann übermäßig abkühlt. Am hautfreundlichsten sind Naturfasern wie Baumwolle, Wolle, Leinen und Mischgewebe aus diesen drei Fasertypen. Synthetische Fasern wie Dralon, Perlon, Nylon usw. sind für Kinderkleidung nicht geeignet. Vertretbar ist ein Kunstfaseranteil bis etwa 30 Prozent, wenn Ihr Kind dies verträgt. Allergische Reaktionen sollten Sie sofort Ihrer Kinderärztin vorstellen.

Es versteht sich von selbst, daß die Stoffe fest gewebt sein müssen. Sie können die Hosen am Knie allerdings auch mit Lederflicken verstärken. Versteckte Säume helfen, die Kleider mit dem Kind «wachsen» zu lassen.

Denken Sie beim Kauf aber auch daran, daß Ihr Kind das neue Kleidungsstück nur verhältnismäßig kurze Zeit tragen kann, weil es sehr schnell herauswächst. Das sollte Sie aber bei mehreren Geschwistern nicht dazu verführen, dem jüngeren Kind die Kleider des älteren aufzunötigen. Denn dann fühlt sich das jüngere dem älteren Kind gegenüber benachteiligt und reagiert mit Neid und Aggressionen darauf.

Farbe und Muster

Achten Sie auf harmonische Kombinationen. Stimmen Sie die Grundfarben der Garderobe Ihres Kindes mit seinem Haar und seiner Haut ab, und suchen Sie bei späteren Einkäufen möglichst Farbtöne aus, die zu den schon vorhandenen passen.

Leuchtende, frohe Farben und lustige Muster gefallen Kindern besonders gut. Sie haben außerdem den Vorteil, daß sie weniger empfindlich sind als helle Farben. Und schließlich fällt Ihr Kind damit besser im Straßenverkehr auf (Sicherheit!). Das Muster soll natürlich zum Schnitt und zur Körpergröße passen: Kleine und klare Dessins stehen Kindern im allgemeinen besser als große Muster. Lassen Sie Ihr Kind oft selbst wählen, was es anziehen möchte, aber legen Sie ihm nur Dinge vor, die zueinander passen.

Zwar ist es kein vordringliches Ziel, daß Ihr Kind immer besonders schick, attraktiv oder modern gekleidet ist. Es gilt aber nach wie vor die Regel, daß Kleidung dazu beiträgt, anderen Menschen den Zugang zu erleichtern, daß die Wahrnehmung anderer auch davon abhängt, wie man gekleidet ist. Verstecken Sie Ihr Kind deshalb nicht in allzu unauffälliger Kleidung – es erhält sonst weniger Ansprache, Zuspruch und Zuwendung von anderen Kindern und Erwachsenen.

Kleidung für alle Gelegenheiten

Damit Ihr Kind ungehindert herumkriechen und sich im Laufen üben kann, braucht es viel Bewegungsfreiheit in seiner Kleidung. Einengende Gürtel und hautenge Hosen sind in jedem Fall störend.

♦ Im Frühling und Herbst eignen sich sowohl für Jungen als auch für Mädchen am besten unempfindliche Rutschhosen. Darunter kann Ihr Kind dann noch ein Trikothemdchen oder einen leichten Pulli mit langen oder kurzen Ärmeln tragen und bei kühler Witterung noch eine Strickjacke oder einen Pullover darüber.

♦ Im Sommer fühlt sich Ihr Kind am wohlsten in einem kurzen Höschen aus Baumwolle.

♦ Im Winter braucht es warme Strumpfhosen unter der Rutschhose. Dicke Pullover und Wolljacken ziehen Sie ihm nur an, wenn es im Freien spielt. Für draußen haben sich Overalls besonders bewährt, da sie Bewegungsfreiheit lassen und sich gut am Körper anschmiegen. Sehr bequem und warm sind auch weitgeschnittene Kapuzenmäntel oder Ponchos aus festem Wollstoff. Zur Winterausrüstung gehören unbedingt auch Fausthandschuhe, die mit einer Kordel verbunden sind, damit sie nicht verlorengehen, außerdem eine Mütze, die die Ohren bedeckt, ein Wollschal und ein warmer Fußsack für den Sportwagen.

♦ Im Regen ist Ihr Kind in einem Plastikmantel mit breitrandigem Hut oder einem Umhang mit Kapuze am besten geschützt. Diese Kleidung ist zwar nicht luftdurchlässig, aber sie wird ja auch nur für kurze Zeit getragen. Auch ein Anorak kann den Regen eine Weile abhalten, aber die Beine sind dann nicht geschützt.

♦ Zum Schlafen eignet sich am besten ein Schlafanzug aus Frottee oder Trikot, am besten einteilig, so daß der ganze Körper warm gehalten wird.

Für jede Temperatur die richtige Kleidung...

Schuhe

Lassen Sie Ihr Kind möglichst viel barfuß laufen. Seine Fußmuskeln festigen sich, wenn der Fuß richtig abrollen kann und die Zehen Halt suchen müssen. Barfuß gehen kann es fast überall: auf dem Teppich, aber vor allem draußen, auf dem Rasen, im Sandkasten usw.

Für die Straße und für Steinfußböden braucht Ihr Kind Schuhe. Sie müssen sehr sorgfältig ausgesucht werden, denn sie sind ausschlaggebend für die Entwicklung des Fußes und die Haltung des Kindes. Falsches Schuhwerk kann zu bleibenden Schäden führen, da die Knochenbildung des Fußes noch nicht abgeschlossen ist.

Hohe Schuhe sind sehr zu empfehlen, damit die schwachen Fußgelenke nicht umknicken können. Das Oberleder eines guten Kinderschuhs ist luftdurchlässig und weich. Die Sohle muß biegsam sein. Da die meisten Kinder mit leicht ausgestellten Füßen laufen, sollte die Ferse grundsätzlich verstärkt sein. Kleinere Fehlleistungen korrigieren sich jedoch bei viel Bewegung von selbst.

Prüfen Sie alle vier Wochen, ob noch etwa ein Zentimeter Luft zwischen der großen Zehe und der Schuhspitze ist: soviel ist notwendig. Gummistiefel sind ungesund, da die Feuchtigkeit nicht verdunsten kann. Dennoch werden sie gern gekauft, weil die Kinder darin so gut im Matsch spielen können. Um einer Fußschweißbildung entgegenzuwirken, sollte Ihr Kind solche Schuhe nie länger als ein- bis eineinhalb Stunden tragen.

Der Urlaub ist für Ihr Kind ein Höhepunkt im Jahr

Worauf es im Urlaub ankommt

Sie können Ihr Kind jetzt schon gut mit in den Urlaub nehmen. In der ungewohnten Umgebung erlebt es sich selbst in einer neuen Weise, es schöpft die Möglichkeiten aus, die es zu Hause nicht hat. Es genießt zum Beispiel das Gefühl, durch hohes Gras zu laufen, im Wasser eines Bachs zu planschen, an einem Sandstrand zu spielen usw. Und vor allem genießt es, daß die Familie in Ruhe gemeinsam frühstücken kann, daß die Erwachsenen zum Spielen, Erzählen und Entdecken jetzt so viel Zeit haben. Letztlich ist es nicht so wichtig, wohin Sie verreisen. Es geht vielmehr darum, daß Ihr Kind im Urlaub neue Anregungen für die Wahrnehmung, sein Denken, seine Kreativität und Phantasie, seine Neugier und Bewegungsfähigkeit bekommt.

Unterwegs

♦ Wenn Sie mit dem Auto fahren: Ist Ihr Urlaubsziel in vier bis fünf Stunden zu erreichen, so fahren Sie am besten während einer Schlafenszeit Ihres Kindes. Dafür sollten Sie einen TÜV-geprüften Kindersitz haben, den man in Liegestellung bringen kann. Darin ist Ihr Kind – angeschnallt – wirklich sicher. Wenn es zwischendurch einmal aufwacht, kann einer der Eltern für Unterhaltung sorgen; deshalb sollte ein Erwachsener auf dem Rücksitz neben dem Kind Platz nehmen.

Bei längeren Reisen müssen Sie unbedingt mehrere Pausen einlegen, in denen Sie mit Ihrem Kind an die frische Luft gehen. Auf Sauerstoffmangel reagieren Kleinkinder empfindlicher als Erwachsene.

Zum Essen während der Fahrt eignen sich Kekse, Bananen, Zwieback usw., in keinem Fall aber schwerverdauliche, fette Speisen. Das Kind sollte auch schon einen Tag vor der Abreise nur noch leichte Kost bekommen.

♦ Wenn Sie mit der Bahn fahren: Fahren Sie möglichst nachts mit dem Schlafwagen. Das ist sowohl für Sie als auch für das Kind angenehmer und weniger strapaziös. Außerdem können Sie es tagsüber nicht so gut und bequem betten. Wenn sich eine Tagesfahrt jedoch nicht umgehen läßt, müssen Sie dafür sorgen, daß Ihr Kind sich nicht langweilt. Versuchen Sie das mit Fingerspielen, Reimen, Erzählen usw. Machen Sie ab und zu einen Spaziergang durch den Zug, damit es sich bewegen kann; vermutlich hat es Spaß an diesem «fahrenden Haus». Zeigen Sie ihm, wie alles funktioniert, wie die Landschaft, die Bäume «vorbeisausen», erzählen Sie ihm etwas über den Zug, das Reisen usw. Aber lassen Sie es auf keinen Fall allein, auch nicht für kurze Zeit. Die Umgebung ist ihm ja völlig fremd, und es könnte heftige Angst bekommen.

♦ Wenn Sie fliegen: Bevor Sie sich zu einer Flugreise entschließen, suchen Sie mit Ihrem Kind einen Arzt auf. Denn es ist möglich, daß es den Druckunterschied (trotz Druckausgleich) nicht gut verträgt. Im allgemeinen aber ist Fliegen für Kinder (vom zweiten Lebensjahr an) die bequemste Reisemöglichkeit. Vermeiden Sie aber möglichst Flugreisen, die länger als vier bis sechs Stunden dauern, und zeigen Sie beim Fliegen kein Gefühl der Angst.

Wohin können Sie reisen?

Wenn Sie Ihre Reise planen, sollten Sie folgende Punkte berücksichtigen:

♦ Gesundes Klima: Liegt vom Arzt keine besondere Empfehlung vor, so eignet sich ein Mittelgebirgs- oder mildes Seeklima, wie zum Beispiel an der Ostsee. Ein Aufenthalt im Hochgebirge oder an der Nordsee ist für Zwei- bis Dreijährige noch wenig geeignet – es sei denn, der Urlaub dauert mindestens drei Wochen, so daß sich der Körper auf das extreme Reizklima umstellen und daran gewöhnen kann.

Auch hohe Temperaturen und starke Sonne sollten Sie vermeiden. In heißen südlichen Gegenden wird der kindliche Organismus stark belastet, und Kleinkinder sind dort besonders anfällig für Darminfektionen.

♦ Geeignete Bademöglichkeiten: Das Wasser sollte nicht kälter als 24 Grad sein, dann macht das Planschen und Spielen darin besonders Spaß. Sehr wichtig ist es, daß das Wasser in Ufernähe seicht ist und nur langsam tiefer wird, so daß Ihr Kind gefahrlos darin stehen kann. Diese Möglichkeiten bieten weite, flache Sandstrände am Meer (bzw. auch an Seen) oder natürlich große Kinderplanschbecken. Kies- oder Felsstrände sind wenig geeignet.

♦ Gewohnte Ernährung: In südlichen Ländern ist es nicht zu empfehlen, die Kindermahlzeiten selbst zuzubereiten, da die Gefahr einer Infektion durch verschmutztes Obst und Gemüse zu groß ist. Kaufen Sie dort lieber Fertigprodukte für Ihr Kind. Klären Sie vor der Auswahl des Urlaubsziels, ob Sie am Ort Fertignahrung oder Obst, Gemüse und Milch hygienisch verpackt kaufen können. Verzichten Sie auf Gegenden, in denen das nicht möglich ist.

♦ Ein Arzt sollte immer erreichbar sein: Fahren Sie in ein Land, dessen Sprache Sie sprechen können, oder vergewissern Sie sich bei der Reiseplanung, ob Ihnen im Notfall ein Reiseleiter oder Dolmetscher helfen kann. Es wäre zu leichtsinnig, mit einem Kleinkind in ein Gebiet zu fahren, in dem Sie sich nicht mit dem Arzt verständigen können. Gegenden ohne Arzt sollten Sie nicht aufsuchen.

Ärztliche Hilfe und sogar Krankenhausaufenthalt werden Ihnen in allen EG-Ländern von den gesetzlichen Krankenkassen und den Ersatzkassen bezahlt. Bei Reisen in andere Länder müssen Sie sich unbedingt rechtzeitig vorher erkundigen und notfalls eine Reiseversicherung abschließen. Erkundigen Sie sich bei Ihrer Krankenkasse nach dem Versicherungsschutz im Ausland (gegebenenfalls «Auslands-Krankenschein» besorgen). Falls Sie in einem anderen Land einen Arzt benötigen, müssen Sie seine Rechnung zunächst bezahlen. Sie bekommen aber, wenn Sie die Rechnung (auch über Arzneimittel, Krankentransportkosten usw.) der Krankenkasse vorlegen, mindestens einen Teilbetrag zurück.

♦ Günstiger Zeitpunkt: Nutzen Sie es aus, daß Sie sich mit einem Kleinkind bei der Wahl des Urlaubstermins noch nicht nach den Schulferien richten müssen. In der Vor- und Nachsaison sind die

**Vater und Mutter
sind im Urlaub die
besten Schwimmlehrer.**

Strände leerer, die Preise niedriger und die Temperaturen erträglicher.

♦ Was Reisebüros anbieten: Viele Reisebüros werben für «kinderfreundliche» Urlaubsorte, in denen es Spielplätze, Kindermenüs, Kindergärten mit deutschsprachiger Leitung und günstige Kinderpreise gibt. In jedem Jahr wird ein anderes Land bevorzugt angeboten (auch in Abhängigkeit von der Kaufkraft der DM), so daß hier keine Empfehlung gegeben werden kann.

♦ Folgende Gebiete eignen sich gegenwärtig unter Berücksichtigung von Kosten, Entfernung, Temperatur und Ernährung im allgemeinen gut für einen Urlaub mit einem zwei- bis dreijährigen Kind:
– Deutschland (Nord- und Ostseeküste, Schwarzwald, Bayerischer Wald, Voralpenland, Weserbergland, Harz, Mecklenburgische Seenplatte);
– Österreich (Kärnten, Burgenland, Alpentäler);
– Italien (Südtirol, Alpentäler, ausgewählte, saubere Meeresstrände);
– Frankreich (Mittelmeerküste, Biskaya).

Bis zum vierten Lebensjahr einschließlich sollten Sie Ihr Kind im Urlaub möglichst weitgehend selbst betreuen.

Bitte keine Strapazen

Bei frischer Luft und Sonne können Sie Ihr Kind mit entsprechender Umsicht gefahrlos abhärten. Sicher sind Sie auch schon vor Ihrem Urlaub regelmäßig mit ihm im Freien gewesen. Denken Sie daran, daß Luft und Sonneneinwirkung am Urlaubsort vielleicht intensiver sind. Ihr Kind braucht Zeit, sich langsam an die neuen Verhältnisse zu gewöhnen.

Lassen Sie es in den ersten Tagen nicht lange in der Sonne spielen. Achten Sie unbedingt darauf, daß es immer eine Kopfbedeckung trägt. Ein Leinenhütchen mit einem Rand eignet sich gut als Schutz. Anfangs ziehen Sie ihm eine kurze Baumwoll- oder Leinenhose und ein Baumwollhemdchen an, später kann es dann auch nackt herumlaufen (aber steigern Sie diese Zeiten nur schrittweise).

Wenn Ihr Kind am Wasser spielt, weht häufig eine Brise, die über die wahre Stärke der Sonneneinstrahlung hinwegtäuscht. Dabei besteht die Gefahr eines Sonnenstichs, mindestens die eines Sonnenbrandes. Ihr Kind sollte nicht lange und keinesfalls während der Mittagszeit in der prallen Sonne spielen. Und vergessen Sie nie, es mit einer Lotion gegen die Sonnenstrahlung, Lichtschutzfaktor 4–8, einzucremen.

Bis zu einer Stunde nach einer Mahlzeit sollten Sie Ihr Kind nicht ins Wasser lassen, weil der Organismus durch die Verdauung und gleichzeitige körperliche Anstrengung überlastet wäre. Es ist wichtig, daß Ihr Kind den gewohnten Tagesrhythmus beibehalten kann.

Lange Wanderungen, bei denen Ihr Kind im Wagen geschoben oder teilweise auf dem Arm getragen wird, sind völlig ungeeignet. Achten Sie möglichst bei den Spielen auch auf Abwechslung: so wird es besonders gut in seiner Entwicklung gefördert.

Wichtige Tips

– Wenn Sie ins Ausland fahren, benötigen Sie je nach Land einen Personalausweis, einen Reisepaß, einen Kinderpaß, ein Visum, eine Eintragung im Reisepaß der Eltern, einen Besuchs- oder einen Tagesschein. Sie erfahren alle Einzelheiten beim Reisebüro.
– Erkundigen Sie sich bei Ihrer Krankenkasse, wie Sie sich bei einer Krankheit oder einem Unfall Ihres Kindes im Ausland verhalten sollen.
– Lassen Sie sich bei Ihrem Kreditinstitut eine Eurocheque-Karte und Schecks aushändigen, damit unvorhergesehene Ausgaben gedeckt sind.
– Nehmen Sie auch einige Medikamente für leichtere Gesundheitsstörungen Ihres Kindes mit: Fieberzäpfchen, ein Desinfektionsmittel (zum Beispiel bei Hautverletzungen), ein Mittel gegen Insektenstiche und natürlich einen Erste-Hilfe-Kasten (bzw. die Autoapotheke). Bei einer Erkrankung am Urlaubsort suchen Sie sicherheitshalber baldmöglichst einen Arzt auf.
– Tragen Sie die Adresse eines nahen Verwandten oder Freundes bei sich, damit Ihr Kind bei einem Unfall der Eltern sofort Hilfe erhält. Geben Sie Ihrem Kind auch ein Kärtchen mit Ihrer gegenwärtigen Anschrift mit.
– Besorgen Sie rechtzeitig, wenn Sie mit dem Zug fahren, Platzkarten.

PSYCHISCHE ENTWICKLUNG

Jetzt wird das Kind zu einer eigenständigen Persönlichkeit

Wahrnehmen

♦ Wahrnehmen als Prozeß: Die Sinnesorgane lassen sich mit Fühlern vergleichen. Sie ermöglichen dem Menschen die Orientierung in seiner unmittelbaren Umgebung. Wahrnehmen ist kein passiver Vorgang, bei dem einfach nur bestimmte physikalische Reize von unseren Sinnesorganen aufgenommen und an das Gehirn übermittelt werden. Es ist vielmehr ein aktives «Fühlungnehmen» mit der Umwelt. Wir nehmen überwiegend das auf, was für uns von Bedeutung ist. Unsere Sinneswahrnehmungen sind durch unsere Erfahrungen und Erwartungen subjektiv gefärbt und keine objektiven Abbildungen der Wirklichkeit: Der Förster bemerkt bei einem Wald vielleicht nur, ob er gesund oder krank ist, der Holzhändler sieht nur die Art der verwertbaren Hölzer, der Spaziergänger bewundert seine Schönheit oder freut sich über den Schatten, den er spendet.

Nicht nur die Funktionstüchtigkeit der Augen, Ohren oder der anderen Sinnesorgane entscheidet über die Differenziertheit der Wahrnehmungen. Die Sinnesorgane dienen lediglich als Empfänger von Reizen, die dem Gehirn zugeleitet werden. Dort werden die Reizeindrücke der verschiedenen Sinnesorgane zusammengefaßt und anhand gespeicherter Erfahrungen bewertet. Ohne Kenntnis der Bedeutung der Dinge sind das Sehen, Hören, Riechen usw. chaotisch. Die Entwicklung der Wahrnehmung ist ein Prozeß, bei dem sich die analytische und synthetische Tätigkeit des Gehirns immer mehr erweitert. Dieser Prozeß kommt im Grunde nie zum Stillstand. Denn auch als Erwachsene üben wir uns noch ständig in der Unterscheidung von neuen optischen und akustischen Signalen, von Geschmacks-, Geruchs- und Tastqualitäten.

♦ Entwicklung der visuellen Wahrnehmung: Im Laufe des dritten Lebensjahres entwickelt das Kind seine Wahrnehmungsfähigkeit weiter. Es lernt, Einzelheiten hervorzuheben, Beziehungen zwischen den Teilen wahrzunehmen und die verschiedenen Aspekte eines Gegenstands zu integrieren. Bisher konnte es kaum einen Gegenstand länger betrachten, ohne ihn gleichzeitig mit den Händen untersuchen zu wollen. Nun lösen sich die Wahrnehmungen allmählich von den Tastempfindungen, da schon genug Erfahrungen als Vergleichsmuster zur Verfügung stehen und das Erkennen eines Gegenstands ermöglichen bzw. erleichtern. Vertraute Dinge kann das Kind schon «mit einem Blick» erfassen. Nicht mehr die Bewegungen der Hand bestimmen die der Augen, sondern die Handbewegungen werden mit den Augen kontrolliert. Das Kind nimmt die Gegenstände nun bereits so in die Hand, daß es sie besser betrachten kann. Die visuelle Wahrnehmung nimmt also allmählich die dominierende Rolle ein, die sie beim Erwachsenen hat. (Beim Kennenlernen unbekannter Dinge benutzt das Kind natürlich auch noch alle übrigen Sinne, vor allem den Geschmacks- und Geruchssinn.)

Es verbringt immer mehr Zeit bei der Betrachtung von Gegenständen und Bildern. Seine Augen irren nicht mehr scheinbar ziellos umher wie früher. Es lenkt seine Blicke bewußt und entwickelt bestimmte Verfahren des Beobachtens und Untersuchens. Anfangs deutet es noch mit der Hand auf das, was es sieht. Später wird es diese Wahrnehmungsstütze nicht mehr brauchen und sie durch Worte ersetzen. Seine Sprachfortschritte helfen wesentlich dabei, diese Orientierungsvorgänge zu differenzieren. Durch sie kann das Kind wahrgenommene Eigenschaften, Merkmale und Zustände voneinander abgrenzen und hervorheben.

Mit Hilfe der Sprache gelingt es ihm auch immer besser, die typischen Merkmale der Objekte von den untypischen zu unterscheiden. Mit anderen Worten: Es kann Dinge wiedererkennen, auch wenn sie ihm aus einem anderen Blickwinkel, einer anderen Entfernung oder in einer neuen Beleuchtung gezeigt werden. Dadurch entwirft es für sich ein immer genaueres und beständigeres Bezugssystem. Es sieht die Dinge allmählich «so, wie sie sind», und unterscheidet zwischen Phantasie und Wirklichkeit.

♦ Wahrnehmung und Übung: Untersuchungen haben ergeben, daß die Wahrnehmungsschärfe von der Motivation und dem Interesse an der Sache abhängt. So fanden Kinder leichter und rascher die Lücke in einem Kreis, wenn sie «Jäger» spielen und sich überlegen sollten, durch welches Loch ein gefangenes Tier wohl entschlüpfen könnte. Ähnliches gilt auch für differenzierte Wahrnehmungen durch andere Sinne. Die Wahrnehmungsfähigkeit kann also durch immer neue Aufgaben geschult werden, zu deren Lösung eine bestimmte Aufmerksamkeitsrichtung nötig ist. (Beispiele dazu finden Sie bei den Entwicklungsanregungen.)

Inzwischen wurde auch die frühere Auffassung widerlegt, daß Kleinkinder sich vorwiegend an der Farbe eines Gegenstands orientieren: Sie richten sich bereits nach dem Merkmal (sei es Form oder Farbe), das für das Erkennen des Gegenstands wichtig ist. Kleinkinder können eine Vielzahl von feinen Farbunterschieden wahrnehmen, wenn sie sich nur auf die Farbe konzentrieren, zum Beispiel beim Ordnen von Farbplättchen nach Farbqualität und Helligkeit. Dabei nennen sie allerdings noch oft falsche Farben. Hier scheint sich manchmal das Vorwissen über einen Gegenstand stärker durchzusetzen als das, was das Kind tatsächlich von ihm sieht. So wird ein abgebildetes orangefarbenes Huhn vielleicht als weiß bezeichnet, weil das Kind nur weiße Hühner kennt und die «Farbe» Weiß für das Kind zum Huhn gehört; von dieser Kombination kann es nicht abstrahieren. Bei Mischfarben fehlen ihm freilich auch häufig die richtigen Farbnamen.

Der Erwachsene kann die Wahrnehmungsfähigkeit des Kindes also durch bestimmte Anregungen fördern: durch Beobachtungen in der Natur, Hinweise beim Betrachten von Bildern, kleine Spiele usw. Dabei ist sehr wichtig, daß er ihm die dazu passenden Worte sagt. So bekommt das Kind eine Orientierungshilfe für das, was es sieht, fühlt oder schmeckt. Es kann die gleichen Merkmale dann leichter auch an anderen neuen Gegenständen und Situationen entdecken, seine Eindrücke miteinander vergleichen und Ähnlichkeiten oder Unterschiede feststellen, also seine Beobachtungsgabe schulen.

Denken

Das Wissen des Kindes über die Dinge seiner Umgebung nimmt zu. Der Erfahrungsschatz bestimmt sein Handeln. Das Kind schafft sich allmählich ein eigenes Weltbild, eine «Weltanschauung».

Manche Psychologen bezeichnen diesen Zeitabschnitt als die Stufe der «präkausalen» oder gar «magischen» Weltauffassung. Sie schließen aus den vielen unrealistischen und «falschen» Äußerungen, daß das Kind in diesem Alter noch keinen Zugang zur realen Ursache-Folge-Beziehung, zur Erklärung physikalischer Erscheinungen hat. Ihrer Ansicht nach erobert sich ein Kind in diesem Alter die Außenwelt durch das Denken. Ihr Weltbild sei allein Ergebnis ihrer subjektiven Erfahrungen mit Dingen. Es schreibe den Dingen die gleichen Eigenschaften, Gefühle und Gedanken wie sich selbst zu.

Richtig ist, daß Kinder in diesem Alter manchmal sagen: «Das hat dem Tisch weh getan» oder: «Das Flugzeug ist lebendig, weil es fliegen kann.» Doch das muß nicht

Beim Puzzle lernt ein Kind viel: genau hinsehen, Formen und Farben vergleichen, sorgfältig legen und diese Fähigkeiten bei sich erkennen.

mit einer «magischen» Denkweise begründet werden. Es gibt eine viel einfachere Erklärung dafür: Der Erfahrungsschatz des Kindes ist noch sehr begrenzt. Wenn ein Kind zum Beispiel zum erstenmal ein Flugzeug bewußt sieht, sucht es in seiner Erinnerung nach etwas Ähnlichem. Es bemüht sich, seine Erfahrungen zu verallgemeinern – eine wichtige Denkoperation – und Zusammenhänge zwischen verschiedenen Erscheinungen herzustellen – ebenfalls eine kreative Denkleistung. So hat man ihm

sicher einmal gesagt, ein Vogel könne fliegen, weil er lebendig sei. Das Kind verallgemeinert nun: Alles, was fliegt, ist lebendig!

Nicht zu vergessen ist auch, daß manche Erwachsene solche Äußerungen beim Kind hervorrufen. Sie gebrauchen und unterstützen sie, weil sie sie als «kindgemäß» oder «drollig» empfinden.

Vom kindlichen Wissensstandpunkt aus sind dies alles logische und nicht präkausale Erklärungen. Sie zeigen sogar ein starkes Interesse an der Außenwelt. Durch Fragen versucht das Kind, die Lücken in seinem Wissen auszufüllen. Die «Fühler» rühren daher, daß es die Erfahrungen, die es in einer Einzelsituation gemacht hat, per Analogieschluß auf andere Situationen überträgt. Damit geht es weit über den Rahmen seiner Kenntnisse hinaus. Es kann seine Verallgemeinerung noch nicht analysieren und so die Widersprüche zwischen seinem Urteil und der Realität nicht feststellen. Oft beharrt es sogar dann hartnäckig auf seiner «Meinung», wenn es sich mit eigenen Augen von der Unrichtigkeit seiner Aussage überzeugen kann.

Jetzt wächst seine Fähigkeit, zusammengehörende Dinge in Gruppen zu ordnen. Verallgemeinerungen werden oft nach rein äußerlichen, manchmal zufälligen Merkmalen getroffen. Optisch erfaßbare Ursachen erkennt das Kind leichter als innere, verborgene. Unter abstrakten Begriffen wie «Zeit» oder «Gerechtigkeit» kann es sich noch nichts vorstellen. Sein Denken beruht noch ganz auf anschaulich-konkreten Vorstellungen, die sich aus der praktischen Tätigkeit ergeben.

♦ Der Einfluß der Sprache auf das Denken: Der Spracherwerb und die Erweiterung der Denkfähigkeit bedingen sich gegenseitig. Die Sprache hilft bei der Analyse der Wirklichkeit und erhält die Vorstellung von den Dingen lebendig, auch wenn man diese nicht mehr wahrnehmen kann. Das Kind entdeckt zum Beispiel eine vorher übersehene Ähnlichkeit zwischen zwei Gegenständen, weil es hört, daß sie einen gemeinsamen Namen haben. Es wird auf Unterschiede aufmerksam, wenn scheinbar gleiche Dinge ganz unterschiedliche Namen tragen.

So ist auch zu erklären, daß der Zusammenhang zwischen Sprechfertigkeit und Intelligenz immer enger wird. Intelligenztests stützen sich von nun an immer mehr auf die Messung des Sprachniveaus und weniger auf sensomotorische Fertigkeiten wie in früheren Lebensjahren. So bringt auch intensive Sprachförderung eine Steigerung der Intelligenz mit sich.

♦ Gedächtnis und Denken: Die ersten Kindheitserinnerungen Erwachsener reichen gewöhnlich bis ins dritte oder vierte Lebensjahr zurück. Die Fähigkeit, Erinnerungen zu speichern, bildet eine wesentliche Grundlage zur Entwicklung von Gedanken. Denn das Vergleichen, das Finden von Zusammenhängen und das Verallgemeinern setzen Informationen voraus, die bildlich oder durch Wortzeichen im Gedächtnis gespeichert sind. Gedanken sind aber nicht nur die Wiederholung von etwas Gelerntem, sondern das Hervorbringen von neuen Ideen.

Dazu muß das vorhandene Wissen «gesichtet» und auf ein Ziel oder Problem gerichtet werden. Die Verbindung mit der Realität muß dabei gewahrt bleiben.

Alle diese Fähigkeiten sind natürlich zu Beginn noch sehr unvollkommen. Das Gedächtnis des Kindes arbeitet vorläufig noch unwillkürlich. Es versucht noch nicht, sich etwas bewußt einzuprägen. Das Speichern von Erinnerungen geschieht sozusagen als ein Nebenprodukt des Tuns. Alle Spiele, die eine aktive Haltung des Kindes erfordern, tragen deshalb zur Ausbildung von Gedächtnisinhalten bei. Dazu gehören zum Beispiel Geschichten, die so erzählt und illustriert werden, daß sich das Kind mit dem «Helden» identifizieren und seine Handlungen gefühlsmäßig nachvollziehen kann.

Auch Spiele, in deren Verlauf sich das Kind etwas merken muß, fördern das Gedächtnis. Und zwar besonders deshalb, weil die «Leistung» nicht von außen befohlen, sondern vom Kind selbst gewünscht wird.

Allmählich wird die Gedächtnisspanne größer. Das Kind kann nun Wörter oder Handlungen wiederholen, auch wenn das Vorbild nicht mehr sichtbar ist. Mit zwei Jahren weiß es noch nach einer Viertelstunde, wo ein Gegenstand versteckt wurde. Mit drei Jahren erinnert es sich auch nach einer

sehr viel größeren Zeitspanne daran. (An Erlebnisse, die Ihr Kind besonders beeindruckten, kann es sich noch nach vielen Monaten erinnern.) Auch das Kurzzeitgedächtnis kann immer mehr Informationen aufnehmen. Mit zweieinhalb Jahren sind es zwei Silben oder Zahlen, mit drei Jahren bereits drei. Solche Experimente gelingen jedoch nur, wenn das Kind sich in einem guten Allgemeinzustand befindet und wenn es Lust an der Aufgabe hat. Wenn es sich dagegen nicht dafür interessiert, gibt es eine falsche oder gar keine Antwort.

Sprechen und Sprache

♦ Erweiterung des Wortschatzes: Wenn das Kind zwei Jahre alt wird, hat es gewöhnlich begriffen, daß Dinge Namen haben. Es benutzt die ihm bekannten Bezeichnungen und erfragt sogar schon neue. Das Verständnis vertieft sich. Die Wörter sind allmählich nicht mehr situationsgebunden und gewinnen allgemeine Geltung.

Nach der Statistik versteht ein 24 Monate altes Kind durchschnittlich 250 bis 300 Wörter. Im nächsten halben Jahr erweitert es seinen Wortschatz auf durchschnittlich über 400 bis 480 Wörter. Bis zum Ende des dritten Lebensjahres verdoppelt er sich wiederum (850 bis 950 Wörter). Bei besonders guter sprachlicher Förderung umfaßt er bei einem dreijährigen Kind über tausend Wörter. Das Kind versteht seine Muttersprache gut, weil es nun alle Laute richtig unterscheiden und erkennen kann. Der Wortschatz von Mädchen ist im Durchschnitt etwas größer. Sie sind in der gesamten Sprachentwicklung auch in den nächsten Lebensjahren überlegen.

♦ Artikulation: Bei der Aussprache macht das Kind noch viele Fehler, besonders bei den Konsonanten. Schwierige Konsonanten wie «k» oder «g» läßt es einfach aus, oder es ersetzt sie durch ähnlich klingende. Folgen zwei Konsonanten in einem Wort aufeinander, so wird häufig einer davon verschluckt. Das geschieht besonders dann, wenn das Kind im Eifer etwas schnell erzählen will.

Wegen solcher Fehler wird das Kind oft nicht richtig verstanden. Vor allem außenstehende Personen wissen meist nicht, was mit den Wörtern gemeint ist. Diese Mißverständnisse frustrieren das Kind, denn es will sich ja immer mehr durch Sprache

Telefonieren als faszinierendes Spiel: mit jemandem sprechen, der nicht da ist.

ausdrücken und nicht durch Gesten und Körpersprache wie früher.

Viele Sprechfehler sind bis zum Alter von vier Jahren normal. Sie entstehen, weil das Kind seine Lippen, die Zunge, den Kehlkopf und die Schlundmuskulatur noch nicht richtig koordinieren kann. Das verbessert sich im Laufe der Zeit durch Übung. Das Kind hat so viel Freude an seiner neuen Fähigkeit, daß es gern und viel redet. Es genießt die zunehmende Unabhängigkeit, die ihm die Sprache verleiht. Mit zweieinhalb Jahren sagt es alles nach, was es hört. Häufig versteht es den Sinn gar nicht. Rhythmische und wiederkehrende Äußerungen machen ihm am meisten Spaß. Es prägt sie sich besonders gut ein. So versichert es sich seines Wortschatzes und festigt ihn immer mehr.

♦ Erwerb der Grammatik: Wenn dem Kind ein Wortschatz von ungefähr 80 bis 130 Wörtern zur Verfügung steht, bildet es allmählich Sätze mit mehr als einem Wort. Es reiht hauptsächlich Substantive in abgewandelter Form aneinander. Das geschieht gewöhnlich gegen Ende des zweiten Lebensjahres.

Die «echten» Zweiwortsätze bestehen aus einem Hauptwort und einem Tätigkeits- oder Eigenschaftswort. (Die Sprache ist eben für das Kind noch sehr mit Handlungen verbunden.) Bald kommen einige Pronomina hinzu. Konjunk-

tionen, Hilfsverben, Artikel und Präpositionen werden im allgemeinen noch nicht benutzt. Die Anzahl der verwendeten Wörter pro Satz steigt langsam an. In der Statistik sieht das so aus: Mit zwei Jahren gebrauchen Kinder durchschnittlich 1,7 Wörter pro Satz, mit zweieinhalb Jahren sind es 2,4 Wörter und mit drei Jahren 3,3 Wörter.

Die Sätze bekommen zunehmend eine verständliche, grammatikalische Struktur. Das Kind verwendet die Hauptwörter allmählich im jeweils richtigen Fall, und es benutzt die Tätigkeitswörter in verschiedenen Zeitformen. Mit etwa zweieinhalb Jahren fängt es an, zusammengesetzte Sätze zu sprechen. Es nimmt Konjunktionen wie «und», «aber», «weil» und «wie» in seinen Wortschatz auf. Gegen Ende des Jahres kann es alle Haupttypen von Sätzen bilden. Es beherrscht dann auch fast alle Kasusbildungen.

♦ Sprachförderung: Der Wortschatz wird gut durch direktes Lehren, deutliches Vorsprechen und Nachsprechenlassen erweitert. (Eine wichtige Rolle spielt dabei auch die Anzahl verschiedenartiger Kontakte, die dem Kind offenstehen, weil jeder Mensch einen etwas anderen Grundwortschatz gebraucht.) Durch welche Prozesse der rasche Erwerb der komplizierten grammatikalischen Struktur zustande kommt, ist noch nicht endgültig geklärt. Sehr wichtig ist

das Vorbild der Erwachsenen.
Wenn sie viel, deutlich und freundlich mit dem Kind sprechen, lernt es selbstverständlich leichter.
Durch dieses Vorbild erwirbt es mit jedem Satz «mehr» Grammatik.

In Untersuchungen wurde erforscht, welche Art der Sprachförderung besonders erfolgreich ist. Man kam dabei zu folgendem Ergebnis: Es hat wenig Sinn, das Kind zu korrigieren und seine falsch formulierten Sätze richtig zu wiederholen. Besser ist es, wenn der Erwachsene den kindlichen Gedankengang in der Antwort einfach fortsetzt und damit zeigt, daß er es verstanden hat. Durch aufmerksames Zuhören ermuntert er das Kind zum Sprechen. In der Antwort bietet er ihm zugleich neue und bessere Satzmuster an. Es ist eigentlich ganz selbstverständlich, daß dem Kind das Sprechen mehr Spaß macht, wenn man darauf eingeht und seine Bemühungen lobt, als wenn man oft Kritik daran übt und es im Gedankengang unterbricht, um es zu verbessern.

♦ Bedeutung für die Entwicklung: Das Kind spricht jetzt gern und viel, es redet sogar mit sich selbst. Beim Spielen «denkt es laut» und erklärt, was es gerade macht oder machen will. So werden seine Handlungen durch die Sprache ergänzt und geistig strukturiert. Dieses «egozentrische» Sprechen ist also nicht nur eine zusätzliche

Übung im Sprechen, sondern auch eine entscheidende Hilfe für die Entwicklung des geordneten und zielgerichteten Denkens.

Auch das soziale Verhalten wirkt verstärkend auf die Sprechentwicklung. Kinder erleben, daß die Verständigung mit anderen besser klappt, wenn man sich gut ausdrücken kann. Sie fühlen sich sicherer und müssen nicht «stumm» abseits stehen oder die Mutter ständig als «Dolmetscher» vorschieben. Die Sprache wird zum wichtigsten Hilfsmittel beim Erwerb seiner Verhaltensweisen.

♦ Stottern als Durchgangsstadium: Fehler in der Aussprache sind – wie schon erwähnt wurde – bei allen Kindern bis zum Alter von vier Jahren ganz normal. Zwischen zweieinhalb und dreieinhalb Jahren neigen außerdem viele zum Stottern. Ein Grund dafür ist, daß Kinder oft schneller reden wollen, als sie können. Ihre Gedanken sind schneller als die Zunge, vor allem dann, wenn sie aufgeregt sind. Lassen Sie Ihrem Kind Zeit. Bei Ermahnungen verkrampft es sich nur zusätzlich (und daraus könnte sich bei häufigen, ungünstigen Wiederholungen eine ernsthafte Störung ergeben).

Auch strenge Disziplin im Elternhaus erhöht eher die Neigung zum Stottern. Eltern, die sich schulmeisterlich und perfektionistisch um die Sprechentwicklung kümmern und Druck auf das Kind ausüben, werden manchmal dadurch zur Ursache für das Stottern ihres Kindes. Machen Sie es sich zur Regel, geduldig zuzuhören. Drängen und ermahnen Sie es nicht, wenn es stottert. Und zügeln Sie eventuell Ihr eigenes Sprechtempo einige Zeit.

Gemeinsames Singen und rhythmisches Sprechen wirken übrigens entspannend und beruhigend auf Kinder, die überhastet sprechen.

Die Entwicklung der Handlungen

«Ich kann das allein!» Diesen Ausspruch werden Sie jetzt sehr oft hören. Ihr Kind beweist damit seinen verstärkten Wunsch nach Selbständigkeit. Es möchte ohne Hilfe der Erwachsenen etwas können: Unterstützen Sie diesen Wunsch in jeder Hinsicht (vgl. S. 104: «Erziehungsaufgaben im dritten Lebensjahr»). Das Gefühl, etwas allein getan zu haben, hilft Ihrem Kind wesentlich beim Aufbau seines Selbstbewußtseins.

Dieser Wunsch ist das Anzeichen für ein verändertes Verhältnis des Kindes zu seinen Handlungen. Es erlebt sie nunmehr bewußt als seine persönlichen «Taten». Früher ging die Aufforderung zum Hantieren von einem bestimmten Gegenstand aus, der gewöhnlich durch einen Erwachsenen in das Blickfeld des Kindes gebracht wurde. Der Erwachsene zeigte ihm dann von sich aus die nötigen Handgriffe. Nun kann das Kind langsam die im Umgang mit einem bestimmten Gegenstand erlernten Handlungen von diesem lösen und auf andere Dinge übertragen. Erfahrungen werden also verallgemeinert und aus ihrer Gegenstands- und Situationsgebundenheit herausgehoben. Sie bekommen dadurch einen eigenen Wert.

Schon im zweiten Lebensjahr wiederholte es oft erstaunlich genau die Tätigkeiten anderer. Es wiegte zum Beispiel den Teddy genauso in den Schlaf, wie das die Mutter mit ihm selbst tat. Doch es war ihm wohl nicht klar, daß es damit das Tun der Mutter nachahmte. Nun vergleicht es seine persönlichen Handlungen bewußt mit denen der anderen. Es kann wählen, ob es sie genauso nachgestalten oder auf eine ganz andere Art vollziehen will.

Dieses neue Bewußtsein ist eine Voraussetzung für das Rollenspiel.

Es kann sich nun auch selbst ein Ziel wählen und vorher seine Absicht verkünden. Seine Tätigkeiten werden also mehr und mehr von Vorsätzen bestimmt. Der Einfluß des Denkens wird unverkennbar. Es kann seine Handlungen den objektiven Beziehungen zwischen den vorgegebenen Dingen anpassen. Seine Verhaltensweisen sind nicht mehr so starr, sondern variabel.

Geschickt probiert es verschiedene Möglichkeiten aus und richtet sich dabei nach seinen bisherigen Erfahrungen. Es wiederholt seltener gleiche Handlungen am gleichen Gegenstand. Wenn es einen Ablauf gut beherrscht, führt es ihn nur noch verkürzt aus und begleitet ihn mit Worten wie «Die Puppe ißt den Brei!» oder «Ich füttere die Puppe!» Das schließt jedoch nicht aus, daß es im Verlauf des Spiels noch oft seine Absicht ändert oder sein Vorhaben ganz aufgibt, wenn es etwas Interessanteres entdeckt.

Gegen Ende des dritten Lebensjahres kann Ihr Kind im Vergleich zum vorangegangenen erstaunlich viele Handlungen selbständig ausführen:
– Es ißt völlig allein.
– Es braucht kaum noch Unterstützung beim Anziehen. (Die Schnürsenkel kann es allerdings noch nicht allein binden. Auch bei kleinen Knöpfen hat es noch Schwierigkeiten.)
– Es zieht sich ohne Hilfe aus.
– Es kämmt sich die Haare.
– Es wäscht und trocknet sich die Hände.
– Es hilft beim Aufräumen der Spielsachen und bei kleinen Verrichtungen im Haushalt (zum Beispiel Gegenstände holen oder sie wieder an ihren richtigen Platz stellen).

Selbstgefühl

Da Ihr Kind in diesem Jahr immer selbstbewußter wird und sich als eigene Person zu begreifen beginnt, die der Welt gegenübersteht, läßt es sich nicht mehr so leicht von Erwachsenen leiten. Häufig widersetzt es sich ihren Einflüssen und beweist damit seine Unabhängigkeit.

Die gut entwickelte Motorik, die Fähigkeit, sich frei bewegen und sich mit Hilfe der Sprache zu verständigen, verleihen ihm Sicherheit gegenüber seiner Umgebung. Es drängt entschieden in die Erwachsenenwelt und begreift allmählich seine eigene Rolle und die der anderen Menschen seiner Umwelt. Bald findet es heraus, welche Rollen nachahmenswert sind. Zu diesem Prozeß gehört auch die Entdeckung der eigenen Geschlechtsrolle. Da es nun fest auf eigenen Beinen steht, beginnt der Kampf um die «Selbständigkeit» im weiteren Sinn. Es beginnt, zwischen «ich» und «du», «mein» und «dein» zu unterscheiden.

Gewöhnlich nennt es sich zu Beginn des dritten Lebensjahres noch bei seinem Vornamen. Doch selbst wenn es das Wort «ich» dann schon richtig aussprechen kann, bekommt dieser Begriff für das Kind um die Mitte des dritten Lebensjahres eine neue Erlebnisqualität. Es sieht sich nicht nur immer bewußter als Urheber von

Kinder können meist noch überall schlafen.

Handlungen und ihrer Auswirkungen, sondern es erlebt jetzt die Prozesse des eigenen Innenlebens als einen Teil seiner selbst. Es entdeckt sich selbst als Urheber von Gedanken, Gefühlen und Vorstellungen. Ihm wird bewußt, daß es diese Prozesse steuern kann. Seine neue Willens- und Entscheidungsfreiheit bringt es jedoch häufig in Konflikt mit sich selbst, mit «alten» Bindungen und mit den Wünschen anderer. Und sie verursacht ihm «die Qual der Wahl». Denn noch sind seine Unterscheidungsmöglichkeiten nicht sehr groß, und es kann die Konsequenzen einer Entscheidung noch nicht absehen. Es weiß nicht, welche Wünsche sich ausschließen und daß manchmal die Wahl der einen Sache andere begehrenswerte Möglichkeiten versperrt. So möchte das Kind am liebsten alles gleichzeitig tun. Es will Dreirad fahren und Ball spielen, Spielsachen horten und sie durch die Gegend schleudern, etwas selbständig erledigen und sich helfen oder gar bedienen lassen. Das Kind befindet sich in diesem Alter fast ständig in einem Zustand der inneren Spannung und Unsicherheit. (Die innere Unruhe des Kindes ist auch ein Grund dafür, daß es jetzt besonders ängstlich und schreckhaft reagiert.)

Häufig wirkt sein Verhalten eigensinnig, unmotiviert oder sogar boshaft. In Wirklichkeit ist dies nur ein Zeichen seiner Unsicherheit in der Entscheidung für «ja» oder «nein», für «ich möchte» und «ich möchte nicht». Manchmal fühlt es sich «ganz groß» und dann wieder «ganz klein». Wie oft muß es hinnehmen, daß es seinen Willen nicht durchsetzen kann, daß es an der eigenen Ungeschicklichkeit und Unzulänglichkeit scheitert! Wie oft muß es merken, daß es wegen seiner mangelnden sprachlichen Ausdrucksfähigkeit nicht richtig verstanden wird! Wie oft wird seinen Wünschen das Wort «nein» entgegengesetzt!

All das bereitet dem Kind natürlich Schwierigkeiten. Darum weiß es häufig nicht, wie es sich verhalten soll. Besonders wenn das Kind eine Beschäftigung zugunsten einer anderen aufgeben muß, hat es mit seiner eigenen Unsicherheit zu kämpfen. Denn ein solcher Wechsel verlangt die Fähigkeit, sich zu entscheiden und rasch umzustellen. Doch dazu ist das Kind im Augenblick vielleicht gar nicht bereit. So zieht es den Wechsel lieber hinaus und trödelt herum.

Sicher haben Sie schon solche Erfahrungen gemacht: Sie möchten mit Ihrem Kind zum Einkaufen, zum Spielen oder zum Schwimmen gehen. Alle diese Aussichten sind sehr verlockend für Ihr Kind. Und trotzdem dauert es endlos, bis Sie ihm die entsprechenden Kleidungsstücke dafür anziehen können.

Ständig rennt es weg, spielt herum und verzögert den Beginn der nächsten Tätigkeit. Das ist keine böse Absicht. Es kann die Lage einfach noch nicht überblicken. Und so bleibt es lieber da, wo es ist.

Der fast tyrannische Hang zur Ordnung bei Kindern dieses Alters steht damit in innerem Zusammenhang. Sie bestehen darauf, daß alles an seinem gewohnten Platz ist und in der üblichen Reihenfolge abläuft. Bei manchen Handlungen gibt sich das Kind auch selber Regeln, die wir nicht gleich durchschauen können: Es tritt nur auf jeden zweiten Pflasterstein oder möchte die Suppe (wie eine Katze) direkt vom Teller schlecken. Abends zieht es das Zubettgehen endlos hinaus. Die Rituale vor dem Schlafen dienen gleichzeitig der Beruhigung und Entspannung. Denn die innere Gegensätzlichkeit seiner Gefühle erschwert natürlich die zum Einschlafen notwendige Entspannung: Einerseits möchte es am Tagesgeschehen weiterhin teilhaben, andererseits hat es aufgrund seiner Müdigkeit das Bedürfnis einzuschlafen.

Vielleicht fällt es Ihnen mit diesem Wissen leichter, die zeitraubenden Verzögerungstaktiken Ihres Kindes mit Geduld, Humor und Verständnis hinzunehmen!

Emotionales und soziales Verhalten

♦ Das «Trotzalter»: Das dritte Lebensjahr gilt allgemein als ein schwieriges Alter für Kinder, Eltern und Erzieher. Das Kind erscheint plötzlich «wie ausgewechselt». Auf einen scheinbar nichtigen Anlaß hin gerät es in zerstörerische Wut. Es sperrt sich gegen einfache Anweisungen oder Wünsche der Eltern, die es sonst gern befolgt hat. Es stellt sich taub, wenn man etwas von ihm will. Wenn es gerufen wird, reagiert es häufig nicht oder läuft weg und versteckt sich.

Manchmal verteilt es großzügig seine Spielsachen, dann wieder verteidigt es sie wütend, weil es glaubt, jemand wolle ihm etwas wegnehmen. Es verlangt heftig nach einer Sache, aber wenn es sie bekommt, reagiert es gar nicht, oder es stößt sie weg. Es bittet um Hilfe und lehnt dann plötzlich den Beistand wütend ab.

Sein Gefühlsleben ist voller Gegensätze und scheinbarer Launen. Nach fröhlicher Ausgelassenheit verfällt es plötzlich übergangslos in lustlose Apathie oder gar Niedergeschlagenheit. Ausgeprägtes Geselligkeitsbedürfnis wechselt mit dem Wunsch nach Ruhe, freundliche Zuneigung schlägt in abweisendes Verhalten um.

Viele Eltern fragen sich zu diesem Zeitpunkt besorgt, ob sie in der Erziehung etwas falsch gemacht haben. Sie überlegen, ob sie bisher zu nachgiebig gewesen sind und das Kind zu sehr verwöhnt haben. Ihre Unsicherheit vergrößert sich noch, wenn Außenstehende das Kind bei einem seiner «Tobsuchtsanfälle» erleben und dann behaupten: «Bei unseren Kindern hat es das nicht gegeben!» oder «Ihr müßt einfach strenger sein, sonst tanzt euch das Kind bald auf dem Kopf herum!»

Die «Launenhaftigkeit» ist ein Ausdruck der inneren Konflikte des Kindes. Es befindet sich in einem Übergangsstadium. Im kindlichen Erleben und in seinem Selbstverständnis finden einschneidende Veränderungen statt. Sie erreichen ihren Höhepunkt zwischen der Mitte und am Ende des dritten Lebensjahres. Danach wird das Kind wieder sein seelisches Gleichgewicht finden und sich ausgeglichener verhalten.

♦ Gefühle gegenüber Menschen und Dingen: Wegen dieser oben erwähnten auffälligen Signale werden oft die feineren positiven Veränderungen im Gefühlsleben des Kindes und in seinen sozialen Beziehungen übersehen.

Gegenüber jüngeren oder gleichaltrigen Kindern verhält es sich gelegentlich schon «verantwortungsvoll» und fürsorglich, allerdings nur dann, wenn sie ihm sympathisch sind. Wenn es ein Kind nicht mag, wird es auch nicht auf eine Aufforderung hin mit ihm spielen. Diese eindeutigen und anhaltenden Sympathien können schon jetzt zu richtigen Kinderfreundschaften führen (sofern genügend Kontaktmöglichkeiten vorhanden sind), die ebenfalls ein Anzeichen von beständigeren und differenzierteren Gefühlsmöglichkeiten sind. Natürlich darf man nicht zu sehr an die Verständigkeit und Einsicht des Kindes appellieren und es so überfordern. Selbst mit seinem «besten Freund» läuft das Spiel nicht immer friedlich ab! Es reißt ihm vielleicht das Spielzeug aus der Hand, das es ihm noch vor wenigen Minuten freiwillig gegeben hat.

Doch allmählich treten auch andere Gefühle in den Vordergrund. Es freut sich, wenn es etwas fertiggebracht und dabei Schwierigkeiten überwunden hat, es ist stolz und selbstzufrieden und möchte gelobt werden. Am Ende des Jahres kann die Leistungsmotivation bereits weit ausgebildet sein, wenn sie durch die Eltern gefördert wurde. Aber auch dann reagiert das Kind noch nicht auf echte Wettkampfsituationen und konkurriert nicht mit anderen Kindern im Leistungsbereich. Es richtet sich jedoch immer mehr nach den positiven und negativen Einstellungen seiner bewunderten und geliebten Bezugspersonen. Was ihnen gefällt, das gefällt dem Kind auch. Und

was sie ablehnen, das lehnt es auch ab. Auf ihren Äußerungen bauen zum Beispiel seine ästhetischen Gefühle auf, sein Sinn für Humor und Komik, der in einer geeigneten Situation jetzt schon erkennbar sein kann.

♦ Verhältnis zu Eltern und Erwachsenen: Zu Beginn des dritten Lebensjahres wird das Verhältnis des Kindes zu seiner Mutter besonders intensiv und bewußt. Es hängt zärtlich an ihr und kann sich nur schwer von ihr trennen. (Manche Kinder bevorzugen auch vorübergehend den Vater, oder sie wechseln ihre Vorliebe je nach Tätigkeit und Tageszeit. Doch wenn sie Kummer haben oder müde sind, wenden sich alle Kinder meistens an die bevorzugte Bezugsperson.) Das zeigt sich unter anderem in innigen Puppen-Rollenspielen. Neue Handlungsmotive entstehen. Es kann zum Beispiel schon manchmal seine eigenen Wünsche zurückstellen und etwas für andere tun: Es pflückt Blumen für die Mutter oder bastelt ein Geschenk für den Vater.

Das Kind hat noch immer Schwierigkeiten, sich mit mehr als einer erwachsenen Person zu beschäftigen, da es sich noch nicht gleichzeitig auf mehrere Personen einstellen kann.

Fremden gegenüber verhalten sich die Kinder unterschiedlich. Manche verstecken sich scheu oder bleiben

Deutliche Ablehnung, dann erwachendes Interesse, schließlich ein verhaltenes Lächeln – die Mimik spiegelt deutlich, was dieses Kind denkt und fühlt.

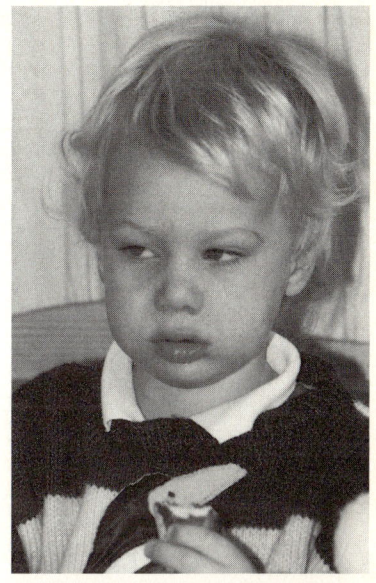

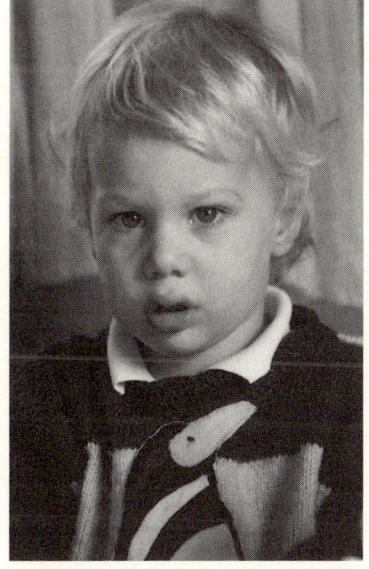

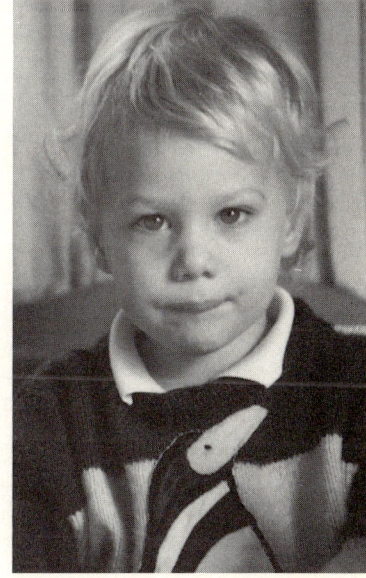

dicht bei der Mutter, andere zeigen überhaupt keine Angst. Sie schenken Fremden gleich ihr Vertrauen oder werden zudringlich bis aggressiv. Manche wechseln aber auch von einem Extrem ins andere.

Hat sich ein Kind erst einmal mit einem Fremden vertraut gemacht, so zeigt es gern seine Zuneigung durch Küsse oder Streicheln. Es fühlt genau, welche Menschen es mögen, und bevorzugt sie. Auch Tiere und leblose Dinge behandelt es gelegentlich zärtlich. Ist dies jedoch übermäßig ausgeprägt, so muß man sich fragen, ob es dort vielleicht Ersatz für mangelnde Zuneigung durch Menschen sucht.

♦ Verhältnis zu anderen Kindern: Am liebsten spielt das Kind in einer Zweiergruppe, also mit einem Freund oder einer Freundin. Sie sprechen und lachen miteinander. Es ist ein echtes gemeinsames Spiel, bei dem immer häufiger Rollen verteilt werden.

Jetzt wird auch schon weniger gestritten als im vergangenen Jahr. Aber nach einem zunächst ruhigen Spielbeginn treten doch oft Konflikte auf. Fast immer dreht es sich dabei um Besitzansprüche. Die Kinder schlagen sich, beißen oder ziehen sich grob an den Haaren. In dieser Situation ist das Eingreifen der Eltern notwendig. Wenn ein Kind von selbst oder auf Veranlassung der Eltern nachgibt, so hat

dies noch wenig mit Sinn für Gerechtigkeit zu tun. Es nützt auch in der aktuellen Situation wenig, wenn Erwachsene daran appellieren, allerdings wird das Kind doch langfristig davon beeinflußt.

Sind mehrere gleichaltrige Kinder beisammen, spielen sie meist nebeneinander und nicht miteinander. Jedes Kind folgt seinen eigenen Eingebungen. Doch wenn eines von ihnen etwas Besonderes tut, machen es ihm die anderen nach. So kann es zu recht turbulenten «Massenszenen» kommen. Streitigkeiten lassen sich schlichten, wenn allen Kindern das gleiche Spielmaterial angeboten wird. Dann setzt meistens wieder das Nebeneinanderspiel ein, und für eine Weile herrscht «Frieden».

Auch bei diesen parallelen Spielen lernen die Kinder viele soziale Verhaltensweisen. Sie erfahren, daß man etwas nacheinander tun muß, damit Zusammenstöße vermieden werden. Und sie sehen, daß man teilen kann, damit alle etwas haben. Kommt das Kind in eine fremde Kindergruppe, so zeigt es häufig wieder Verhaltensunsicherheiten, wie Streiten, egoistisches Handeln oder bloßes Zuschauen. Das legt sich jedoch, wenn es sich mit den anderen Kindern vertraut gemacht hat.

Besonders gern spielt das Kind jetzt mit Fünf- oder Sechsjährigen. Es akzeptiert ihre Führungsrolle und nimmt viele Anregungen von ihnen auf.

♦ Soziale Anpassung und Kontrolle der Gefühle: Die soziale Entwicklung wird beschleunigt, wenn das Kind viel mit Altersgenossen zusammenkommt. Noch wichtiger als die Häufigkeit der Kontakte ist natürlich, daß diese auch befriedigend sind. Deshalb sollten Sie die Wahl der Spielpartner ein wenig steuern und zum Beispiel darauf achten, daß Ihr Kind nicht immer unterliegt.

Das Kind erwirbt die Formen des sozialen Verhaltens unter Anleitung der Erwachsenen. Ihr Vorbild ist – neben der direkten Anleitung – ausschlaggebend. Wenn es das Vorbild respektieren und lieben kann, wird es sich ihm angleichen. Es wird versuchen, die Achtung der Menschen zu gewinnen, die es mögen und die es deshalb auch selbst mag. Über diese Identifikation baut sich sein soziales und emotionales Verhalten auf und formt sich sein «Gewissen». Es lernt in der Beziehung zu diesen Menschen, welche Formen des Kontakts und der Gefühlsäußerungen angebracht sind und welche Reaktionen es durch sein eigenes Verhalten hervorruft.

Ihr Kind entdeckt jetzt neue Spielformen

Realitätssinn und Spielen

Bisher waren «Spiel» und «Ernst» für das Kind noch nicht getrennt. In diesem Jahr bemerkt es jedoch, daß nicht alle Handlungen ein konkretes, nützliches Ergebnis haben – zumindest nicht aus der Sicht der Erwachsenen. Der Turm aus Bauklötzen wird nach dem Spiel wieder umgeworfen. Es scheint keine Rolle zu spielen, ob er steht oder nicht. Wenn jedoch das Geschirr vom Eßtisch gestoßen würde, hätte das ernstere Folgen.

Das Kind lernt vor allem bei kleinen Aufgaben, die es selbständig ausführen darf, nach Bedeutung seiner Aktivitäten und sachgerechtem Verhalten zu unterscheiden. Vorsichtig trägt es zum Beispiel einen Teller Suppe zum Tisch. Es erkennt, daß der Teller in einer bestimmten Weise gehalten werden muß, damit die Suppe nicht verschüttet wird. Und es sieht, daß die Handlung einen Zweck hat. Bei solchen Tätigkeiten lernt es zugleich Verhältnisse zwischen Personen und Dingen, Handlungsabläufe, Raum- und Zeitbegriffe und Mengenangaben kennen und beachten.

Im Spiel geschieht oft das Gegenteil. In der Phantasie wird alles möglich. Ein Teller kann vieles sein: Steuerrad, Badewanne oder Puppenbett. Oder auch ein Teller mit Suppe, die aber niemals überlaufen wird! Im Spiel kann man sich seine Wünsche erfüllen und Rollen übernehmen, die man in Wirklichkeit noch nicht (oder nie) realisieren kann. Die Dinge sind so, wie man sie haben will.

Die Freizügigkeit im Spiel ist eine Voraussetzung für die Entwicklung der schöpferischen Fähigkeiten des Menschen. Nur durch diese Freiheit kann etwas Neues erfunden werden, das das Bestehende ersetzt oder ergänzt. Die Dinge auch einmal von einer anderen Seite zu betrachten, die Perspektive zu wechseln – das vermittelt neue Einsichten in die Umwelt, aber auch in die eigene Stellung innerhalb der Welt.

Beide Prozesse müssen sich gleichzeitig nebeneinander entwickeln können. Das Kind muß natürlich lernen, sich auf die Realität einzustellen und

**Empfehlenswerte Spiele
für zweijährige Kinder**

WAS PASST ZUSAMMEN?
ab 2½
Ravensburger
Holzmosaik
HOLZ
Ravensburger

mit ihr fertig zu werden. Es muß aber auch die Gelegenheit haben, in seiner Phantasie, im Spiel, völlig frei darüber zu verfügen.

Rollenspiele

Im Laufe dieses Lebensjahres erfaßt Ihr Kind die Bedeutung des Wortes «Ich». Dadurch wird eine neue Spielform möglich: das Rollenspiel. Das Kind stellt sich vor, es sei die Mutter oder der Vater, ein Tier, ein Auto oder etwas ganz anderes. Sicher hat es zuvor auch manchmal «wie die Mutter» seine Puppe schlafen gelegt oder gefüttert. Das war aber noch kein echtes Rollenspiel, sondern eine Nachahmung beobachteter Tätigkeiten. Erst wenn dem Kind der Unterschied zwischen «ich» und «du» völlig klar ist, kann es bewußt seine Rolle wechseln. Indem es die Rolle des Du übernimmt, identifiziert es sich vorübergehend mit ihm und nimmt einige seiner Verhaltensweisen auf. Das Spiel ist dann nicht einfach eine Imitation und Wiederholung des fremden Verhaltens. Das Kind «ist» selbst die andere Person oder der vorgestellte Gegenstand. Und so erfährt es auch plötzlich mehr über sich selbst und nicht nur über den anderen. Im Mutter-Kind-Spiel zum Beispiel begreift es nicht nur manche Verhaltensweisen der Mutter besser, es sieht sich auch selbst neu in seiner «Rolle» als Kind.

Diese Spielform ist ein sehr wesentliches Mittel zur Selbstbestimmung und zur Übernahme sozialer Normen. Das Kind durchschaut Verhaltensregeln, die es vorher nur mechanisch angenommen (oder abgelehnt) hat und übt sie im Laufe des Spiels. Es ist beim Rollenspiel sogar bereit, einige besonders schwierige soziale Verhaltensweisen (wie zum Beispiel Einordnung) zu übernehmen, gegen die es sich sonst sträubt.

Im Rollenspiel wird das Kind außerdem mit Bereichen vertraut, die ihm in der Wirklichkeit verschlossen sind. Es kann Pilot oder Krankenschwester sein, es darf wie der Arzt eine Spritze geben. Das Spiel erschließt ihm die Welt der Erwachsenen.

Es überbrückt die Kluft zwischen tatsächlichen und erstrebten Möglichkeiten. Zusätzlich ist es ein Mittel, um seelische Schwierigkeiten auszudrücken und nach einer Lösung zu suchen. Spannungen können abreagiert werden. Wenn Sie Ihr Kind beim Spielen aufmerksam beobachten, erfahren Sie viel über seine jeweiligen Probleme: Schimpft Ihr Kind viel mit einer Puppe, oder schlägt es sie gar? Dann müssen Sie sich fragen, ob Sie sich Ihrem Kind gegenüber so verhalten, daß es dies als Schimpfen oder Schlagen empfinden muß. Tobt es ständig als «brüllender Löwe» herum, war es vielleicht bisher zu stark in seinem Bewegungsdrang eingeengt.

Die Spielform des Rollenspiels entwickelt sich nur langsam. Es ist wichtig, daß Sie Ihr Kind dabei durch Anregungen unterstützen. In den nächsten Jahren wird das Rollenspiel immer wichtiger. Vom vierten bis siebten Lebensjahr bildet es einen wichtigen Teil der kindlichen Spieltätigkeit. Denn dann haben sich die notwendigen Voraussetzungen dafür voll entwickelt: flüssiges Sprechen, genaue Beobachtungs- und Nachahmungsfähigkeit, die Möglichkeit, sich in andere Personen zu versetzen, die Einordnung in Gruppen und die bewußte Beachtung von Regeln. Das Rollenspiel erfordert und fördert zugleich alle diese Bereiche.

Diese Anregungen können Sie Ihrem Kind dazu geben:
– Schlagen Sie Ihrem Kind eine ihm bekannte Rolle vor: «Du bist jetzt der Kaufmann, und ich kaufe bei dir ein.» (Sie selbst übernehmen die Rolle des Einkaufenden.)
– Erweitern Sie die spontanen Handlungseinfälle Ihres Kindes durch Zusatzfragen (zum Beispiel beim Kaufmannspiel: «Und was macht der Kaufmann noch?»). Zeigen Sie ihm weitere Möglichkeiten. Oft genügt ein kleiner Anstoß, um Ihr Kind von selbst zu neuen Einfällen zu bringen.
– Stellen Sie die nötigen Requisiten zur Verfügung. Die Ähnlichkeit mit den «wirklichen» Gegenständen ist dabei nebensächlich. Wichtig ist nur, daß das Kind damit die gewünschten Handlungen vollziehen kann. Ein einfacher Spielzeugeimer kann zum Beispiel die Einkaufstasche darstellen. Die Hilfsgegenstände ändern ihre Funktion je nach Bedarf.
– Geben Sie Ihrem Kind die Gelegenheit, interessante Rollen kennenzulernen – das ist sogar die wichtigste Hilfe. Vermitteln Sie ihm spannende Erlebnisse mit anderen Menschen und mit ungewöhnlichen Gegenständen. Machen Sie es auf alles aufmerksam, was sich in seiner Umgebung abspielt: Was tut der Straßenbahnfahrer? Wie verhält sich der Taxifahrer? Wie arbeitet der Bagger? Was macht die Kellnerin im Restaurant? Ihr Kind soll Gelegenheit haben, vielen Menschen bei der Arbeit zuzuschauen und alle möglichen Dinge in ihrer Funktion kennenzulernen.

Requisiten für das Rollenspiel

In Ihrem Haushalt findet Ihr Kind fast alles, was es für seine Rollenspiele braucht. Hier gibt es Pflaster und Verbandszeug für den «Arzt», Töpfe und Rührlöffel für den «Koch» oder die «Hausfrau», Hüte,

Schals und alte Tischdecken für phantasievolle Verkleidungen. Mit solchen Requisiten kann sich ein Rollenspiel am einfachsten entwickeln. Natürlich bietet auch die Spielwarenindustrie eine große Auswahl an. Man kann komplette Ausrüstungen für Arzt-, Post- oder Kaufmannspiele kaufen. Sie helfen, ein Spiel in Gang zu bringen und ihm eine Richtung zu geben. Doch für ein phantasievolles Spiel sind sie nicht unbedingt notwendig. Ist das Kind erst einmal «eingespielt», genügt auch ein Bauklötzchen anstelle eines richtigen Poststempels! Spielzeug mit realistischen Details hat auch den Nachteil, daß es die Verwendungsmöglichkeiten einschränkt.

Eine Babypuppe mit eingebauter Stimme und Schlafaugen kann zum Beispiel nur ein Baby darstellen. Aber eine einfache Stoffpuppe kann in einem Spiel das Kind, im anderen Verkäuferin oder Mutter oder Kranführer sein. Mit zunehmendem Alter muß allerdings der Wunsch der Kinder nach möglichst «ähnlichen» Spielgegenständen respektiert werden, weil damit sein Wunsch, an der Realität der Erwachsenen teilzuhaben, leichter verwirklicht werden kann. Regen Sie die Phantasie Ihres Kindes an, indem Sie bei gemeinsamen Spielen viele Verwendungszwecke für einen Gegenstand erfinden. Mal ist der Löffel eine Schaufel bei «Bauarbeiten», mal stellt er eine Brücke dar, mal ist er eine Person, die sich mit der Gabel unterhält! Ein Schulkarton dient einmal als Arztkoffer, dann als Auto, als Puppenbett, Haus oder Hundehütte.

Die Waldorfpädagogik zum Beispiel setzt sich unter anderem dafür ein, Kindern möglichst wenig «fertige» Spielsachen in die Hand zu geben. Wie oben beschrieben, kann ein Stück Ast (zum Beispiel 20 cm lang und 3 cm im Durchmesser) sowohl Mensch als auch Schlange, Dackel oder Leiter sein, manchmal sogar wechselnd innerhalb eines kurzen Zeitabschnitts. Damit wird sicher die Vorstellungsfähigkeit, die Phantasie, das sich Hineindenken und das ständige Umdenken ausgezeichnet geübt.

Wenn wir es trotzdem als nicht zwingend betrachten, diesen pädagogischen Ansatz in diesem Zusammenhang als einzig richtigen zu bezeichnen, dann aus einem einfachen Grund:

Die «kleine» Spielzeugwelt der Kinder ist ja ein Abbild der Welt der Erwachsenen, zum Teil mit sogar hoher Übereinstimmung imitiert. Manche Spielzeugeisenbahnen stimmen bis auf einzelne Schrauben usw. mit ihrem Modell überein – also kann ein Kind auch aus diesen Miniaturen viel lernen, Wissen, Kenntnisse, Detailtreue usw. Diese auch wichtigen Dinge werden beim Spiel mit einem Stück Ast nicht erfahren und begriffen. Beides scheint sinnvoll: das Umdeuten verschiedener Gegenstände zu Figuren und Dingen, die eben

Diese Holzscheiben kann ein Kind auf verschiedene Weise sortieren.

im Spiel benötigt werden, als auch das Spiel mit «Miniaturen» der Erwachsenenwelt.

Puppen und Tiere werden jetzt zunehmend mehr in ihren «Rollen» verstanden. Ihr Kind betrachtet sie nicht mehr ausschließlich als Dinge «zum Liebhaben».

Kaufen (oder basteln) Sie Kasper- oder Marionettenfiguren. Und fordern Sie das Kind auf, sich in viele verschiedene Rollen einzuleben. Natürlich sollten Sie sich anfangs an einigen Spielen dieser Art aktiv beteiligen, bis Ihr Kind eigenständig seinen Part dabei übernimmt.

Gestaltungsspiele

Im zweiten Lebensjahr nahm sich Ihr Kind im Sandkasten noch nicht vor: «Jetzt baue ich einen Berg!», sondern es häufte einfach Sand aufeinander und strich ihn wieder glatt. So machte es sich mit dem Material vertraut. Es lernte, mit

Steinen, mit Wasser, mit Erde, mit Schnee, mit Bauklötzen umzugehen. Dabei sammelte es mit den Dingen so viele Erfahrungen, daß sich damit mehr oder weniger bestimmte Vorstellungen und Bilder im Gedächtnis verankerten. Beide Fähigkeiten, Materialkenntnis und Vorstellungen von den Dingen, sind die Voraussetzungen für Gestaltungsspiele.

Falls ein zufällig entstandenes Merkmal bei einer Zeichnung, Plastik oder einem Bauwerk das Kind an einen bekannten Gegenstand erinnert, gibt es seiner Schöpfung diesen Namen. Bald wird es auch schon während des Gestaltungsprozesses sagen, was das werden soll. Später nimmt es sich schon zu Beginn vor, eine bestimmte Sache herzustellen. Häufig ändert es aber während des Spiels seine Absicht, wenn es eine neue Möglichkeit entdeckt.

Kinder richten sich bei ihren Darstellungen noch nicht nach dem realistischen Vorbild. Sie stellen vielmehr die Merkmale dar, welche in ihrer Vorstellung bei dem Gegenstand wesentlich sind. Dabei geht es nicht um eine formale Ähnlichkeit.

So gestalten sie beispielsweise alles besonders groß, was in ihren Augen wichtig ist. Farben werden mehr nach Sympathie und Antipathie eingesetzt als nach realistischen Gesichtspunkten. Was das Kind noch nicht darstellen kann, erklärt es mit Worten. Die Benennung und Erklärung soll das fertige Gebilde dem Vorbild angleichen. In den nächsten Jahren wird die Ähnlichkeit zwischen dem dargestellten und dem realen Gegenstand immer größer. Dann stellt sich das Kind die Aufgaben schon präziser und führt sie konsequenter zu Ende.

Gestaltungsspiele sind in diesem Alter noch nicht so sehr als künstlerische Tätigkeit anzusehen. Sie helfen dem Kind vielmehr bei der geistigen Eroberung der Welt. Es ist gezwungen, sich Dinge genau anzusehen, sie sich einzuprägen und Mittel zur Wiedergabe zu finden.

Je mehr Erfahrungen das Kind im Umgang mit einem Material sammeln konnte, desto früher und sicherer kann es dieses zum Gestalten verwenden.

Im Laufe des zweiten Lebensjahres erlebt das Kind zum erstenmal sein Werk als Ergebnis des eigenen Tuns. Das selbst geschaffene Gebilde bekommt einen eigenen Wert.

Ein weiterer Schritt zu einem zielbewußten Gestalten ist das Ordnen von Dingen (das Sortieren farbiger Plättchen, die Aufreihung von Bausteinen, die Bildung einfacher Muster usw.). Das Kind macht sich dabei mit den Materialien vertraut und gewinnt allmählich Sicherheit im Umgang mit ihnen.

Uns Erwachsenen erscheint dieses manchmal sinnlos. Wir neigen dazu, es nicht zu beachten und den Kindern unsere eigenen Ordnungsvorstellungen aufzuzwingen. Dadurch nehmen wir ihnen den Mut, selbst verändernd und ordnend in die Welt einzugreifen. Unsere eigenen Vorstellungen sind für die Kinder ja unverständlich und deshalb nicht ohne weiteres nachzuvollziehen. (Immerhin können wir die Freude des Kindes an sinnvoller Ordnung unterstützen, wenn wir zum Beispiel das Aufräumen der Spielsachen zu einem Spiel machen, bei dem zum Beispiel das Auto «in die Garage» zurückgefahren wird usw.).

Auch bei der Beurteilung der «Werke» dürfen wir nie unsere Sicht der Wirklichkeit als Maßstab nehmen und korrigierend oder gar kritisierend eingreifen. Unterhalten Sie sich einfach mit Ihrem Kind über die Bedeutung des dargestellten Gegenstands, und lassen Sie es dabei möglichst viel sprechen. Auf diese Weise können Sie Ihrem Kind genauere Kenntnisse über die Dinge vermitteln, die ihm dann auch für seine Darstellung von Nutzen sind.

Spielmaterial zum Gestalten

Das Kind sollte ausreichend Material zur Verfügung haben. Drei Buntstifte und ein Blatt Papier genügen nicht! Besorgen Sie viele Bunt- und Wachsstifte, Wasserfarben, Pinsel und Fingerfarben, zum Modellieren einen großen Klumpen Plastilin oder Ton, von dem Ihr Kind sich die gewünschte Menge selber nehmen kann. Sie sollten ihm möglichst eine Sandecke (zum Beispiel auf dem Balkon) einrichten, in der es auch Wasser zum Mischen und Formen benutzen darf. Sehr anregend sind auch Materialien, die eigentlich gar nicht zum Spielen gedacht sind: ein Stoß Zeitungspapier, Stoffe, Steine, Schaumgummi usw.

Zum Erlernen von Techniken braucht Ihr Kind Geräte. Zeigen Sie ihm allmählich, wie es mit der Schere oder einem Hammer umgehen kann. (Aber beobachten Sie Ihr Kind bei solchen Spielen, damit nichts passieren kann!)

Perlen, Bausteine, Farbplättchen und Spielkarten fordern zum Kombinieren auf. Sie sind vielfach verwendbar, weil ihre Form einfach ist. Ihr Kind kann sie leicht zu einem Ganzen zusammenfügen und unterschiedliche Gestaltungsprinzipien entdecken.

Konzentrationsspiele

Kinder zwischen zwei und drei Jahren bleiben noch nicht sehr lange bei einem Spiel (beobachten Sie mal: durchschnittlich sieben Minuten). Das liegt daran, daß ihre Aufmerksamkeit noch weniger auf die Erreichung eines Ziels gerichtet ist. Sie gilt vielmehr dem unmittelbaren Tun, den eigenen Bewegungen und dem Gegenstand, den es gerade in der Hand hat. Sobald es daran nichts Neues mehr entdeckt oder etwas anderes ins Blickfeld tritt, wendet sich das Kind von der ursprünglichen Tätigkeit ab. Untersuchungen haben ergeben, daß Kinder, die sich bereits in diesem Alter besonders lange mit einer Sache beschäftigen können, diese Fähigkeit vielfach auch später beibehalten. Wie kann man die Konzentrationsfähigkeit fördern? Natürlich nicht durch Druck von außen. Durch Vorschriften erreicht man nichts. Die Ablenkbarkeit ist entwicklungsbedingt. Nur wirkliches Interesse führt zu einer lang anhaltenden Aufmerksamkeit. Sie können das Interesse indirekt steigern, indem Sie gute Spielbedingungen schaffen:

– Halten Sie Spielzeug mit vielfältigen Verwendungsmöglichkeiten bereit, das Ihr Kind anregt, sich immer wieder neu damit auseinanderzusetzen.

– Bieten Sie Spielzeug an, das von sich aus zu einer Aufgabenstellung anregt. Helfen Sie ein wenig, wenn Ihr Kind nicht weiterkommt. Ermutigen Sie es, auch bei Schwierigkeiten (sofern sie für das Kind überwindbar sind) weiterzumachen.

– Erfinden Sie selbst Konzentrationsspiele. Denken Sie sich solche aus, die dem Bewegungsdrang des Kindes entgegenkommen. Konzentration soll ja nicht bedeuten, daß Ihr Kind nun stillsitzen und nachdenken muß, sondern daß es sich intensiv und ausdauernd mit einer Sache beschäftigt. So gesehen gehören auch Geschicklichkeits- und Bewegungsspiele dazu: wenn das Kind sich auf der Schaukel selbst ins Schwingen bringen will, wenn es Dreirad fahren lernt oder einen beladenen Schubkarren ausbalanciert. Für die Entwicklung des Kindes ist diese körperliche Konzentration ebenso wichtig wie die geistige.

– Halten Sie es nicht sofort für ein Zeichen von Konzentrationsschwäche, wenn es während des Spiels unruhig ist, den Platz wechselt oder etwas anderes beginnt.

– Spielen Sie gelegentlich mit! Dann macht Ihrem Kind die Beschäftigung noch mehr Spaß. Oft genügt es auch, wenn Sie einfach daneben sitzen und zuschauen oder Fragen stellen.

– Räumen Sie nicht gleich alles wieder weg. Ein angefangenes Bauwerk zum Beispiel kann ruhig einmal ein paar Tage herumstehen. So bekommt das Kind ein Gefühl für Kontinuität

Nikos ist in den Hausbau vertieft.

und kann dort weitermachen, wo es aufgehört hat.

– Respektieren Sie den Ernst der Spieltätigkeit! Unterbrechen Sie Ihr Kind nicht willkürlich im Spiel. Kündigen Sie deshalb eine Unterbrechung möglichst vorher an: «Jetzt gibt es bald etwas zu essen. Fang bitte kein neues Spiel mehr an.» Und später: «Jetzt ist es soweit. Komm bitte zum Essen.»

Spielzeug, das die Konzentration fördert

Jedes Spielzeug, das das Interesse Ihres Kindes über eine längere Zeitspanne fesselt, fördert natürlich seine Konzentrationsfähigkeit. Manche Spielsachen fordern besonders dazu heraus, daß man weitermacht, bis ein bestimmtes Ziel erreicht ist. Dazu gehören zum Beispiel Puzzles, Steck-, Schraub- und Legespiele.

Auch alles, was beweglich ist, übt eine starke Faszination aus: die

Holzeisenbahn, ein Lastwagen mit Kippanhänger oder ein Kreisel.

Umwelterkundungsspiele

Spielend erfährt Ihr Kind die Eigenschaften der Dinge, spielend dringt es immer weiter in seine Umwelt vor. So lernt es viel mehr, als durch passive Beobachtung oder Belehrung möglich wäre. Viel Platz im Kinderzimmer ist wichtig für Ihr Kind. Doch soll es nicht ausschließlich in seinen Spielbereich verwiesen werden, der ja schließlich nur ein Ersatz für das ist, was ihm in der Welt der Erwachsenen noch nicht direkt zugänglich gemacht werden kann.

Den Eifer des Kindes, seine Umwelt zu erforschen, sollten Sie so wenig wie möglich behindern. Es muß sich mit vielem vertraut machen können. Wenn es dies angstfrei tun kann, erfährt es seine Grenzen und Möglichkeiten.

Isabel hat Angst vor dem Löwen. Sie überwindet sie, um das Spieltier zu holen.

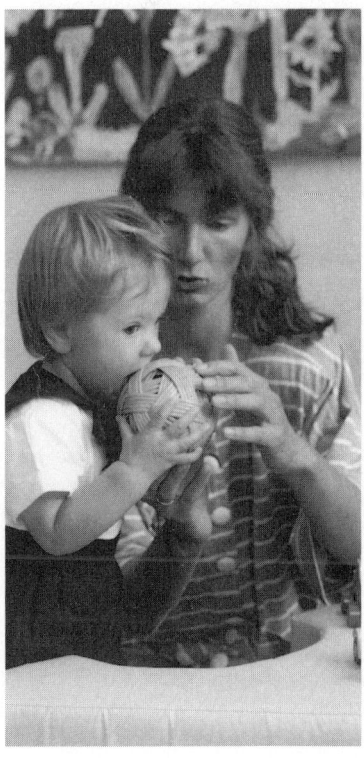

Störungen der Kontakt- und Spielfähigkeit

Störungen mit überwiegend körperlichen Symptomen (wie zum Beispiel Eßstörungen, Erbrechen oder Schlafstörungen) wurden bereits im «Elternbuch 2» behandelt. Wir haben sie deshalb hier nicht noch einmal aufgeführt. Sie können natürlich auch jetzt noch weiter fortbestehen oder erst in diesem Jahr auftreten. Das gleiche gilt für übermäßige Selbstbefriedigung, motorische Eigenarten (zum Beispiel Hin- und Herschaukeln des Körpers oder des Kopfes, Haarausreißen).

Kontaktstörungen

Im dritten Lebensjahr erweitert das Kind seinen Erlebnis- und Handlungsradius entscheidend. Es wagt den Schritt aus dem engen Kreis der Familie heraus. Zu Beginn des Jahres kann es noch nicht viel Initiative ohne Ihre Hilfe ergreifen, doch wenn es erst einmal Kontakte zu Freunden und deren Eltern geknüpft hat, braucht es Sie immer weniger als Vermittler. Gegen Ende des Jahres tritt es bereits selbständig an andere Kinder hean. Es weiß dann, wie es sich verhalten muß, um von den anderen ins Spiel einbezogen und als Freund akzeptiert zu werden. Diese Entwicklung wird nicht von allen Kindern konfliktfrei bewältigt.

♦ Scheu und Rückzugsverhalten: Einige Kinder sind zu sehr an die vertrauten Bezugspersonen gebunden. Sie wagen sich nicht von der Mutter weg und reagieren mit Angst auf alle fremden Menschen. Scheu halten sie sich abseits von den anderen. Wenn jemand Kontakt zu ihnen aufnehmen will, fangen sie manchmal sogar zu weinen an. Oft haben sie auch eine ausgeprägte Spielhemmung. Sie können sich nicht allein beschäftigen, sondern bleiben immer in der Nähe ihrer Mutter und fragen, was sie spielen sollen. Es gibt viele Mütter, die ein derartiges Verhalten bei ihrem Kind unterstützen. Sie verwöhnen es übermäßig und haben es gern, wenn sie der einzige Bezugspunkt ihres Kindes sind. Unbewußt «verteufeln» sie damit die Umwelt aus übertriebener eigener Ängstlichkeit. Oft dient ihnen das Kind als Ersatz für fehlende Zuwendung von anderer Seite – zum Beispiel bei Konflikten mit ihrem Ehepartner. So verhindern sie aber die spontane Auseinandersetzung des Kindes mit seiner Umgebung. Es kann sich nicht mit anderen Kindern beschäftigen und keine sozialen Umgangsformen entwickeln. Durch den Mangel an Kontakten wird das Kind immer noch unsicherer. Es reagiert überempfindlich und kann sich nicht behaupten. Statt dessen zieht es sich beim kleinsten Konflikt schutzsuchend zur Mutter zurück.

Ein Kind kann aber auch übermäßig an die Mutter gebunden sein, weil es nicht genug Wärme und Zärtlichkeit bei ihr bekommt und sich im Grunde ungeborgen fühlt. So bleibt es ständig bei der Mutter («hängt am Rockzipfel») und erzwingt sich notfalls durch aggressive Zudringlichkeit ihre Nähe. Anderen Menschen kann es sich kaum zuwenden, da die Mutter ihm keinen sicheren «Rückhalt» gibt. Es fürchtet vielleicht sogar, daß es sie ganz verliert, wenn es andere Kontakte knüpft.

♦ Weglaufen: Sehr selten kommt es in diesem Alter vor, daß ein Kind aus Angst vor dem Verlassenwerden selbst von seinen Eltern wegläuft. Dieser plötzliche Kontaktabbruch ist ein entscheidendes Alarmzeichen. Das Kind verleugnet seine Depression und verhält sich so, als ob es niemanden brauche. Es «überrennt» gewissermaßen seine Angst. In seltenen Fällen kann bei einem solchen Verhalten allerdings auch eine organische Störung der Gehirnfunktionen beteiligt sein.

♦ Aggressives Verhalten: Eine weitere Form der Abwehr von unerträglichen Verlassenheitsängsten und Anzeichen für einen Mangel an Selbstvertrauen ist das ausgesprochen aggressive Verhalten. Es wird meistens von besonders antriebsstarken Kindern gewählt. Sie können nicht friedlich mit anderen Kindern spielen. Wenn nicht alles nach ihrem Willen verläuft, streiten und kämpfen sie sofort. Manche beißen dabei so stark zu, daß es blutet. Andere Kinder sind ständig darauf aus, den Spielkameraden die Sachen wegzunehmen. Sie wollen sich einfach mit Gewalt nehmen, was ihnen auf anderem Gebiet vorenthalten bleibt: das Gefühl, jemand zu sein und akzeptiert zu sein. Das ersehnte Gefühl, also zum Beispiel selbst bedeutsam zu sein, erleben sie nur, wenn sie andere unterdrücken. Sie erleben die Umwelt als bedrohlich und böse und folgern unbewußt daraus, daß sie selbst noch böser sein müssen, um sich zu schützen. Solche Kinder verhalten sich oft nur gegen Hilflosere aggressiv (zum Beispiel gegen Jüngere oder gegen Tiere). Sie geben die Unterdrückung, der sie in der eigenen Familie ausgesetzt sind, ohne sich wehren zu dürfen, an andere weiter, die sich auch nicht wehren können.

Auch eine zu nachgiebige Erziehung, die keine Grenzen setzt, und übermäßige Verwöhnung fördern ein aggressives, antisoziales

Verhalten beim Kind. Und selbstverständlich bieten Eltern, die sich viel streiten oder gar ein Kind schlagen, ein aggressives Vorbild, das vom Kind nachgeahmt wird.

♦ Kaspern: Kinder, die ständig herumkaspern und schauspielern, werden meist nicht als gestört angesehen. Sie erscheinen im Gegenteil sehr kontaktfreudig. Durch ihr drolliges Verhalten machen sie jedem Freude – allerdings nur den Erwachsenen. Sie haben herausgefunden, daß man sie beachtet und bewundert, wenn sie etwas Lustiges bieten. So erzählen die dauernd «Witze», singen oder tanzen etwas vor usw. Durch den Zuspruch und das Gelächter der Erwachsenen wird diese Haltung immer wieder bestärkt. Später kann sie zu einem regelrechten Zwang werden, zur zweiten Natur, hinter der sich ein scheues und unsicheres Kind verbirgt. Es befürchtet, daß es von niemandem beachtet und geliebt wird, wenn es sich so verhält, wie es sich wirklich fühlt. Es traut sich nie, es selbst zu sein.

Andere Kinder lehnen übrigens ein solches Verhalten instinktiv ab. So ist dem Kind, das meistens nur unter Erwachsenen groß wurde, der Zugang zu einer Kindergruppe erschwert. Dabei könnte es gerade dort sein Verhalten normalisieren und lernen, auf andere Weise Anerkennung zu finden.

♦ Ursachen und Hilfen: Mit Kritik oder Versprechungen läßt sich das äußere Verhalten des Kindes nicht ändern. Sicher leiden Sie darunter, wenn sich bei Ihrem Kind Verhaltensstörungen zeigen. Aber Ihr Kind leidet noch mehr. Wenn Sie es zu einem anderen Verhalten zwingen wollten, würde es nur noch unglücklicher. Möglicherweise würde es sogar ein anderes Symptom entwickeln und zeigen. Seine Fehlhaltung ist ja nicht ein Mangel an «gutem Willen». Dahinter verbirgt sich ein Konflikt, mit dem es nicht fertig wird. Solange er nicht erkannt und bewältigt wird, bleibt das Fehlverhalten als äußeres Symptom bestehen.

In vielen Fällen ist der Zweifel des Kindes an der Verläßlichkeit der Beziehung zur Mutter wesentlicher Grund für die Störung. Dieser Zweifel kann sehr tief gehen, wie etwa beim Symptom des Weglaufens. Er kann aber auch nur vorübergehend auftauchen. Das ist zum Beispiel der Fall, wenn sich das Kind durch die Geburt eines neuen Geschwisters zurückgesetzt fühlt und deshalb nicht mehr teilen mag oder anderen alles wegnimmt.

Man muß also immer hier ansetzen und mit viel Liebe und Geduld die Situation des Kindes zu verstehen versuchen. Was geht zum Beispiel in einem Kind vor, das scheu abseits steht und am Daumen lutscht, während die anderen fröhlich spielen? Hat es vielleicht

Angst, weil es zu Hause zu sehr behütet wird, Angst vor der kindlichen Aggression der anderen? Sicher wäre es falsch zu sagen: «Nun geh schon, du brauchst keine Angst zu haben!» Richtig wäre es vielmehr, die Angst zu respektieren und schrittweise abzubauen. Das kann man erreichen, indem man häufig andere Kinder in die eigene Wohnung einlädt. Hier fühlt sich das Kind ja sicher. Dann begleitet man es zu Besuchen bei seinen Freunden. Erst später wird man mit ihm auf den Spielplatz gehen und es anfangs oft in Schutz nehmen. Man kann seine Erfahrungen mit ihm besprechen und ihm erklären, daß die anderen Kinder es nicht böse meinen, wenn sie mal grob sind. So erfährt das Kind, daß die Mutter seine Schwierigkeiten versteht und seine Aktivitäten außerhalb der Familie bejaht.

Falls sich die Schwierigkeiten nicht beheben lassen oder sich sogar verschlimmern, sollten Sie sich, wie auch bei den im folgenden beschriebenen Störungen, an einen Kinderpsychologen oder an eine Familien- bzw. Erziehungsberatungsstelle wenden.

Beeinträchtigung der Spielfähigkeit

Das Spielen des Kleinkindes wird im allgemeinen nicht so ernst genommen wie seine späteren Beschäftigungen im Leistungsbereich. Deshalb werden Störungen häufig erst bemerkt, wenn sie extreme Formen annehmen. Dabei sind sie die Vorläufer späterer Leistungsstörungen. Bei besonders schweren Spielstörungen sitzt das Kind lange Zeit apathisch da und wendet sich nur nach Aufforderung kurz einem Spielangebot zu. Oder es wiederholt stereotyp einfache Manipulationen an einem Gegenstand, ohne sich neue Spielvariationen einfallen zu lassen. In solchen Fällen könnte es sich um eine Entwicklungsverzögerung infolge einer organischen Hirnschädigung handeln. Neurotische Spielstörungen sind viel unauffälliger. Sie sind nur zu erkennen, wenn man eine genaue Vorstellung vom altersgemäßen Spielverhalten hat.

Da fragt zum Beispiel ein Kind zu oft für sein Alter: «Mama, was soll ich spielen?» Oder es will ununterbrochen beschäftigt werden und kann sich nie allein in ein Spiel vertiefen. Ohne Partner langweilt es sich und sitzt untätig herum. Angefangene Spiele werden bald uninteressant. Manche Kinder geben bei der geringsten Schwierigkeit mutlos auf. Die Freude an der spielerischen Auseinandersetzung mit der Umwelt ist beeinträchtigt. Es fehlt die Lust, das Spiel phantasievoll auszugestalten. Vielleicht tauchen auch immer wieder unbewältigte Probleme irritierend auf und stören die Hingabe an den Spielablauf.

Bei anderen Kindern drückt sich die innere Unruhe dadurch aus, daß sie alles mögliche beginnen, sämtliche Spielsachen in die Hand nehmen und chaotisch durcheinanderwerfen oder gar zerstören. Sie kommen nicht zu einer geordneten, konstruktiven Aktivität, und so kann sich keine Konzentration und Zielrichtung entwickeln. Natürlich muß bei der Abgrenzung zum Normalfall berücksichtigt werden, daß die Aufmerksamkeitsspanne in diesem Alter kurz ist und daß sich alle Kinder noch leicht ablenken lassen. Und nicht jedes absichtliche Zerstören deutet auf eine Fehlhaltung hin, sondern entspringt vielleicht nur der großen Experimentier- und Entdeckerfreude.

♦ Ursachen und Hilfen: Spielstörungen zeigen ein problematisches Verhältnis des Kindes zur umgebenden Realität an, zu den Dingen, zu den Menschen und damit auch zu sich selbst. Die Ursache und auch die Hilfsmöglichkeiten können sehr unterschiedlich und vielfältig sein.

– In schweren Fällen bleibt die Welt so unvertraut, daß das Kind sie nicht als positive Aufforderung zur Erkundung und Nachgestaltung im Spiel erlebt. Dazu kommt es, wenn die Pflegepersonen das Kind bei seiner Fühlungnahme mit der Welt zu sehr allein ließen. Häufig werden seine spontanen Impulse durch räumliche Einengung und dressurhafte Erziehung zusätzlich gedrosselt. Solche Kinder werden depressiv, sie sind in der Entfaltung ihrer Aktivität gehemmt. Sie entwickeln gewöhnlich neben der Spielstörung noch andere Symptome. Dazu gehören Kontaktstörungen oder übermäßige Selbstbefriedigung, mit der sie die mangelnde Faszination durch andere Betätigungen ersetzen. Hier kann nur der vorsichtige, geduldige Aufbau einer verläßlichen Gefühlsbeziehung und eine ermunternde Anteilnahme an seinen Aktivitäten helfen. Selbstverständlich muß genügend Raum und reizvolles Spielmaterial zur Verfügung stehen.

– Aber auch Eltern, die es «zu gut meinen», können die Ursache für eine Spielhemmung ihres Kindes sein: Ein Überangebot an Spielsachen blockiert die Gestaltungsfähigkeit des Kindes. Es muß seine Phantasie und Erfindungsgabe gar nicht mehr ins Spiel bringen. Im übrigen wird allzu perfektes Spielzeug bald langweilig, weil es nicht zur Erprobung der eigenen Geschicklichkeit herausfordert. Auch wenn sich die Mutter und der Vater ununterbrochen aufregende Spiele für das Kind ausdenken und es mit Spielangeboten überschütten, ist ihm nicht gedient. Es wird nur anspruchsvoll und bequem. Gewöhnlich wird dann erst in späteren Jahren eine Spielhemmung erkennbar.

– Ähnliche Auswirkungen hat die überfürsorgliche Verwöhnung. Wenn man dem Kind alles abnimmt, was es leicht selbst tun könnte, raubt man ihm die Freude an der Erprobung seiner Fähigkeiten und Fertigkeiten. Später kann es sich nur noch schwer spontan für eine Sache begeistern.

– Es wurde schon erwähnt, daß eine «dressurhafte» Erziehung kreative und experimentelle Spielaktivitäten verarmen läßt. Spürt das Kind ständig Druck, reagiert es seine angestauten destruktiven Impulse in heftigen Aggressionsausbrüchen ab.

– Auch ein Kind, das zuwenig ermutigt und gelobt, statt dessen häufig kritisiert wird, verliert bald allen Mut. Es fühlt sich ungeschickt und wertlos.

– Hinter gespanntem, hektischem Spielen verbirgt sich gewöhnlich ein akuter Konflikt. Vielleicht greift das Kind wahllos nach allem, weil es befürchten muß, zu kurz zu kommen. Oder es ist innerlich mit Fragen beschäftigt, die es nicht aussprechen kann, weil es dies nicht wagt oder weil es sie nicht formulieren kann (zum Beispiel Fragen sexueller Art). Übererregbare Kinder wissen vor allem bei ruhigen Spielen oft nicht, wie sie ihre überschüssige Energie abreagieren sollen.

– Beratung und Informationen: Auch hier hilft der Kinderpsychologe und Familien- oder Erziehungsberater, wenn die Spielstörung chronisch zu werden beginnt. Ohne die bereitwillige Mitarbeit der Eltern wird er allerdings nichts bewirken können.

ERZIEHUNG

Erziehungsziele, die Sie diskutieren sollten

Kinder, die in diesem Jahrzehnt geboren werden, erleben als Jugendliche das Jahr 2010. Ihre Erziehung und Ausbildung erhalten sie in den nächsten zehn bis zwanzig Jahren mit Blick auf eine Zukunft, die selbst für Futurologen nicht zuverlässig vorhersehbar ist. Dennoch ist allen Eltern die Aufgabe gestellt, Kinder auf ihr späteres Leben vorzubereiten. Sie ist wegen dieser Ungewißheit in der Tat recht schwierig. Eine erste Antwort ist allerdings: Wer täglich seinem Kind alle Aufgaben zu lösen gibt, die gegenwärtig gegeben sind, bereitet es damit zugleich bestens auf die Zukunft vor.

Erziehungsziele, die heute anerkannt werden sollen, müssen mindestens folgende Anforderungen erfüllen:
- Erziehungsziele sollten von den gegenwärtigen gesellschaftlichen, kulturellen, politischen und wirtschaftlichen Gegebenheiten ausgehen und das Kind auf die zukünftige Situation in den genannten Bereichen vorbereiten. Um den zunehmend schnellen Veränderungen gerecht zu werden, müssen besonders Ich-Stärke, Kreativität, Kritikfähigkeit, Liebesfähigkeit, sozialintegratives Handeln und allgemeine Handlungsbereitschaft entwickelt werden, die den Wandel mitzuvollziehen und zu gestalten erlauben (vgl. unten).
- Erziehungsziele sollen auf die individuelle Situation des Kindes bezogen sein, auf seine körperlichen und psychischen Verhaltensbereitschaften, aber auch auf die soziale Situation. Es darf weder über- noch unterfordert werden, sein individueller Verhaltensspielraum soll durch die Erziehung möglichst wenig eingeengt sein.
- Bei der Formulierung der Erziehungsziele muß die spezielle Situation der Eltern berücksichtigt werden, da sie ihrem Kind die ersten Anregungen und Hilfestellungen geben. Soweit die Ausbildung, die wirtschaftliche Lage oder die berufliche Belastung der Eltern verhindern, daß von ihnen die wünschenswerten Erziehungsziele verwirklicht werden können, ergibt sich die politische Forderung nach Chancengerechtigkeit und -gleichheit: Die Gesellschaft muß darauf hinarbeiten, im Vorschul-

Beim Schaukeln hoch hinaus – das erfordert Geschicklichkeit, Kraft und Selbstvertrauen.

alter entstandene Defizite möglichst weitgehend durch geeignete Maßnahmen auszugleichen, sie muß dabei die vorhandenen Stärken und Fähigkeiten des Kindes zum Ausgangspunkt machen.

– Erziehungsziele müssen so bestimmt bzw. ausgewählt werden, daß sie sich nicht gegenseitig widersprechen oder gar aufheben.

– Erziehungsziele müssen auf den gegenwärtigen Entwicklungsstand des Kindes bezogen werden. Soweit sie konkret formuliert werden, spricht man übrigens besser von Lernzielen (zum Beispiel «Wissen, daß für jedes Knopfloch ein bestimmter Knopf vorgesehen ist», «Erkennen, daß in einer Kindergruppe jeder auch die Wünsche anderer Kinder berücksichtigen muß»).

Wer formuliert heute Erziehungsziele?

Erziehungsziele werden unter dem Aspekt künftiger Entwicklungen einzelner Menschen oder von Institutionen, Verbänden oder Gruppen angegeben, vor allem aber können die Eltern selbst die Erziehungsziele für ihre Kinder bestimmen.

Weiterhin kommen Experten aus den Humanwissenschaften dafür in Frage (Pädagogik, Psychologie, Soziologie), aber auch der Staat selbst mit den dafür zuständigen Organen – dem Gesetzgeber und der Kultusverwaltung. Das Grundgesetz beispielsweise und die Richtlinien und Lehrpläne der Kultusministerien für die allgemeinbildenden Schulen nennen verschiedene Ziele. Bevorzugt wird das folgende Erziehungsziel als erwünscht genannt:

Der Jugendliche soll vom 18. Lebensjahr an aktiv an der politischen Willensbildung mitwirken (Wahlrecht), er soll mündig sein: selbständig entscheiden können, informiert sein über die Voraussetzungen, Bedingungen und Folgen seiner Entscheidungen, sich aktiv beteiligen, mitgestalten.

Welche Verhaltensweisen im einzelnen «Mündigkeit» begründen, führt der Gesetzgeber nicht aus. Die Richtlinien und Lehrpläne für die Schulen stecken zwar einen Rahmen ab, der von den Möglichkeiten der Schule bestimmt wird, aber Sie selbst als Eltern sind mitverantwortlich für die Erziehung des Kindes, also auch verantwortlich für die von Ihnen festgelegten Erziehungsziele.

Ziele für die Entwicklung der kindlichen Persönlichkeit

Ziele für die Erziehung und Förderung der Gesamtpersönlichkeit des Kindes lassen sich über verschiedene Zugänge erschließen. Die Entwicklungspsychologie hat aufgrund der Forschung aus dem Bereich der allgemeinen Psychologie, der Persönlichkeitspsychologie und eigener Forschung Bereiche abgesteckt, in denen Kinder entwickelt und/oder gefördert werden sollen, die Pädagogik hat ihre eigenen Beiträge dazu geleistet.

Für eine Buchreihe sind die folgenden Persönlichkeitsbereiche, auf die sich Erziehung und Förderung beziehen müssen, unter Leitung des Verfassers erarbeitet worden (Hg.: Staatsinstitut für Frühpädagogik, 1985). Die folgende Zusammenstellung ist gegenüber der ursprünglichen Fassung in Teilen verändert und erweitert:

Übersicht: Persönlichkeitsziele (Fähigkeiten und Bereitschaften), die jeder Mensch entwickeln oder erwerben sollte.

♦ Ich-Kompetenz
– Ich-Stärke, Ich-Identität (unter anderem: Wer bin ich? Wie verändere ich mich? Welche Möglichkeiten habe ich? Was ist mir wichtig? Welche Einstellungen, Überzeugungen und Werte sind für mich unverzichtbar?),
– Autonomie (unter anderem Selbstbewußtsein, Selbstvertrauen, Selbstsicherheit, Selbständigkeit, Selbstwertgefühl, Selbstachtunmg, Selbstbestimmung, Selbststeuerung),
– Emotionalität (unter anderem Empfindungsfähigkeit und

-bereitschaft, Sensibilität, Sensitivität, zu seinen Gefühlen stehen, Gefühlsstärke),
– Ausdrucksfähigkeit (unter anderem Ausdruck der eigenen Bedürfnisse und Gefühle im Sprechen und Handeln),
– Fähigkeit zu Initiative und eigenverantwortlichem Handeln (unter anderem Verantwortung übernehmen),
– Fähigkeit zum Umgang mit Konflikten (unter anderem Erkennen von Konflikten, Erkennen der Konfliktursachen, Bereitschaft zur Konfliktbearbeitung, Konfliktbewältigung, Frustrationstoleranz),
– Kreativität (unter anderem Produktivität, Originalität, Spontaneität, Flexibilität),
– Kritik-, Urteils- und Entscheidungsfähigkeit (unter anderem Durchdenken von Situationen, Fragestellungen und Problemen).

♦ Sozial-Kompetenz
– Empathie (unter anderem Einfühlung; Bereitschaft und Fähigkeit, sich in die Lage und Situation eines anderen Menschen zu versetzen; Fähigkeit und Bereitschaft, die Welt zu sehen, wie der andere sie sieht),
– Kommunikationsfähigkeit (unter anderem Gesprächs- und Dialogfähigkeit, Gedankenaustausch mit anderen, Annehmen- und Gebenkönnen),
– Fähigkeit zu sozialintegrativem Verhalten (unter anderem Integrations- und Abgrenzungs-

fähigkeit und -bereitschaft, Kompromißbereitschaft, Fähigkeit zu solidarischem Verhalten),
– Offenheit und Toleranz,
– Fähigkeit zu demokratischem Verhalten (unter anderem Sinn für Gerechtigkeit, Gleichheit und Brüderlichkeit; Fähigkeit, sich auf Minderheiten einzustellen und auf sie Rücksicht zu nehmen),
– Fähigkeit zu adäquatem Rollenverhalten (unter anderem Wahrnehmung, Bewußtsein und Übernahme von Rolle/n und Status),
– Verantwortungsbewußtsein und entsprechendes Handeln,

– Fähigkeit zur Auseinandersetzung mit und Orientierung an Werten und Normen.

♦ Sach-Kompetenz
– Wahrnehmungsbereitschaft und -fähigkeit (unter anderem Sehen, Hören, Riechen, Tasten, Schmecken), kinästhetische Wahrnehmung,
– Wissen (unter anderem aus den Bereichen Menschenkunde, Sozialkunde, Religion, Sprachen, Sachkunde, Biologie, Erdkunde, Wirtschaft, Technik, Recht),
– Denkfähigkeit (unter anderem Symbolverständnis, Abstraktionsfähigkeit, assoziatives, logisches und konstruktives Denken),
– Merkfähigkeit und Erinnerungsvermögen,
– Erfahrungs- und Erlebnisbereitschaft (unter anderem Ansprechbarkeit, Neugierverhalten, Experimentierfreude),
– Körperbeherrschung (unter anderem Freude an Bewegung, Fein- und Grobmotorik),
– Spiel- und Arbeitsfähigkeit (unter anderem Freude am Tun, Ausdauer, Konzentration, Aufgabenbewußtsein).

♦ Einige Anmerkungen zu dieser Übersicht:
– Jeder Mensch kann nur Schritte in Richtung auf diese Zielsetzungen machen. Ein Kind wird in vielen Bereichen weniger weite Schritte machen als ein

Erwachsener. Allerdings kann ein Kind zum Beispiel, weil es kaum durch ungünstige Vorurteile belastet ist, in manchen Bereichen weiter sein als ein Erwachsener, zum Beispiel in seiner Ausdruckskraft und Spontaneität, in seiner Kreativität, in seiner Toleranz gegenüber ausländischen Menschen, im unbefangenen Umgang mit Behinderten usw.

– Die Persönlichkeitsziele in der Übersicht sind Aufgaben für jeden Menschen im Sinne des lebenslangen Lernens.

– Die Ordnung und Abfolge der einzelnen Persönlichkeitsziele innerhalb der Übersicht könnte auch von der vorliegenden

Vorsichtig zupft Isabel an den Cellosaiten und freut sich über die Töne.

abweichen, ohne daß sie deshalb «falsch» wäre: Alle Ziele sind wichtig, sie überschneiden sich teilweise, auch die Einteilung nach Ich-, Sozial- und Sachkompetenz erfolgt nach dem Schwerpunkt. Zwischen den einzelnen Fähigkeiten und Bereitschaften finden sich vielfache Wechselwirkungen. Ein Beispiel: Kreativität (Sach-Kompetenz) kann sich durchaus im sozialen Verhalten (Sozial-Kompetenz) auswirken, und sie bedarf in jedem Fall auch der Denkfähigkeit (Sach-Kompetenz).

Wie werden Erziehungsziele gelernt bzw. erworben?

♦ «Unbewußtes Lernen»
Durch das tägliche Umgehen miteinander übernimmt das Kind unbewußt die Erziehungsziele seiner Eltern. Dafür einige Beispiele:
– Wenn Eltern ein Kind im Winter mit ins Freie nehmen, dort Sport treiben, mit ihm Spaß haben, erfährt es ein soziales Verhalten, Bewegungstraining, Abwechslung, mögliche Aktivitäten im Winter und vieles andere mehr.
– Wenn zum Beispiel nahegelegt wird, einen bestimmten Rhythmus in der Tageseinteilung einzuhalten, jedoch Abweichungen von diesem Rhythmus mit vorzusehen, so lernt das Kind dabei, eine Ordnung für eine Tageseinteilung einzuhalten, ohne die erwünschte Flexibilität aufzugeben.
– Wenn Eltern als überzeugte Christen in die Kirche gehen und ihr Kind mitnehmen, erlebt ein Kind «Kirche», das Feiern, die Gemeinschaft usw.

So gesehen erzieht jeder Erwachsene sein Kind einfach durch den täglichen Umgang. Deswegen sollte jeder, der mit Kindern zusammen ist, sich dieser Wirkungen bewußt sein und sein Verhalten entsprechend ausrichten. Ganz geläufig ist uns das zum Beispiel beim Überqueren einer Straße mit Fußgängerampel: Viele Erwachsene gehen bei Rot nur, wenn kein Kind in der Nähe ist.

♦ Schwerpunkte der altersbezogenen Erziehung
Soweit es sich um besonders wichtige Schritte in der Persönlichkeitsentwicklung eines zweijährigen Kindes handelt, werden die Ziele im Kapitel «Erziehungsaufgaben» (vgl. S. 104) dargestellt.

♦ Entwicklungsanregungen in der «Elternbuch»-Reihe
Schließlich haben Sie die Möglichkeit, Ihr Kind gezielt anzusprechen, zu erziehen, zu fördern. Wie Sie alle Fähigkeiten und Fertigkeiten des Kindes in diesem Sinn fördern, lesen Sie im Kapitel «Entwicklungsanregungen» (vgl. S. 149–223).

Was Erziehungsstile bewirken

Sie können leicht feststellen, daß Sie sich in gleichartigen Situationen, zum Beispiel beim Mittagessen, Ins-Bett-Bringen oder auf einem Spielplatz, Ihrem Kind gegenüber sehr ähnlich verhalten.

Das trifft auf die verschiedensten Situationen zu, weil Ihr Verhalten durch Ihren ganz persönlichen Erziehungsstil geprägt wird.

Wissenschaftliche Untersuchungen zur Thematik Erziehungsstil wurden vor allem durch die Sozialpsychologen K. Lewin, R. Lippitt und R. K. White angeregt. Sie haben bereits 1939 in den USA Untersuchungen über den Führungsstil in Jugendgruppen durchgeführt, die bei wiederholten Experimenten bestätigt worden sind. Es hat sich darüber hinaus gezeigt, daß die wesentlichen Ergebnisse auf den Erziehungsstil von Eltern zu übertragen sind. Drei typische Stile wurden untersucht: der autoritäre, der demokratische und der des «Laissez-faire» («Laßt sie tun»). Obwohl diese Untersuchungen nun über ein halbes Jahrhundert zurückliegen, können daran wichtige und grundsätzliche Überlegungen deutlich gemacht werden.

Autoritärer Führungsstil – autokratischer Erziehungsstil

Die Leiter der Jugendgruppen hatten den Auftrag, alle einzelnen Aktivitäten der Jugendlichen zu steuern, ohne das Ziel bekanntzugeben. Schritt für Schritt wurde gesagt, was sie zu tun hätten. Der Leiter war dabei nicht unfreundlich oder zurückweisend, seine Kritik war jeweils sachlich, er machte allerdings keine Verbesserungsvorschläge. Gelungene Aktivitäten jedes einzelnen Jugendlichen wurden freundlich und persönlich anerkannt, die ganze Gruppe erhielt kein Lob.

Bei dieser Führungsform verhielten sich die Jugendlichen zunehmend eingeschränkt. Sie zeigten ein eingeengtes individuelles Verhalten, brachten weniger vielseitige Vorschläge, ihre spontane Aktivität nahm ab. Während die Spannungen zwischen den Jugendlichen anstiegen, vergrößerte sich die Abhängigkeit vom Gruppenleiter. Die Kooperation zwischen den Jugendlichen nahm ab, sie verblieben in den schon zu Anfang bestehenden Gruppierungen oder lösten sogar diese Beziehungen, ohne neue anzuknüpfen.

♦ Folgerungen für einen autokratischen Erziehungsstil (Lewin und seine Mitarbeiter benutzten das Wort «autoritär»; da dieses Wort aufgrund seiner griechischen Herkunft von Autorität abzuleiten ist, also von einer eigentlich positiven Qualität, wird im folgenden statt dessen das Wort «autokratisch» verwendet: «einer herrscht» – damit kommt der problematische Anteil dieser Art von Führung deutlicher zum Ausdruck):

Wenn sich Eltern überwiegend autokratisch gegenüber ihren Kindern verhalten, wird die Entfaltung von Fähigkeiten eingeschränkt. Spontaneität, Kreativität, Sensibilität, ja sogar Handlungen stagnieren in ihrer Entwicklung. Jahrelang anhaltendes autokratisches Verhalten von Eltern führt zu einem abhängigen Kind, das keine Initiative zeigt und auf Aufträge wartet. Selbständige Entscheidungen werden abgelehnt, das Selbstvertrauen bleibt gestört. Die Ausführung der Aufgaben kann dabei durchaus den Anforderungen entsprechen – allerdings erleben die Kinder dabei kaum Leistungsfreude.

Im sozialen Kontakt zeigt ein so erzogenes Kind mangelnde Durchsetzungsfähigkeit. Besonders ungünstig wirkt der autokratische Erziehungsstil auf ein Kind, wenn feindselige Tendenzen (Befehle, Strafen) oder offene Ablehnung des Kindes hinzukommen (ungeliebtes, unerwünschtes Kind; ein Elternteil fühlt sich in seiner Handlungsfreiheit durch das Kind eingeengt usw.). Es wird dann zunächst aggressiv und schließlich depressiv, wenn es ihm nicht gelingt, durch die Aggressionen mehr Beachtung und Liebe auf sich zu lenken.

Demokratischer Führungsstil – sozialintegrativer Erziehungsstil

In einigen Gruppen verhielt sich der Leiter demokratisch. Er sprach das Ziel aller Tätigkeiten vorher an, informierte die Jugendlichen ausführlich, stellte die Pläne zur Diskussion, und die Gruppe entschied schließlich darüber. Sie verteilten dann die Aufgaben nach eigenen Überlegungen und bildeten spontan Untergruppen. Der Leiter forderte die Jugendlichen häufig zu selbständigen Entscheidungen auf und erteilte kaum einen Befehl. Er machte hingegen gelegentlich selbst Vorschläge, die Entscheidung darüber lag jedoch bei den Jugendlichen. Tätigkeiten der Gruppe wurden vom Leiter nicht unterbrochen oder abgebrochen, auch die Arbeitsdurchführung wurde von den Jugendlichen in eigener Verantwortung und Initiative geregelt. Bei den demokratisch geführten Gruppen ordnete sich der Gruppenleiter weitgehend ein, ohne allerdings direkt mitzuarbeiten, und sprach mit Jugendlichen über deren spezielle Probleme.

Bei dieser Führungsform nahmen die Leistungen der Gruppe, insbesondere hinsichtlich der Kreativität und der Vielseitigkeit, wesentlich zu. Die Jugendlichen kooperierten gut und konstruktiv miteinander, der Kontakt zum Leiter war freundlich und eher partnerschaftlich. Die Abhängigkeit von seinem Urteil war wesentlich geringer als bei der autoritär geführten Gruppe.

Der Kontakt zwischen den Jugendlichen entwickelte sich frei, Untergruppen bildeten sich spontan und hielten längere Zeit zusammen. Auch wenn der Leiter kurze Zeit wegging oder zu spät kam, beschäftigten sich die Jugendlichen mit ihrer Arbeit, während er in den autoritär geführten Gruppen kontrollierend anwesend sein mußte.

♦ Folgerungen für einen sozialintegrativen Erziehungsstil (mit dem Wort «sozialintegrativ», das das Autorenehepaar Tausch eingeführt hat, werden die Kooperation und die gegenseitige Verbundenheit mehr betont als mit dem Begriff «demokratisch»):

Kinder entwickeln eigene Initiative, lernen, die Arbeit einzuteilen und auf Qualität zu achten. Die Zufriedenheit mit der geleisteten Arbeit ist größer, das Verhältnis zu den Eltern partnerorientiert. Eltern verstehen sich nicht als allein Bestimmende, als «Herrscher», sie bieten sich vielmehr als Helfer an, machen Vorschläge, über die das Kind bestimmt oder mitbestimmt, lassen also dem Kind möglichst viel Entscheidungsspielraum. Das Kind sieht dann in Gleichaltrigen nicht Konkurrenten, sondern kooperierende Freunde. Das emotionale Verhalten des Kindes ist eher spannungsfrei, seine Selbständigkeit wächst, und damit stabilisiert sich sein Selbstgefühl.

Laissez-faire-Führungsstil – antiautoritärer Erziehungsstil

In einigen Experimentgruppen verhielten sich die Leiter überwiegend passiv-zurückhaltend. Sie machten selbst weder Arbeitsvorschläge, noch gaben sie Hilfestellung bei der Organisation von Gruppen. Sie beantworteten allerdings alle Fragen, die von den Jugendlichen gestellt wurden. Sie beteiligten sich nicht aktiv an den Beschäftigungen der Jugendlichen, verhielten sich jedoch eher freundlich als neutral. Bei Diskussionen beteiligten sie sich ebenfalls nicht und beurteilten die geleisteten Arbeiten nicht.

Bei diesem Führungsstil bildeten sich häufig spontane Gruppierungen bei den Jugendlichen. Da die Vorschläge aber zu weit auseinandergingen und die Gruppen sich zu verbindlichen Zielsetzungen nicht durchringen konnten, fielen sie bald wieder auseinander, ohne daß die beabsichtigten Aktivitäten ausgeführt worden waren. Die

Abhängigkeit vom Leiter zeigte sich in vielen Anfragen, die Gruppe war mit den eigenen Arbeitsergebnissen unzufrieden.

♦ Folgerungen für einen antiautoritären (Laissez-faire-)Führungsstil:
Viele der spektakulären Erwartungen, die sich mit dem Wort «antiautoritär» in den frühen siebziger Jahren verbunden haben, sind unerfüllt geblieben.

Allerdings muß man berücksichtigen, daß der Erziehungsstil von A. S. Neill (sein Buch «Theorie und Praxis der antiautoritären Erziehung» entfachte diese Diskussionen) mißverstanden wurde und eher sozialintegrativ einzuschätzen ist als antiautoritär. In der weiteren Auseinandersetzung wurde «anti-au-toritär» dann immer mehr als «Laissez-faire» ausgelegt. Deshalb ist diese Erziehungsform auch im wesentlichen gescheitert.

Bei antiautoritärem, sprich Laissez-faire-Erziehungsstil, sollen Kinder ihre Handlungsmuster selbst herausfinden. Diese «Selbstregulation» führt im Bereich des Lernens zunächst zu verlangsamtem Fortschritt. Kinder erhalten keine Anerkennung, und das beeinträchtigt auch die Entwicklung der Entscheidungsfähigkeit und des Selbstgefühls. Aggressionen gegenüber dem Erwachsenen, der sich zuwenig um sie kümmert, entladen sich gegenüber der gesamten Umgebung oder führen zu Aggressionen, die sich schließlich auch gegen die eigene Person richten. In der Praxis läßt sich ein reiner Laissez-faire-Erziehungsstil längere Zeit nicht verwirklichen, weil der Erwachsene, besonders beim kleinen Kind, immer wieder steuernd und helfend eingreifen muß und damit bereits sozialintegrative oder autokratische Erziehungsformen ausübt.

Typisches, elterliches Erziehungsverhalten

G. Mietzel (vgl. Literatur) beschreibt ein interessantes Verhaltensmodell von E. S. Schaefer, das Sie in einer Diskussion mit anderen Eltern oder auch innerhalb der Familie nutzen können. Es wird im folgenden ein wenig verändert beschrieben:

Vier Verhaltensweisen können unterschiedlich stark dem Kind gegenüber praktiziert werden:
1. volle Autonomie zu ermöglichen,
2. Liebe vorrangig zu leben,
3. Kontrolle auszuüben oder
4. Feindseligkeit zu praktizieren.
Je nach Ausprägung ergeben sich diese Erziehungsstile:

♦ von Autonomie bis Liebe:
– völlig freiwillig,
– demokratisch,
– kooperativ,
– voll akzeptierend bis hinnehmend.

**Nehmen Sie sich immer wieder Zeit,
um mit Ihrem Kind die Umwelt zu erkunden.**

♦ von Liebe bis Kontrolle:
– voll akzeptierend bis hinnehmend,
– übermäßig nachsichtig,
– beschützend-nachsichtig,
– überbehütend,
– besitznehmend.

♦ von Kontrolle bis Feindseligkeit:
– besitznehmend,
– autokratisch, diktatorisch,
– fordernd, widersprüchlich,
– ablehnend.

♦ von Feindseligkeit bis Autonomie:
– ablehend,

– vernachlässigend,
– gleichgültig,
– unbeteiligt,
– völlig freiheitlich.

Vielleicht fällt Ihnen beim Durchdenken dieser möglichen Erziehungsstile und erzieherischen
Verhaltensweisen auf, daß Sie den
einen oder anderen Stil mehr
praktizieren, als Sie dies eigentlich
möchten – oder auch, daß Sie sich
zu wechselhaft verhalten. Der erste
Schritt zu einer Änderung Ihres
Verhaltens ist damit getan.

**Viel Spaß auch für ein Kind – die Eltern sollen bei der Hochzeit
zeigen, wie sie mit Flossen tanzen können.**

Erziehungsstil und Erziehungsziele

Bitte versuchen Sie einmal, Ihr Erziehungsverhalten in bezug auf den autokratischen, sozialintegrativen und Laissez-faire-Erziehungsstil zu überprüfen. Sie können gewiß feststellen, ob Sie sich zum Beispiel überwiegend sozialintegrativ oder mehr autokratisch verhalten. Lesen Sie dazu nochmals die wesentlichen Merkmale dieser Erziehungsstile durch, einschließlich der Folgerungen, die sich für die Persönlichkeitsentwicklung Ihres Kindes daraus ergeben.

Dabei werden Sie zugleich erkennen, daß Ihr Stil bestimmte Erziehungsziele eher fördert als andere. In der gegenwärtigen gesellschaftlichen Situation scheint der sozialintegrative Erziehungsstil am ehesten sinnvoll zu sein.

Das gilt mindestens für die Erziehung in den ersten Lebensjahren und in der Familie. Die Schule bringt dann durch die übliche Organisation – ein Lehrer steht einer großen Schülergruppe

**Mit Bilderbuch und Flasche
fühlt sich fast jedes Kind wohl.**

gegenüber – oft eine Überbeto-
nung des autokratischen Erzie-
hungsstils mit sich.

Die westliche Industrie- und
Leistungsgesellschaft hat verschiedene Formen von Führungsstilen
entwickelt – überrepräsentiert sind
sicher eher autokratische und
autoritäre Verhaltensstile von
Vorgesetzten. (Interessant ist, daß
in sehr vielen Managerseminaren
partnerschaftliche Kooperations-
formen vorgestellt und teilweise
auch eingeübt werden, ohne daß
bisher eine Umsetzung auf das
Verhalten am Arbeitsplatz erfolgt.)

Erziehungsstile in der Familie und im Alltag

Unterschiedliche Situationen
beeinflussen Ihren Erziehungsstil
erheblich. Sie sind zum Beispiel
selbst ausgeglichen und ruhig,
haben in den vergangenen Tagen
zwei größere Erfolge erzielt, und
jemand, den Sie schätzen, hat
Ihnen gegenüber seine Wertschät-
zung artikuliert (nicht nur mal ein
Kompliment gestartet). Können Sie
in einer solchen Situation nicht
leichter auf Ihr Kind eingehen, es
mitbestimmen lassen, geduldig
sein?

Oder umgekehrt: Sie sind gereizt, es eilt, und Ihr Kind will in einer Verkehrssituation seinen eigenen Willen durchsetzen. Hier muß es zum Konflikt kommen.

Auch vom Alter des Kindes sind die Verhaltensweisen des Erwachsenen wesentlich mitbestimmt – das Kleinkind ist weniger eigenständig als das Schulkind, die Übergänge Ihres Verhaltens bei den einzelnen Situationen fließend. Auch gegenüber «modischen» Erziehungstrends sind wir nicht immun. Kaum erscheint ein pädagogischer «Reißer» auf dem Markt, vergleichen wir die dort angesprochenen Verhaltensweisen mit unserem eigenen Verhalten und verlieren unter Umständen deshalb die täglich zu lösenden Aufgaben aus den Augen.

Für Ihr Kind und seine Entwicklung ist wichtig, daß Sie Ihren Erziehungsstil nicht abrupt, mehrfach oder unter dem Einfluß bestimmter Situationen (Verwandtenbesuche, berufliche Schwierigkeiten usw.) erheblich ändern – Ihre Glaubwürdigkeit und Überzeugungskraft gegenüber Ihrem Kind würde deutlich beeinträchtigt.

Erziehungsaufgaben im dritten Lebensjahr

Selbständigkeit und Leistungsbereitschaft

Das Kind drängt nun immer mehr darauf, seine Fähigkeiten durch selbständige Handlungen zu verbessern. Es zeigt sich und den anderen, daß es schon «jemand» ist, weil es nicht mehr bei jedem Handgriff die Hilfe der Erwachsenen benötigt.

Erziehung und Selbständigkeit bedeuten jedoch nicht, daß Sie Ihr Kind ständig dazu auffordern oder gar zwingen, mit einer Sache allein fertig zu werden. Im Gegenteil: Man hat bei Untersuchungen festgestellt, daß sich eine übertriebene Förderung der Selbständigkeit negativ auswirkt. Sie führt zu einer großen Abhängigkeit vom Erwachsenen, besonders von seinen Leistungsbeurteilungen. Später entsteht daraus entweder Passivität oder eine regelrechte Leistungsbesessenheit. Das Engagement erfolgt jedoch nicht aus Freude oder aus Einsicht in den Sinn der Aufgabe, sondern nur aus dem Bedürfnis, von anderen Bestätigung zu bekommen und einen «guten Eindruck» auf sie zu machen. Derartige Leistungen kommen unter psychischem Zwang zustande und befriedigen die Persönlichkeit wenig.

Das Kind sollte in diesem Alter also noch nichts leisten «müssen». Lassen Sie es gewähren, wenn es von sich aus eine Sache allein tun will. Bestärken Sie es in seiner Absicht, geben Sie ihm anerkennende Unterstützung, und lenken Sie es nur gelegentlich durch eine Bitte oder Frage (nicht durch ständiges Bitten) auf die gewünschten Ziele. Dabei gewinnt es auch eine positive Einstellung zu kontinuierlicher Arbeit.

♦ Kleine Aufgaben: Für Sie als Eltern sind die Selbständigkeitsbestrebungen Ihres Kindes jetzt noch keine Erleichterung, sondern eine zusätzliche Arbeitsbelastung. Sicher würden Sie ohne die angebotene «Hilfe» oft viel schneller fertig. Mal zerbricht ein Teller beim Abtrocknen, mal wird die Suppe beim Tischdecken verschüttet oder der Fußboden beim Hantieren mit Schaufel und Besen verunreinigt. Das selbständige Anziehen dauert eine Ewigkeit.

Bitte suchen Sie dennoch nicht nach «Scheinaufträgen» für Ihr Kind, deren Erledigung Ihnen weniger Probleme oder Umstände macht. Es merkt nämlich sehr schnell den Unterschied und hat dann das Gefühl, daß Sie es nicht ernst nehmen. Mit «Beschäftigungsspielen» ist es also nicht getan. Ihr Kind braucht sinnvolle kleine Aufgaben, die es möglichst bewältigen kann, die nach und nach schwieriger werden können. Nur so wird sein Selbstvertrauen gestärkt.

Wenn es merkt, daß es einen echten Beitrag zum Familienalltag leistet, bekommt es außerdem schon früh eine Vorstellung von Arbeitsteilung und «Teamwork». Kinder ahmen immer die Eltern nach: Was für diese unangenehm ist, das mögen bald auch deren Kinder nicht besonders gern. Ein gutes Beispiel dafür ist das Aufräumen. Warum macht es so wenigen Erwachsenen Spaß? Weil wir (fast) alle in unserer Kindheit den Eindruck erhielten: Aufräumen ist lästig und unangenehm! Jeder Erwachsene weiß andererseits aus Erfahrung, daß ein Mindestmaß an Ordnung notwendig ist, daß sie angenehmer ist als Unordnung. Lassen Sie es also Ihr Kind nicht merken, wenn Ihnen das Aufräumen keinen Spaß macht. Wecken Sie seine Freude an einem geordneten Zimmer. Wenn Sie das wünschenswerte Ziel erwähnen, verliert die Tätigkeit, die dazu führt, ihren «Schrecken». Leicht einsehbar für ein Kind sind solche Ziele, die sich aus seinen Interessen ergeben. Deshalb sollte die Erziehung zur Selbständigkeit

vorerst hauptsächlich daran anknüpfen. Es möchte zum Beispiel ohne Hilfe essen, und es möchte sich ohne Hilfe anziehen.

Übertragen Sie Ihrem Kind auch keine Aufgaben, die Ihnen selbst unangenehm sind. Ihr Kind merkt das sofort. Und es lernt dadurch nur, wie man sich vor lästigen Dingen «drückt» und sie auf andere abschiebt.

Sauberkeitserziehung

Wenn Sie – unseren Anregungen in «Elternbuch 2» entsprechend – etwa im 26. bis 29. Monat mit der Sauberkeitserziehung begonnen haben, wird Ihr Kind mit zweieinhalb Jahren weitgehend sauber sein. Es näßt tagsüber nur noch ein, wenn es müde ist oder kränkelt. Auch bei psychischen Belastungen (Streit der Eltern, Ankunft eines Geschwisterchens, plötzliche Aufregung oder Wechsel in eine fremde Umgebung) kann es noch Rückfälle geben. Einkoten kommt tagsüber fast gar nicht mehr und auch nachts nur selten vor. Mit zweieinhalb Jahren wacht das Kind auch nach einem längeren Mittagsschlaf mit trockenen Windeln auf.

Die Abstände zwischen den Blasenentleerungen vergrößern sich auf fünf Stunden oder mehr. Manche Kinder können deshalb auch nachts durchschlafen, ohne einzunässen. Sie wachen auf, wenn sie einen Druck in der Blase spüren. Andere Kinder sind abwechselnd einige Tage nachts trocken, dann wieder nicht. Natürlich haben die Kinder darauf keinen Einfluß. Es würde also nichts nützen, wenn Sie an den «guten Willen» Ihres Kindes appellierten! Mit drei Jahren sind viele Kinder unter gewohnten Umständen ganz trocken. Aber erst mit fünf bis sechs Jahren können Kinder sich so gut beherrschen, daß auch Aufregung und Müdigkeit nicht mehr zu «Pannen» führen.

Wenn Sie noch nicht mit der Sauberkeitserziehung begonnen haben, können Sie jetzt die ersten Schritte dazu einleiten. Das Kind kann nun sicher laufen und sitzen, und es verfügt über genügend Worte, um sich zu «melden». Der Unterschied zwischen Urin und Stuhl ist ihm bewußt, und es kennt auch sicher schon die entsprechenden Bezeichnungen dafür. Hier sind noch einmal die wichtigsten Punkte zur Sauberkeitserziehung zusammengefaßt:

– Zeigen Sie Ihrem Kind die schmutzigen Windeln, und erklären Sie ihm, warum man besser den Topf oder die Toilette benutzt. (Am überzeugendsten wirkt natürlich Ihr «Beispiel»!)
– Kaufen Sie einen Kindereinsatz, wenn Ihr Kind lieber die Toilette als den Topf benutzt.
– Machen Sie Ihr Kind durch «Probesitzungen» mit dem Topf (oder der Toilette) vertraut. Er

soll ihm angenehm sein. Also darf er nicht kalt sein und nicht wackeln. Ziehen Sie ihm die Hosen ganz aus, wenn es auf dem Topf sitzt. Dann kann es die Beine zum Abstützen grätschen und fühlt sich sicherer.
– Setzen Sie es nach dem Aufwachen und nach den Mahlzeiten ein paar Minuten auf den Topf.
– Ist die Sitzung (zufällig) erfolgreich, freuen Sie sich mit Ihrem Kind, und sparen Sie nicht mit Anerkennung. Ihr Kind sollte mit zur Toilette gehen und den Topfinhalt selbst hinunterspülen. Wenn nichts kommt, nehmen Sie es nach spätestens drei bis vier Minuten vom Topf, ohne Ihre «Enttäuschung» zu zeigen oder es zu tadeln.
– Wenn es erst einmal begriffen hat, worum es geht, und sich manchmal selbst meldet, dann ziehen Sie ihm nur noch die Hosen aus. Den Rest überlassen Sie ihm selbst. Viele Kinder entkleiden sich bald von allein und laufen ohne Aufforderung zur Toilette.

Nur wenn die Sauberkeitserziehung ohne Zwang geschieht, entwickelt das Kind ein positives Verhältnis dazu. Das sehen Sie auch daran, daß es sich nach «vollbrachter Tat» mit Ihren Worten lobt. Mit etwa zweidreiviertel Jahren kann es noch mal Rückfälle geben. Erinnern Sie sich bitte, daß dies eine Zeit intensiver Spannung und Unsicherheit ist. Die Folgeerscheinungen äußern

**Im 3. Lebensjahr
sollte die Sauber-
keitserziehung
beginnen.**

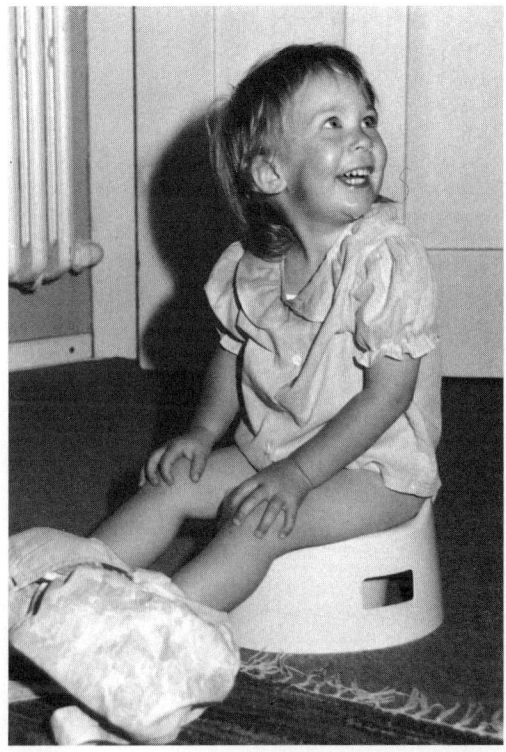

sich auch in diesem Bereich. Das
Kind verhält zum Beispiel so lange,
daß es erst im letzten Augenblick
zur Toilette läuft. Auf dem Weg
werden die Windeln naß. Oder es
verkrampft sich nun so, daß gar
nichts mehr kommt. Ebenso kann
der Stuhl ein bis zwei Tage ausblei-
ben. Geben Sie aber nur im
äußersten Notfall und nach
Rücksprache mit dem Arzt leichte
Abführmittel. Sonst verliert der
Organismus die Fähigkeit, sich

selbst zu regulieren. Eine Folge
kann Verdauungsträgheit sein.

Wundern Sie sich übrigens nicht,
wenn Ihr Kind sich nun besonders
für die Entleerungsvorgänge
anderer Menschen interessiert und
auch bei Tieren neugierig zusieht!
Das ist in diesem Alter üblich; es
hängt mit dem Erleben des eigenen
Körpers und dem Wunsch zusammen, seine Funktionen kennenzulernen.

Das Trotzalter – notwendiges Entwicklungsstadium?

Die zweite Hälfte des dritten Lebensjahres gilt heute als Höhepunkt des «Trotzalters», in dem das Kind nachdrücklicher als zuvor seinen Willen durchzusetzen versucht und mit Trotz- und Wutanfällen auf Widerstand oder Einspruch der Erwachsenen reagiert.

Richtiger ist allerdings, daß die Erwachsenen nun immer mehr auf die Willensäußerung des Kindes eingehen und es dadurch ermuntern, seinen Willen mehr zu verwirklichen. Trotzähnliche Reaktionen sind nämlich schon viel früher, beim wenige Monate alten Kind, zu beobachten: Das Kind schreit, bis es rot wird, es hält die Luft an, es versteift seinen Körper usw. Wir halten das aber meist nicht für einen Ausdruck des bewußten Widerstands und sprechen deshalb auch nicht von «Trotz». Aber andere Möglichkeiten hat ein Kind in diesem Alter ja noch nicht, seinen eigenen Willen zu zeigen. Erst wenn es sprechen kann, formuliert es auch seine Wünsche immer klarer. Es sagt dann: «Nein, ich will nicht», und es wird diese Aussage vielleicht auch noch durch Aufstampfen oder Weglaufen bekräftigen. Jetzt sehen wir, daß es uns «trotzt». Die fortschreitende psychische Entwicklung des Kindes verlangt vom Erwachsenen eine immer neue Einstellung und ein der jeweiligen Situation entsprechendes Verhalten gegenüber dem Kind.

Wenn der Wunsch nach Selbständigkeit und Freiheit zu sehr eingeschränkt wird, wenn seine Spontaneität und Initiative durch eine falsche Einschätzung des Erwachsenen unterdrückt werden, kommt es zwangsläufig zu Trotzreaktionen. Die Auseinandersetzungen verhärten sich zusätzlich, wenn der Erwachsene sie als Beeinträchtigung seiner eigenen, überlegenen «Machtposition» empfindet. Trotz ist eine Schutzreaktion des Kindes.

Er tritt dann auf, wenn das Kind sich Forderungen gegenübersieht, die es nicht erfüllen kann, die es als unfair oder einschränkend, herabsetzend oder schmerzlich erlebt. Er ist also positiv zu sehen als Ausdruck von Antriebsstärke und Durchsetzungswillen.

Trotz tritt demnach auch auf, wenn zuviel vom Kind verlangt und seine Unabhängigkeit und Selbständigkeit überschätzt werden, oder auch dann, wenn der Erwachsene es mit seinen Schwierigkeiten und seinem Bedürfnis nach Aufmerksamkeit und zärtlicher Zuwendung allein läßt.

So verschwindet umgekehrt die trotzige Auflehnung sehr schnell, wenn das Kind eine Aufgabe gefunden hat, die ihm Freude macht und seinem Entwicklungsstand entspricht. Trotz ist also nicht «blind», auch wenn es manchmal bei einem Wutanfall des Kindes so aussieht. Er ist immer auch das Ergebnis einer mangelnden Anpassung des Erwachsenen an das Kind. Und somit läßt sich sagen, daß das Trotzalter zwar kommen wird, aber nicht so dramatisch verlaufen muß.

Das zeigt sich auch an der Tatsache, daß Trotz nur gegenüber Erwachsenen auftritt und auch hier nur gegenüber bestimmten Personen. Nie ist er in einer Kindergruppe zu beobachten. Nicht einmal dann, wenn sich spontan Rangordnungen und damit feste Verhaltensvorschriften herausbilden. Diesen unterwerfen sich auch Kinder in diesem Alter freiwillig und gern. Im folgenden finden Sie einige Hinweise, wie Sie auf die Trotzreaktionen Ihres Kindes reagieren können:

♦ Kompromisse schließen: Bei allem Respekt vor dem Freiheitsbedürfnis des Kindes wissen die Eltern, daß es ohne Verbote und Gebote nicht geht. Aber sie müssen begründet und für das Kind durchschaubar sein. Es hat schon jetzt ein Gespür dafür, welche Gebote vernünftig sind und welche nicht. Vernünftig sind solche, die den unumgänglichen Forderungen der Realität entspringen und nicht nur aus Bequemlichkeit und Ungeduld der Eltern gestellt werden. Beruft man sich bei der Begründung nur auf die eigene, elterliche Autorität, nimmt man dem Kind die Möglichkeit, selbst entscheidungsfähig zu werden und die Sachlage zu beurteilen. Vernünftige Grenzen kann man dem Kind schon früh erklären. Dazu gehören zum Beispiel die Beschreibungen von Gefahren (Strom, Gas, Schere usw.). Ein Kind versteht aber auch, daß die Eltern nicht den ganzen Tag mit ihm spielen können, sondern noch anderes tun wollen und müssen.

♦ Fehler zugeben: Bei solchen Erklärungen merken Sie vielleicht sogar, daß ein Gebot gar nicht so notwendig ist. Dann sollten Sie das auch ruhig zugeben und sagen: «Ich habe mich getäuscht. Du hast recht!» So erfährt Ihr Kind, daß Sie sich nicht als unfehlbare Autoritätsperson betrachten. Es sieht, daß Sie nicht erst einlenken, wenn Sie durch wütende Trotzreaktionen dazu (mehr oder weniger) gezwungen werden, sondern daß Sie schon von sich aus nach der gerechtesten Lösung suchen. Es ist verblüffend, wie tolerant und einsichtig sich ein Kind zeigt, wenn man sich so mit ihm bespricht.

♦ Befehle vermeiden: Statt zu sagen: «Du mußt aufhören zu spielen, weil wir jetzt gehen müssen», treffen Sie besser eine sachliche Feststellung: «Damit wir im Laden noch einkaufen können, sollten wir jetzt gehen.»

◆ Trotzreaktionen auffangen: Alle diese «Steuerungshilfen» sollen verhindern, daß das Kind in den «Affektstrudel» seiner Trotzreaktion hineingerät, aus dem es dann allein schwer herausfindet. Zu Beginn einer Trotzreaktion ist gelegentlich auch durch Humor oder Ablenkung (spannende Tätigkeit ankündigen!) ein Wutausbruch zu verhindern. Hat er jedoch erst einmal richtig begonnen, dann ist das Kind für so etwas nicht mehr empfänglich. Auch eine ruhige, überlegene Erklärung des Erwachsenen nützt dann nichts. Das Kind hört in diesem Augenblick auch nicht auf vernünftige Argumente, weil es zu stark mit den eigenen Wünschen beschäftigt ist. Am besten ist es, wenn Sie das Kind sich austoben lassen und zwischendurch Versuche starten, es freundlich anzusprechen. Den Konflikt kann man allenfalls zu einem späteren Zeitpunkt ansprechen.

◆ Folgen einer falschen Erziehung: Um seinen Willen zu üben, braucht das Kind keine sinnlosen Machtkämpfe mit seinen Eltern. Dabei ist es doch nur der Unterlegene. Durch Zwang erreicht man nur, daß das Kind keinen Mut zu eigenen Entscheidungen entwickelt, weil ihm dadurch seine Entscheidungen als falsch oder fragwürdig hingestellt werden. Es wird brav und folgsam, zu nachgiebig,

abhängig von anderen in seinen Entscheidungen, und es lernt nicht, Aktivitäten zu entfalten und sie zu einem guten Ende zu führen.

Ebenso falsch wie eine gewaltsame Unterdrückung ist es, das Kind mit seiner unkontrollierbaren Wut allein zu lassen (es vor die Tür zu stellen oder in ein Zimmer zu sperren). Die Aggression des Kindes richtet sich ja in diesem Augenblick gegen den Erwachsenen, der sie – mindestens aus der Sicht des Kindes – provoziert hat. Entzieht er sich, so wird das Kind seine Wut auf andere Personen, auf Gegenstände oder gar gegen sich selbst wenden.

Hier liegt ein Ansatz für spätere depressive Verstimmungen und Mutlosigkeit. Trotzreaktionen vermeidet man nicht einfach dadurch, daß man auf Gebote und Normen verzichtet. Im Gegenteil: Sie sind notwendige Bestandteile der Erziehung (die allerdings nicht zu einer Erpressung führen dürfen). Die völlige Freiheit würde das Kind auf längere Sicht sogar unglücklich machen. Denn ohne äußere Begrenzung (und ohne Anerkennung) würde es sich hilflos, unsicher und verlassen fühlen und die daraus resultierende Angst als Aggression nach außen entladen.

Die positive Einstellung
zur Sexualität wird erworben

Sicher haben Sie bemerkt, daß Ihr Kind sich nun sehr für seinen Körper einschließlich der Geschlechtsorgane interessiert. Manchmal nimmt es auch sexuelle Manipulationen vor, die ihm offensichtlich Lust bereiten. Das kann sich bis zu einer orgasmusähnlichen Reaktion steigern. Schon männliche Babys können einen «kindlichen Orgasmus» erleben.

Kinsey, der amerikanische Sexualforscher, beschreibt den Vorgang als eine Serie von allmählichen physiologischen Veränderungen: rhythmische Körperbewegungen mit deutlichem Puls im Penis und Beckenstöße; offensichtliche Veränderung der Leistung der Sinnesorgane; genitale Muskelspannung, besonders in Unterleib, Hüften und Rücken; plötzliche Entspannung mit Konvulsionen einschließlich rhythmischer Analkontraktionen; anschließend ein Verschwinden all dieser Erscheinungen.

Neben der gelegentlichen Selbstbefriedigung läßt sich gegen Ende des dritten Lebensjahres eine starke Schau- und Zeigelust feststellen. Bei Doktorspielen ziehen sich die Kinder nackt aus und untersuchen und betasten sich genau. Dabei interessiert sie natürlich besonders der Unterschied der Geschlechtsorgane.

Mädchen und Jungen vergleichen ihre verschiedene Haltung beim Urinieren. Jetzt wollen sie auch Vater und Mutter immer wieder nackt sehen. Doch wenn die Eltern diese Neugier aus eigener Schamhaftigkeit nicht dulden, «informieren» sich die Kinder heimlich. Sie schauen durch das Schlüsselloch, wenn jemand auf der Toilette ist, oder sie suchen nach Vorwänden, um während Vaters oder Mutters Duschen ins Bad gelassen zu werden.

Wenn sie nicht schon durch falsche Sexualerziehung in früheren Entwicklungsstadien beeinflußt worden sind, stellen sie unbefangene Fragen: ob sie auch einmal einen so großen Penis wie der Vater bekommen, ob ihnen auch an diesen Körperstellen Haare wachsen, warum Mädchen ganz anders aussehen als Jungen, ob ihnen noch ein Penis nachwächst usw.

Die Einstellung der Eltern

Sicher haben Sie sich schon manchmal Gedanken darüber gemacht, wie Sie sich in derartigen Situationen verhalten sollen. Viele Erwachsene sind noch mehr oder weniger sexualfeindlich erzogen worden, woraus ihre zahlreichen Hemmungen erwachsen sind. In der Erziehung von Kindern wurde das Thema Sexualität oft überhaupt nicht berührt.

So übersehen oder bagatellisieren auch junge Eltern teilweise heute noch aufgrund ihrer eigenen Verdrängung sexuelle Aktivitäten des Kindes und zwingen ihm bewußt oder unbewußt damit ihre eigene, sexualfeindliche Haltung auf («Mein Kind tut so etwas nicht!»). Vielleicht tut es dann «so etwas» wirklich nicht mehr. Vielleicht tut es das aber nur heimlich oder so gut getarnt, daß das sexuelle Moment nicht mehr unmitttelbar sichtbar ist. Manche Kinder verschaffen sich zum Beispiel Selbstbefriedigungsersatz, indem sie lange und heftig mit dem Körper oder mit dem Kopf hin und her schaukeln.

Durch das Ignorieren oder die Unterdrückung der kindlichen Sexualität soll die Illusion einer «reinen», «asexuellen» Kindheit aufrechterhalten werden. Es fällt vielen Eltern schwer, diesen Bereich der kindlichen Erlebniswelt zu akzeptieren.

Dabei genügt es nicht einmal, das Kind auch als eigenständiges Sexualwesen zu tolerieren. Wir müssen darüber hinaus versuchen, es als solches gefühlsmäßig zu bejahen: Vater und Mutter sollten sich genauso darüber freuen, daß ihr Kind zu sexuellen Lustempfindungen fähig ist (daß es einen bedeutenden Erlebnisbereich nicht verdrängt hat), wie sie sich über das erste Lächeln gefreut haben.

Den Hintergrund für eine solche Forderung bilden Untersuchungen wie die von Rene Spitz: Er fand heraus, daß die Möglichkeit zu masturbatorischer Betätigung ein Zeichen für eine gute Mutter-Kind-Beziehung ist. Sie zeigt ein ausgeglichenes emotionales Verhalten des Kindes an. Kinder, die im Heim und ohne die dauernde Beziehung zu einer bestimmten Pflegeperson aufwachsen, bleiben nicht nur geistig und körperlich zurück. Sie verfügen auch weniger über die Möglichkeit, sich selbst durch sexuelle Lustempfindung zu stimulieren. Masturbiert ein Kind allzu häufig und intensiv, sollten Sie jedoch auch an eine Verhaltensstörung denken (vgl. «Elternbuch 2»).

Sexuelle Impulse gehören also zur normalen Entwicklung Ihres Kindes. Sie sind ein Ausdruck der Lebensfreude und beweisen, daß der körperliche und seelische Haushalt in Ordnung sind. Außerdem bilden sie die Basis für ein harmonisches sexuelles Verhalten

Im Wasser erfährt ein Kind intensiv den eigenen Körper.

des späteren Erwachsenen und eine ausgeglichene Psyche. (Die Pubertät ist die zweite kritische Phase auf diesem Weg.)

Sexualität – ein Teil der Persönlichkeit

Die Unterdrückung oder das Ignorieren der kindlichen Sexualität sind schädlich für das Kind. Es wird mit seinen Triebwünschen allein gelassen. Es lernt nicht, sie in seine Gesamtpersönlichkeit kognitiv und emotional (denkend und gefühlsmäßig) einzubeziehen. Jede sexuelle Empfindung löst dann Schuldgefühle aus und wird aus dem Bewußtsein verdrängt. Das kann eine Verarmung des gesamten emotionalen und sozialen Verhaltens nach sich ziehen.

Möglicherweise führen die verdrängten Impulse zu späteren Neurosen oder zu unreifen sexuellen Praktiken und Phantasien. Aber auch die ausdrückliche Aufforderung zu sexuellem Verhalten oder die Stimulierung der Genitalsphäre ist nicht wünschenswert. Das Kind soll vielmehr lernen, daß die Sexualität eine von mehreren Lustquellen im menschlichen Dasein ist. Eine Fixierung auf Selbstbefriedigung (und die Einengung auf Autoerotik) ist zu vermeiden, damit der Weg für spätere partnerschaftsbezogene Verhaltensweisen offenbleibt.

Das elterliche Verhalten

Umsichtige Sexualerziehung beginnt damit, daß die Eltern selbst mit ihrer Sexualität umzugehen wissen, sie bejahen und genießen können. Sie werden die Fragen der Kinder freier beantworten als Eltern, die mit eigenen Hemmungen kämpfen. Und sie werden auch wissen, welche Wünsche unterstützt werden sollten und welche Einschränkungen manchmal nötig sind. Ihnen macht es auch nichts aus, wenn das Kind ins Bad kommt und sie nackt sieht. Sie werden den Kindern beiläufig «Anatomieunterricht» geben. Sie werden dem Jungen erklären, daß sein Glied einmal genauso groß sein wird wie das des Vaters, daß es nicht nur zum Wasserlassen da ist, sondern weitere Funktionen hat und zu angenehmen Empfindungen verhilft. Sie werden einem Mädchen erzählen, daß beim Mädchen und bei der erwachsenen Frau die Geschlechtsorgane innen liegen (daß man sie deswegen nicht so gut sehen kann), daß die Reizung dieser Organe ebenso wie bei Jungen Lustgefühle und Befriedigung auslöst, warum eine Frau Brüste hat und daß sie eine Gebärmutter besitzt, damit ein Kind in ihr wachsen kann. Es darf auch nicht der Hinweis fehlen, daß

die räumliche Nachbarschaft von Ausscheidungs- und Geschlechtsorganen keinen inneren Zusammenhang bedeutet. Sonst wird die Sexualität in der kindlichen Phantasie vielleicht als etwas «Schmutziges» erlebt.

Wann sollten Sie mit Ihrem Kind über sexuelle Fragen sprechen? Selbstverständlich immer dann, wenn es Ihnen eine konkrete Frage stellt. (Aber schließen Sie keinen umständlichen und weitschweifigen «Aufklärungsvortrag» daran an.) Andererseits genügt es nicht, nur auf Fragen des Kindes zu warten. Manchmal müssen auch die Eltern nachfragen, welche Vorstellungen sich das Kind gerade macht.

Sexuelle Kontakte

Wie sollen Sie reagieren, wenn Ihr Kind «zudringlich» wird und Sie als Sexualpartner wünscht? Sie werden sich dann ganz unwillkürlich zurückziehen. Empfindungsmäßige Schranken und gesellschaftliche Normen verhindern einen weitergehenden Kontakt. Vermeiden Sie deshalb Situationen, in denen Ihr Kind Ihnen gegenüber sexuell zu sehr erregt wird und dann durch einen Rückzug Ihrerseits frustriert werden muß.

Sexuelle Aktivitäten können sich viel angemessener zwischen Kindern entfalten. Dabei lernen die Kinder den eigenen und den

Körper des anderen kennen. Sie erfahren, wie sie selbst und ein Partner auf Zärtlichkeiten reagieren und wie man den anderen für sexuelle Handlungen interessieren kann. So wird auch eine Fixierung auf einen Elternteil oder ein Geschwister vermieden.

Nach einiger Zeit werden selbst die spannendsten «Doktorspiele» uninteressant. Ebenso nimmt auch die Neugier an der Anatomie der Erwachsenen bald wieder ab, wenn sie durch ein freies Verhalten der Eltern gestillt werden konnte. Prüde Eltern erreichen dagegen nur das Gegenteil, sie schaffen ein sexuelles Reizklima, in dem Nacktheit besonders interessant und erregend wirkt.

Ein sexuell frei erzogenes Kind wird sicher nicht zu einem sexuell überinteressierten Erwachsenen, der rücksichtslos seine Wünsche befriedigt. Statt dessen entwickelt sich eine natürliche Beziehung zur Sexualität, die durchaus die jeweiligen Normen der Gesellschaft in ausreichendem Maße einbezieht.

Denn die Sexualität wurde ja schon früh als ein Teilbereich des menschlichen Verhaltens erfahren, der wie jedes andere Verhalten gesteuert werden kann.

Wenn andere Eltern anders denken

Vielleicht sagen Sie jetzt: «Nun ja, ich erziehe mein Kind zu einer freien und positiven Einstellung. Aber was soll ich machen, wenn es mit anders erzogenen Kindern zusammenkommt und deren Eltern sich über sein Verhalten aufregen?»

Bitte lassen Sie sich nicht von anderen Eltern verunsichern. Diskutieren Sie mit ihnen, und versuchen Sie, sie zu überzeugen. Wenn Sie damit keinen Erfolg haben, sprechen Sie mit Ihrem Kind. Vermitteln Sie ihm das Gespür dafür, daß es sich bei diesem Freund in sexuellen Dingen etwas zurückhaltender verhalten soll. Auf diese Weise vermeiden Sie einen größeren Konflikt der Kinder untereinander.

ERNÄHRUNG

Alles über die gesunde Ernährung

Wie oft und wann wird gegessen?

Im wesentlichen soll es an einem Tag drei Hauptmahlzeiten geben. Je nach Bedarf können dazu noch bis zu zwei Zwischenmahlzeiten, vormittags und nachmittags, eingeschoben werden. Wird die tägliche Kalorienanforderung auf diese Mahlzeiten einigermaßen gleichmäßig verteilt, ist die Belastung für den Organismus vertretbar. Am Abend soll nur leichtverdauliche Kost gegessen werden, weil so der langsamer arbeitende Verdauungsapparat nicht belastet wird.

Das in der Morgenhetze leider zu oft vernachlässigte Frühstück sollte eigentlich die gehaltvollste Tagesmahlzeit sein und ein Drittel bis ein Viertel des täglichen Kalorienbedarfs decken.

Leiten Sie Ihr Kind dazu an, nicht nachlässig zu frühstücken. Am besten nehmen Sie sich morgens Zeit, zusammen mit Ihrem Kind ausgiebig zu frühstücken. Dabei sollen zum Beispiel Milch, verschiedene Brotsorten, Haferflocken, Müsli, Säfte, Obst, Kakao, Käse, Eier, Honig, Wurst und Marmelade angeboten werden. Die Zwischenmahlzeit für Kleinkinder stellen Sie vormittags aus Obst, Brot, frischen Säften, Joghurt oder Quark zusammen. Nachmittags genügen meistens eine Tasse Kakao und ein Vollkornbrot mit Aufstrich. Versuchen Sie, Süßstoffe weitgehend zu vermeiden oder sie zu Mahlzeiten zu geben, nach denen die Zähne gründlich gereinigt werden können.

Tischsitten

Ihr Kind sollte grundsätzlich gemeinsam mit Ihnen am Tisch essen. Dadurch ergeben sich für Sie und die ganze Familie viele Vorteile:
- Das gemeinsame Essen regt alle zu einer nachhaltigen gleichmäßigen Nahrungsaufnahme an (Erleichterung für den Magen- und Darmtrakt).
- Ihr Kind gewöhnt sich an einige regelmäßig wiederkehrende Abläufe während des Tages, die ihm später bei der Tageseinteilung und Vorausplanung zugute kommen.
- Ihr Kind kann sich wenigstens in diesem Punkt voll in die «Er-

Liebevoll füttert Dominik seinen Hasen.

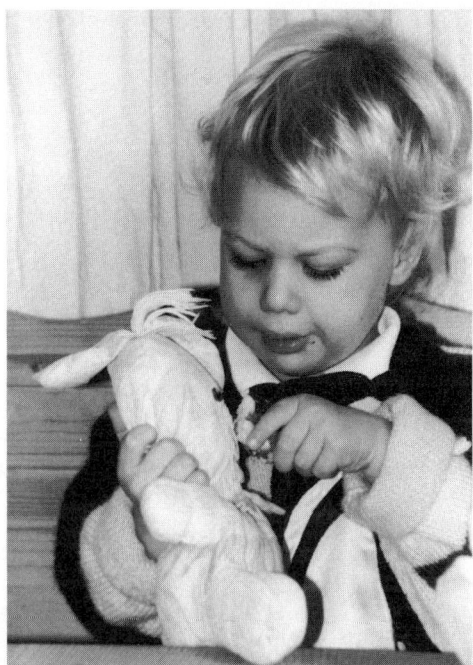

wachsenengesellschaft» aufgenommen fühlen.

– Beim gemeinsamen Essen können leicht alle interessierenden Informationen ausgetauscht werden, auch der berufstätige Elternteil kann in dieser Zeit – mindestens samstags und sonntags bei allen Mahlzeiten – das Verhalten seines Kindes beobachten und deshalb kompetenter bei Erziehungsfragen usw. mitsprechen.

Das bedeutet jedoch nicht, daß Sie keine gelegentlichen Ausnahmen von dieser allgemeinen Regelung zulassen sollten, wenn Ihr Kind etwa verspätet sein Zwischenfrühstück erhalten hat und keinen Hunger mehr hat, wenn gerade eine bestimmte Ausnahmesituation es erfordert, daß es schon früher ißt, wenn es einen Mittagsschlaf einmal besonders früh beginnen will usw.

Aber laden Sie Ihr Kind immer wieder ein, sich am gemeinsamen Essen zu beteiligen. Dabei sollten Sie Ihrem Kind in einigen Punkten entgegenkommen. So braucht es seinen Teller nicht immer leer zu essen (weil es, vielleicht auch Sie selbst, den Nahrungsbedarf nicht richtig vorher abschätzen kann), es darf vorzeitig vom Tisch aufstehen (weil es sonst gewiß unruhig wird und die Tischrunde «lästig» findet), und es kann auch die Nahrung manchmal noch so zu sich nehmen, wie man es von einem Erwachsenen vielleicht nicht erwartet.

Die Nahrungszusammensetzung im Überblick

Mit der Nahrungsaufnahme, die vorwiegend durch Hunger, Durst und Appetit gesteuert wird, baut der Mensch seinen Organismus auf, ergänzt die notwendigen Stoffe, die verbraucht sind, sorgt über den Stoffwechsel für Energie im Körper, damit die Körpertemperatur gehalten wird und die Muskeln ihre Arbeit verrichten können.

Man unterscheidet verschiedene Nahrungsbestandteile: Eiweiß (Proteine), Mineralstoffe, Wasser dienen dem Körperaufbau und der Erneuerung von Körperzellen. Fett und Kohlenhydrate liefern die Energie. Vitamine und Mineralstoffe sind wichtige Schutz- und Reglerstoffe. Appetitanregend sind Duft- und Geschmacksstoffe (zum Beispiel Gewürze), sie können aber nicht als Nährstoffe bezeichnet werden.

Wichtig für die Entwicklung, Erhaltung und den Gesundheitszustand des menschlichen Organismus ist die Zusammensetzung der Nahrung, da der Körper die einzelnen Nährstoffe in unterschiedlichen Mengen benötigt.

♦ Kalorienbedarf: Jede Zelle des Körpers setzt durch den Stoffwechsel Energie um. Die Menge an Energie, die ein nüchterner Mensch ohne Muskelbeanspruchung benötigt, bezeichnet man als Grundumsatz.

Man gibt die Energiemenge in Kalorien (cal) oder Joule an: 1 cal ist die Energiemenge (der Wärmewert), die benötigt wird, um 1 ccm Wasser (etwa 1 g) von 14,5 auf 15,5 Grad Celsius zu erwärmen (1000 cal = 1 kcal = 1 Kilokalorie). Der durchschnittliche Grundumsatz eines Erwachsenen ist in 24 Stunden etwas 1650 kcal. Bei mäßiger körperlicher Arbeit werden etwa 2000 bis 2400 kcal verbraucht, bei Schwerarbeit bis zu 4000.

Die Angaben der Energie in der Einheit Joule nehmen in den letzten Jahren zu. Deshalb ein Hinweis zur Umrechnung:
1 cal = 4, 1868 J bzw.
1 J = 0,2388 cal oder «über den Daumen gepeilt»: Kalorie mal 4 gleich Joule, Joule geteilt durch 4 gleich Kalorie.

Neben der Art der Tätigkeit bestimmen Alter, Geschlecht, Größe, Gewicht und die umgebende Temperatur die für einen Menschen notwendige Energiemenge. Aus der Tabelle 1 ersehen Sie auch den wesentlich geringeren Kalorienverbrauch bei Kindern. Berücksichtigt man allerdings dabei das Körpergewicht, kehrt sich die Relation um: Das Kind verbraucht im Verhältnis zu seinem Körpergewicht wesentlich mehr Kalorien als der Erwachsene (80 kcal beim zwei- bis dreijährigen Kind gegenüber etwa 40 kcal beim Erwachsenen pro Kilogramm Körpergewicht). Hauptursachen für diesen großen Energieverbrauch beim kleinen Kind sind das umfangreiche Bewegungspensum und das Wachstum.

Tabelle 1: Tagesbedarf an ausgewählten Nährstoffen

	Kinder 1–3 Jahre	Kinder 4–6 Jahre	Männer/Frauen 19–35 Jahre
Energie			
kJ (Kilojoule) =	4600	6280	10 880/9200
kcal (Kilokalorien)	1100	1500	2600/2200
Nährstoffe (Gramm = g)			
Eiweiß (Proteine)	22	32	55/45
essentielle Fettsäuren	4	5	10
Wasser (ccm) (pro kg Körpergewicht)	120	105	32
Mineralstoffe			
Natrium (g)	-	-	2
Kalium (g)	1,0–2,0	1,0–2,0	3,0–4,00
Calcium (Milligramm = mg)	600	700	800
Phosphor (mg)	600	700	800
Magnesium (mg)	140	200	350/300
Eisen (mg)	8	8	12/18
Fluor (mg)	0,25	0,25	1,0
Jod (Mikrogramm)	0,10	0,12	0,20
Vitamine			
A (Toc.-Ä.) (mg)	0,6	0,7	1,0/0,8
E (Toc.-Ä.) (mg)	5	7	12
B_1 (Thiamin) (mg)	0,6	0,8	1,4/1,2
B_2 (Riboflavin) (mg)	0,7	1,0	1,7/1,5
Niacin (mg)	8	11	18/15
C (Ascorbinsäure) (mg)	55	60	75

Der tatsächliche Energieverbrauch wird heute meistens überschätzt. Der relative Wohlstand und die intensive Verbraucherwerbung für Nahrungsmittel sind zwei gewichtige Gründe für die ständige, unterschwellige Angst vieler Eltern, ihr Kind könnte zu schwach oder unterernährt sein. Deshalb gibt es auch viele fettleibige Kinder, deren Fettzellen gegenüber denen normalgewichtiger Kinder vermehrt und vergrößert sind. Auch nach Abmagerungskuren nehmen diese Kinder dann verhältnismäßig leicht wieder zu, die Steuerung des Gewichts bleibt erschwert.

♦ Wärmewert der Nährstoffe: In den Nahrungsmitteln sind jeweils unterschiedliche Mengen an Eiweiß, Kohlenhydraten, Fetten usw. enthalten. Darüber finden Sie nähere Angaben in Übersicht 1 und Tabelle 2 (vgl. S. 129–131). Um den Wärmewert eines Nahrungsmittels zu berechnen, muß man den Wärmewert von Eiweiß (1 g = 4,1 kcal), Kohlenhydraten (1 g = 4,1 kcal) und Fetten (1 g = 9,3 kcal) kennen. Dazu ein Beispiel: 100 g Leberwurst enthalten etwa 12 g Eiweiß, 25 g Fett und 8 g Kohlenhydrate. Der Kaloriengehalt läßt sich dann so berechnen: (12 x 4,1 kcal) + (25 x 9,3 kcal) + (8 x 4,1 kcal = 314,5 kcal.
Bei den Nahrungsmitteln müssen jeweils die durch den Organismus nicht verwertbaren Anteile unberücksichtigt bleiben. Ebenfalls muß bei allen Nahrungsmitteln mit

Unterschieden je nach Bodenart, Sonnenbestrahlung, besonderen Wachstumsbedingungen usw. gerechnet werden, so daß alle Angaben in den Tabellen nur als «Cirka»-Angaben zu verstehen sind.

Eiweiß

Eiweiße (Proteine) dienen dem Wachstum und der Regeneration sowie dem Energiehaushalt, sie sind also Aufbaustoffe und Brennmaterial zugleich.

Wesentliche Baustoffe der Eiweiße sind über zwanzig verschiedene Aminosäuren, von denen einige für den Menschen so wichtig sind, daß er sie täglich mit der Nahrung zu sich nehmen sollte (acht lebenswichtige Aminosäuren kann der Organismus nicht selbst aufbauen). Die eiweißhaltigen Lebensmittel (sowohl tierische als auch pflanzliche) enthalten jeweils verschiedene Kombinationen von Aminosäuren.

Das Eiweiß, das wir mit der Nahrung aufnehmen, wird unter Energieabgabe im Körper abgebaut, das heißt in seine Aminosäuren zerlegt, umgebaut und zu körpereigenem Eiweiß (Organeiweiß) wiederaufgebaut.

Grundsätzlich ist die biologische Wertigkeit tierischer Eiweiße höher, da sie den Bedürfnissen von Lebewesen entsprechen, die dem

Übersicht 3: Gehalt an Kalorien, Nährstoffen und Wasser bei
ausgewählten Nahrungsmitteln (je 100 g eßbare Anteile)

Kalorien/Joule	(Balkenlänge für kcal bzw. g)	kcal/kJ
Rindfleisch (mager)		214/895
Salami		523/2190
Hering (Filet)		222/930
Roggenvollkornbrot		190/795
Kartoffeln		70/295
Möhren (Karotten)		22/90
Apfel		49/205
Emmentaler (45 % f.i.Tr.)		371/1555

Eiweiß		g
Rindfleisch (mager)		18,5
Salami		17
Hering (Filet)		18
Roggenvollkornbrot		7
Kartoffeln		2
Möhren (Karotten)		1
Apfel		2
Emmentaler		27

Fett		g
Rindfleisch (mager)		13,6
Salami		47
Hering (Filet)		15
Roggenvollkornbrot		1
Kartoffeln	–	–
Möhren (Karotten)	–	–
Apfel	–	–
Emmentaler		28

Kohlenhydrate		g
Rindfleisch (mager)	–	–
Salami	–	–
Hering (Filet)	–	–
Roggenvollkornbrot		36,3
Kartoffeln		15
Möhren (Karotten)		4
Apfel		11
Emmentaler	–	–

Wasser		g
Rindfleisch (mager)		68
Salami		28
Hering (Filet)		70 (ca.)
Roggenvollkornbrot		44
Kartoffeln		78
Möhren (Karotten)		88
Apfel		85
Emmentaler		35

Menschen entwicklungsgeschichtlich näherstehen als Pflanzen. Pflanzliches Eiweiß hat andere Aminosäuren; wir müssen mehr davon aufnehmen als von tierischem Eiweiß, um unseren Bedarf zu decken. Am günstigsten ist es, wenn ungefähr die Hälfte (30 bis 50 Prozent) unseres Eiweißbedarfs aus tierischem und der Rest aus pflanzlichem Eiweiß besteht (diese Angabe bezieht sich nicht nur auf Eiweiß, sondern berücksichtigt zugleich andere Gesichtspunkte, wie Vitamin- und Mineralstoffbedarf).

Tierisches Eiweiß ist vor allem enthalten in Fleisch, Fisch, Eiern, in der Milch und allen Milchprodukten wie Quark und Käse. Pflanzliches Eiweiß liefern Nüsse, Getreide, Hülsenfrüchte und Kartoffeln. Bei der Nahrungszusammensetzung muß man beachten, daß die Eiweißarten sich hinsichtlich der Aminosäuren-Zusammensetzung unterschiedlich gut ergänzen. Für den menschlichen Bedarf eignen sich diese Kombinationen besonders:
– Getreide (Brot usw.) mit Milch, Fleisch oder Fisch und
– Kartoffeln mit Ei, Milch, Quark oder Käse.

Die Menge Eiweiß, die ein Mensch täglich zu sich nehmen soll, richtet sich nach Alter und Körpergewicht. Zwei- bis dreijährige Kinder benötigen 2,4 g Eiweiß je Kilogramm Körpergewicht. Mit vier bis sechs Jahren genügen 2,2 g je Kilogramm Körpergewicht, und der Erwachsene braucht 1,2 g je Kilogramm Körpergewicht. Es ist ungesund, zuviel oder zuwenig Eiweiß mit der Nahrung aufzunehmen.

Letzteres kann bei unregelmäßiger oder einseitiger Ernährung leicht geschehen. Da die Eiweiße (im Gegensatz zu den Fetten) im Körper nicht gespeichert werden können, ist die ausreichende Eiweißaufnahme täglich wichtig. Bei Eiweißmangel kommt es zu schweren, nicht wiedergutzumachenden Schädigungen: Der Körper erfährt eine starke Schwächung der Widerstandskraft gegen Krankheitserreger, die Muskeln schwinden, und die Kinder bekommen das sogenannte Hungerödem (Wassereinlagerung im Unterhautgewebe).

Kohlenhydrate

Die Kohlenhydrate sind besonders als Energielieferanten anzusehen. Sie bilden den Hauptbestandteil aller Pflanzen und entstehen durch das Zusammenwirken von Blattgrün (Chlorophyll), Kohlendioxyd aus der Luft und Wasser (Photosynthese oder Kohlenstoffassimilation). Getreide- und Kartoffelstärke sind die wichtigsten Kohlenhydrate. Ebenso kohlenhydratreich sind die verschiedenen Zuckerarten wie Trauben-, Rohr-, Malz- und Milchzucker. Da Zucker und Stärke die wichtigsten Brennstoffe für die Muskelarbeit des Körpers sind, sollte über die Hälfte des täglichen Nahrungsbedarfs aus Kohlenhydraten bestehen.

Der große Vorteil der Kohlenhydrate ist ihre leichte Verdaulichkeit und die schnelle Umsetzung in Energie. Sie haben sicher schon gespürt, wie die Energie wiederkehrt, wenn Sie während anstrengender körperlicher Arbeit ein paar Löffel Traubenzucker essen. Er wird nämlich von der Magenwand sofort aufgenommen und gelangt direkt ins Blut.

Vollkornbrot, Schwarzbrot, alle Getreideprodukte, Kartoffeln, Hülsenfrüchte und Obst gelten als besonders wertvoll, weil in ihnen nicht nur Kohlenhydrate enthalten sind, sondern auch noch andere wichtige Bestandteile, zum Beispiel Vitamine und Mineralstoffe.

Bei der Auswahl der Brotsorte sollte man berücksichtigen, daß feine, ausgemahlene Mehle arm an Vitaminen und Mineralstoffen sind, insbesondere Weizenmehl. Sehr viel besser eignen sich Vollkorn-, Schwarz- und Knäckebrot.

Weniger günstige Kohlenhydratträger sind Teigwaren, Weißbrot, Kuchen, gebleichter Zucker, Marmelade, Bonbons, Schokolade und Eiscreme. Es ist sicher nicht leicht durchzusetzen, Ihrem Kind diese Nahrungsmittel vollkommen zu verweigern; vor den Mahlzeiten sollten Kuchen, Bonbons und andere Süßigkeiten allerdings nicht gegessen werden, da sie den Appetit verderben und so die Hauptmahlzeit mit der weitaus wertvolleren Mischkost unberührt stehenbleibt.

Nach der Mahlzeit ist gegen ein wenig Süßes allerdings nichts einzuwenden. Wenn der Süßigkeitshunger Ihres Kindes sehr groß ist, können Sie ihm Quarkspeisen anbieten, die Sie mit hochwertigen Nahrungsmitteln wie Milch, Sahne, Eiern, Kakao und frischem Obst zubereiten. Auch Obst oder Obstsalat wird Ihrem Kind als Nachtisch schmecken. Kohlenhydrate in zu großen Mengen können sich nachteilig auswirken. Die überschüssigen Mengen werden im Körper in Fett umgewandelt und als Fettdepots gespeichert.

Auch den Zähnen droht durch zu reichlichen Genuß von Weißmehlprodukten und Süßigkeiten Gefahr, da sie zur Bildung von Säuren beitragen, die die Zahnsubstanz angreifen und Karies verursachen. Sie sollten darauf achten, daß sich Ihr Kind nach dem Genuß die Zähne putzt oder mindestens den Mund mit klarem Wasser ausspült.

Fette

Die Fette sind neben den Kohlenhydraten die bedeutendsten Energielieferanten. Fast alle

Lebensmittel sowohl tierischer wie pflanzlicher Herkunft enthalten einen mehr oder weniger großen Fettanteil. Die Wichtigkeit der Nahrungsfette erklärt sich aber nicht allein aus ihrer Rolle als Brennstoff zur Aufrechterhaltung der Körpertemperatur, als Energielieferant für die Muskelarbeit bei körperlicher Leistung und Bewegung. Sie sind darüber hinaus entscheidende Aufbauhelfer der Gehirn- und Nervensubstanz.

Als Fette oder Fett-Träger gelten besonders Butter, Margarine, Käse, Nüsse, Kakaopulver und die verschiedenen tierischen und pflanzlichen Öle. Ungehärtete Pflanzenmargarinen, die ein Höchstmaß an ungesättigten Fettsäuren enthalten, werden aus wertvollen Rohstoffen hergestellt und teilweise mit den Vitaminen A und D angereichert.

Der Anteil des Fettes an der Ernährung sollte 30 bis 35 Prozent, also etwa ein Drittel der Gesamtkalorienzahl, betragen. Mehr als 70 g Fett pro Tag sind nicht bekömmlich, weil der Körper sie nicht nutzbringend verarbeiten kann. Überflüssiges Fett wird dann als Depotfett im Unterhautgewebe abgelagert.

Wird eine Menge von 60 g pro Tag längere Zeit unterschritten, kann es sein, daß bestimmte fettlösliche Vitamine aus anderen Nahrungsmitteln für den Organismus nicht verwertbar gemacht werden. Einen guten Anhaltspunkt für die richtige Fettmenge haben Sie, wenn Sie etwa 20 g als Streich- und Kochfett verwenden. Die restlichen 40 g ergeben sich aus den sogenannten versteckten Fetten. Sie sind in Milcherzeugnissen, Backwaren, Schokolade, in Fisch- und Fleischwaren und insbesondere in der Wurst enthalten (beispielsweise sind in einem halben Liter Vollmilch bereits 15 g Fett enthalten!). Gehen Sie also mit dem Streichfett (Butter und Margarine) besonders sparsam um, denn beim Kochen und Braten verbrauchen Sie, nicht zuletzt für die Geschmacksnuancierung, noch weitere Mengen an Butter oder Öl. Dabei sollten Sie versuchen, nur hochwertige Fette, Pflanzenmargarinen und möglichst kaltgepreßte Pflanzenöle zu verwenden.

Mineralstoffe und Spurenelemente

Die Mineralstoffe haben zwar keinerlei Kalorienwert, trotzdem sind sie lebenswichtig und entscheidend am Aufbau des Körpers beteiligt.

Sie haben, wie auch die Vitamine, ganz bestimmte Wirkfunktionen. Zur Aufrechterhaltung des reibungslosen Stoffwechsels sind sie so wichtig, daß wir sie auch als Schutzstoffe für die Lebensvorgänge bezeichnen. Zu den wichtigsten vom Menschen benötigten Mineralstoffen gehören Natrium, Chlor, Kalium, Magnesium, Calcium, Phosphor und Schwefel. Calcium, Phosphor, Natrium und Magnesium bilden die Hauptbestandteile der Knochen und der Zähne; Calcium, Chlor, Kalium, Magnesium und Natrium sind die wichtigsten Komponenten zur Erhaltung des Säuren-Basen-Gleichgewichts im Körper.

Natrium ist unbedingt nötig zur Aufrechterhaltung des osmotischen Drucks im Blut, für die Erregbarkeit der Muskeln und Nerven und zur reibungslosen Herzfunktion. Kalium ist gewissermaßen sein Gegenspieler. Phosphor ist außer für den Knochenaufbau auch für den Energieumsatz im Körper wichtig. Chlor entfaltet seine Wirkungsweise im Magensaft, im Blut, in der Lymphflüssigkeit, im Harn, im Schweiß und in der Haut, es reguliert mit die Nieren- und Magensekretion. Schwefel unterstützt die Gallenfunktion, es findet sich darüber hinaus in Speichel, Knorpeln und Haaren.

Kalium und Natrium sind an Chlor gebunden; aus Natrium und Chlor besteht das Kochsalz. Der Kochsalzbedarf steht zwar unter den Mineralstoffen mengenmäßig im Vordergrund, doch übersteigt das Würzen mit Salz in der Regel den tatsächlichen Bedarf. Selbst wenn Sie ohne Salz kochen, ist der Salzgehalt der Speisen aufgrund der wesenseigenen Salze der Lebensmittel bereits so hoch, daß unter normalen Umständen kein Mangel daran auftritt. Der Salzüberschuß wird beim gesunden Menschen sehr rasch mit dem Schweiß, dem Harn und dem Stuhl wieder ausgeschieden.

Nahrungsmittel wie zum Beispiel ungeschälter Reis, Haferflocken, Kohlrabi, Spinat, Mandarinen, Camembert, Emmentaler und Joghurt sind die wesentlichen Nahrungsträger von Calcium. Der Phosphorbedarf wird gedeckt, wenn man genügend Milch und Milchprodukte, Getreideprodukte, Gemüse, Obst und Hülsenfrüchte verzehrt. Magnesium und Kalium sind in allen grünen Gemüsen enthalten.

Die Spurenelemente sind sowohl in tierischer als auch in pflanzlicher Nahrung in ausreichenden Mengen zu finden. Die sieben wichtigsten Spurenelemente sind Eisen, Jod, Kobalt, Kupfer, Mangan, Zink und Molybdän. Eisen steht dabei wegen seiner blutbildenden Eigenschaften an erster Stelle. Es ist vor allem in Innereien, Fleisch- und Wurstwaren, Fisch, Geflügel, Vollkorn- und Graubrot, Haferflocken, geschältem Reis, Hülsenfrüchten und Spinat enthalten. Jod findet sich in Trinkwasser und Seefisch. Allerdings gibt es jodarme Gegenden, wo die Nahrung durch Jodgaben angereichert werden sollte, zum Beispiel durch jodiertes Salz. Zinkspuren findet man in fast allen

Nahrungsmitteln, Kupfer in Gemüse und Obst, Mangan in Getreide, Obst und Nüssen.

Alle Mineralstoffe und Spurenelemente sind in Wasser löslich. Deshalb sollten Sie Obst und Gemüse immer unzerkleinert waschen und auch niemals lange im Wasser liegen lassen, da sonst die wertvollen Stoffe ausgeschwemmt werden. Nach dem Kochen von Gemüse (günstiger ist Dünsten oder Dämpfen) können Sie das übrige Kochwasser für eine Suppe oder Soße verwenden. Damit nutzen Sie die ausgeschwemmten, aber noch nicht zerstörten Mineralstoffe und Vitamine.

Bestandteile von Nahrungsmitteln

In der folgenden umfangreichen Tabelle (S. 129) finden Sie durchschnittliche Angaben über die wichtigsten Nahrungsmittel. Es ist deshalb jedoch nicht etwa nötig, daß Sie ab jetzt bei der Zubereitung der Mahlzeiten jede Zutat «grammweise» abwiegen und nach der Tabelle organisieren.

Nach mehrmaligem Abwiegen können Sie sicher die richtigen Mengen abschätzen und auf genaues Wiegen verzichten.

Es wäre auch übertrieben, wenn Sie Ihrem Kind von nun an jeden Tag alle Mineralstoffe, Vitamine usw. in einer exakten Dosierung zuführen wollten. Bei einer ausgewogenen Mischkost und normalen Essenmengen ist die gesunde Ernährung für Ihr Kind und Sie selbst ohnehin gewährleistet.

Die Tabelle zeigt jedoch, welche wichtigen Bestandteile in den einzelnen Nahrungsmitteln vorkommen. Damit haben Sie zugleich eine Begründung für die Empfehlung «Mischkost».

Vitamine

Vitamine sind reine Wirkstoffe. Durch ihre Anwesenheit werden die in den Zellen des Organismus ablaufenden Lebensvorgänge nachhaltig beeinflußt. Die Aufgaben dieser auch als Schutz-, Ergänzungs- und Reglerstoffe bezeichneten Vitamine lassen sich mit den von der Chemie her bekannten Katalysatoren vergleichen. Fehlen dem Menschen bestimmte Vitamine, so fällt die Leistungsfähigkeit des Körpers ab, und es kann zu ausgesprochenen Mangelkrankheiten kommen.

Bis heute kennt man etwa vierzig Vitamine. Die wichtigsten sind in Übersicht 4 (vgl. S. 132) aufgeführt. Dort können Sie ablesen, in welchem Nahrungsmittel welches Vitamin zu finden ist, welche biologische Bedeutung ihm zukommt, was geschieht, wenn der Körper zuwenig davon bekommt, und wie Sie die vitaminhaltigen Nahrungsmittel behandeln müssen.

Tabelle 2: Nährstoffgehalt ausgewählter Nahrungsmittel

Nahrungsmittel (der eßbare Anteil von 100 g gekaufter Ware)	Energie		Ei- weiß	Fett	Koh- lenhy- drate	Andere wichtige Bestandteile (alle Angaben in mg; Vitamine, wenn in größerer Menge enthalten)
	kJ	kcal	g	g	g	
Fleisch, Fleischwaren, Fisch						
Schweinefleisch (mittelfett)	1155	276	18	21	–	310 Kal., 155 Pho., 25 Mag., 2 Eis.
Rindfleisch (mager)	725	173	15	11	–	275 Kal., 140 Pho., 2,1 Eis.
Lammfleisch (mittelfett)	745	178	14	13	–	245 Kal., 160 Pho., 19 Mag., 1,9 Eis.
Rinderleber	550	131	18	3	6	270 Kal., 335 Pho., 16 Mag., 6,6 Eis., 0,12 Flu.
Schinken (gekocht)	1145	274	19	20	–	260 Kal., 155 Pho., 23 Mag., 2,4 Eis
Bierschinken	1025	245	15	19	–	216 Kal., 150 Pho., 18 Mag., 1,5 Eis.
Salami	2190	523	17	47	–	285 Kal., 2 Eis.
Leberwurst	1840	440	12	40	–	140 Kal., 40 Cal., 150 Pho., 5,2 Eis.
Hähnchenkeule	375	90	15	2	–	190 Kal., 140 Pho.
Heringsfilet	930	222	18	15	–	315 Kal., 35 Cal., 250 Pho., 22 Mag.
Forelle	220	52	10	1	–	235 Kal., 130 Pho., 14 Mag.
Milch, Milcherzeugnisse, Eier						
Vollmilch (Kuh- 3,5% Fett)	275	66	3,3	3,5	5	155 Kal., 120 Cal., 95 Pho., 12 Mag.
Kakao-Trunk	245	59	3,5	0,5	9	1700 Kal., 1200 Cal., 1100 Pho.
Joghurt (aus Vollmilch)	300	71	3,8	3,8	5	160 Kal., 120 Cal., 100 Pho.
Camembert (45% F.i.Tr.)	1215	291	21	22	–	570 Cal., 350 Pho., 17 Mag.
Emmentaler (45% F.i.Tr.)	1555	371	27	28	–	960 Cal., 600 Pho., 33 Mag., 0,056 Flu.
Quark (20% F.i.Tr.)	470	112	13	5	3	85 Cal., 165 Pho.
Hühnerei	615	147	11	10	1	130 Kal., 50 Cal., 190 Pho., 1,8 Eis., 0,1 Flu.
Öle, Fette						
Butter	3240	775	1	83	–	0,130 Flu.
Margarine	3180	761	1	80	–	
Maiskeimöl	3890	930	–	100	–	(viel ungesättigte Fettsäuren)
Sonnenblumenöl	3885	928	–	100	–	(viel ungesättigte Fettsäuren)
Getreideerzeugnisse						
Cornflakes	1470	352	8	1	77,8	140 Kal., 2,0 Eis.
Haferflocken	1550	371	14	7	61,2	360 Kal., 405 Pho., 139 Mag., 3,6 Eis., 0,037 Flu.

Nahrungsmittel (der eßbare Anteil von 100 g gekaufter Ware)	Energie kJ	kcal	Ei-weiß g	Fett g	Koh-lenhy-drate g	Andere wichtige Bestandteile (alle Angaben in mg; Vitamine, wenn in größerer Menge enthalten)
Getreideerzeugnisse						
Reis, ungeschält	1475	354	7	2	74,6	150 Kal., 325 Pho., 157 Mag., 2,6 Eis., 0,05 Flu.
Weizenvoll-kornmehl	1470	351	12	2	69	337 Kal., 345 Pho., 124 Mag., 3,4 Eis.
Weizenmehl (Type 405)	1460	349	11	1	72,8	110 Kal., 90 Pho., 1,0 Eis.
Weizentoastbrot	1115	267	10	2	48,1	130 Kal., 110 Cal., 110 Pho., 2,2 Eis.
Roggenvoll-kornschrot	1350	323	11	2	64	439 Kal., 362 Pho., 83 Mag., 4,0 Eis.
Roggenvoll-kornbrot	795	190	7	1	36,3	290 Kal., 220 Pho., 35 Mag., 3,3 Eis.
Kartoffeln, Hülsenfrüchte und Gemüse						
Kartoffeln	295	70	2	–	15	455 Kal., 25 Mag.
Pommes frites	1120	267	4	15	29,2	1020 Kal., 43 Mag., 1,8 Eis.
Bohnen, weiß	1245	298	21	2	47	1300 Kal., 105 Cal., 425 Pho., 130 Mag., 6,0 Eis.
Erbsen	1330	318	23	1	56	930 Kal., 375 Pho., 115 Mag., 5,0 Eis.
Linsen	1340	321	24	1	50,8	810 Kal., 410 Pho., 77 Mag., 6,9 Eis.
Avocado	725	173	1	18	1	375 Kal., 22 Mag.
Blumenkohl	60	14	2	–	2	205 Kal.
Brokkoli	55	13	2	–	1	285 Kal.
Chicorée	40	10	1	–	1	170 Kal.
Fenchelknolle	195	47	2	–	8	460 Kal., 100 Cal., 45 Mag., 2,5 Eis.
Grünkohl	65	15	2	–	1	250 Kal., 110 Cal., 1,0 Eis.
Kohlrabi	65	16	1	–	3	250 Kal., 30 Mag.
Kopfsalat	30	7	1	–	1	150 Kal.
Möhren (Karotten)	90	22	1	–	4	235 Kal.
Paprikaschote	60	15	1	–	2	165 Kal.
Rettich	30	7	1	–	1	245 Kal.
Rosenkohl	115	28	3	–	3	320 Kal.
Rote Bete	130	32	1	–	7	260 Kal.
Sellerie	65	15	1	–	2	235 Kal.
Spinat	50	12	2	–	–	540 Kal., 105 Cal., 50 Mag., 3,5 Eis., 0,09 Flu.
Tomate	70	17	1	–	3	285 Kal.
Sauerkraut	65	16	2	–	2	290 Kal.
Champignons	55	13	3	–	–	415 Kal., 120 Pho., 1,2 Eis.
Obst						
Apfel	205	49	–	–	11	130 Kal.
Aprikose	170	41	1	–	9	255 Kal.
Pflaume	205	49	1	–	11	210 Kal.

Nahrungsmittel (der eßbare Anteil von 100 g gekaufter Ware)	Energie kJ	kcal	Ei- weiß g	Fett g	Koh- lenhy- drate g	Andere wichtige Bestandteile (alle Angaben in mg; Vitamine, wenn in größerer Menge enthalten)
Obst						
Erdbeere	130	31	1	–	6	145 Kal.
Johannisbeere (schwarz)	195	47	1	–	10	305 Kal., 1,3 Eis.
Apfelsine	139	32	1	–	7	125 Kal.
Banane	230	54	1	–	13	265 Kal., 25 Mag.
Kiwi	185	44	1	–	9	255 Kal.
Nektarine	245	59	1	–	16	270 Kal.
Nüsse und Samen						
Erdnüsse	2565	613	26	49	9	775 Kal., 410 Pho., 180 Mag., 2,3 Eis., 0,14 Flu.
Haselnüsse	2840	678	14	62	11	635 Kal., 225 Cal., 335 Pho., 155 Mag., 3,8 Eis.
Mandeln	2600	622	18	54	9	835 Kal., 250 Cal., 455 Pho., 170 Mag., 4,1 Eis., 0,09 Flu.
Süßwaren						
Bienenhonig	1275	305	–	–	81	
Kakaopulver	1495	357	20	25	10,8	1920 Kal., 115 Cal., 650 Pho., 414 Mag., 11,5 Eis., 0,12 Flu.
Marmelade	1090	261	–	–	66	
Vollmilch- schokolade	2300	550	9	33	54,1	420 Kal., 215 Cal., 240 Pho., 104 Mag., 3,1 Eis., 0,05 Flu.

Anmerkungen
– Die Tabelle orientiert sich an Veröffentlichungen der Deutschen Gesellschaft für Ernährung e. V.
– Sie ist als erster Anhaltspunkt für eine intensive Auseinandersetzung mit den verschiedenen Nahrungsbestandteilen gedacht. Insgesamt sollten die erforderlichen Mindestmengen für das jeweilige Lebensalter berücksichtigt werden – und das ist nur dann erreichbar, wenn vielseitige Ernährung angeboten wird!
– Abkürzungen: Cal. = Calcium, Eis. = Eisen, Flu. = Fluorid, Kal. = Kalium, Pho. = Phosphor.
– Der Tagesbedarf für ein- bis dreijährige Kinder (vier- bis sechsjährige in Klammern) beträgt bei den einzelnen Mineralstoffen 1000–2000 mg Kalium (1000–2000), 600 mg Calcium (700), 600 mg Phosphor (700), 140 mg Magnesium (200), 8 mg Eisen (8); die Werte für Fluorid konnten nicht festgestellt werden, deshalb sind die Nahrungsmittel mit den höchsten Fluorid-Anteilen aufgeführt.

Die chemischen Bestandteile der Vitamine sind Kohlenstoff, Wasserstoff und Sauerstoff, bei manchen kommen Stickstoff, Phosphor und Schwefel hinzu.

Einige Vitamine können ebenso wie Eiweiß im Körper nicht gespeichert werden. Deshalb ist die ständige Versorgung Ihres Kindes mit diesen lebenswichtigen Stoffen nötig. Ein erhöhter Vitaminbedarf besteht im Winter (insbesondere, um Erkältungskrankheiten abzuwehren), allgemein während des Wachstums und bei Streß.

An dieser Stelle sei nochmals auf die Bedeutung einer ausgewogenen Mischkost hingewiesen, die die ausreichende Versorgung mit allen notwendigen Vitaminen garantiert. Die Autoren des Buches «Chemie in Lebensmitteln» zeigen für die meisten Nahrungsmittel auf, in welchem Umfang sie mit Schadstoffen belastet sind, und wie man Wege zu einer gesunden Ernährung findet (siehe «Katalyse» bei Literatur).

Übersicht 4: Vitamine und ihre Bedeutung für den Körper

Vitamin	Funktion	Mangelerscheinungen	Vorkommen
A	Schutz und Erneuerung der Haut, insbesondere der Schleimhäute; Aufbau des Sehpurpurs	Sehstörungen, Nachtblindheit, Hautstörungen (Austrocknung, Verhornung), Störung der Entwicklung von Zähnen und Knochen	Lebertran, Leber, Aal, Eidotter, Milch Käse, Provitamin Karotin in Karotten und Tomaten; Spinat, Aprikose, Nektarine
B_1 Thiamin	Stoffwechsel, Nerven und Nervenzellen	Erbrechen, Übelkeit, Appetitmangel, Unruhe, Gedächtnis- und Konzentrationsschwierigkeiten	Muskelfleisch von Tieren, ungeschältes Getreide, Weizenkeimlinge, Bohnen, Sonnenblumenkerne
B_2 Riboflavin	Sehvorgang, Heilungsprozeß der Haut, Regelung der Atmung, Unterstützung des peripheren Nervensystems	Herz, Austrocknung der Schleimhäute, Sehschwäche, Lichtscheuheit, Juckreiz, brüchige Nägel	Hefe, Leber, Nüsse, Nieren, Hähnchenbrust, Seelachs, Milchprodukte, Leinsamen (geschrotet) Weizenkleie und -keime, Erbsen, Linsen, Bohnen Champignons
Folsäure	Stoffwechsel	Anämie, Leukopenie, Entzündungen der Schleimhäute, Hemmung des Knochenwachstums	Leber, Niere, Hefe, Brokkoli, Spinat, Rote Bete, Wirsing
Pantothensäure	Stoffwechsel	Müdigkeit, Apathie, Schlafstörungen, Schmerzen der Hände, Reflex- und Muskelkrämpfe	Hefe, Leber, Niere, Herz

Vitamin	Funktion	Mangelerscheinungen	Vorkommen
Nicotinsäure, Niacin	Regelung der Atmung, Wasserstoffübertragung	Austrocknung und Schwellungen der Haut, Durchfall, Verwirrtheitszustände, Entzündungen der Mund-, Rachen- und Magenschleimhaut	Lachs, Thunfisch, Reiskleie, Hefe, Leber, Nüsse, Reis, Weizenkeime und -kleie, Sojamehl, Hülsenfrüchte, Aprikose
B_6 Pyridoxin	(Gewebe-)Stoffwechsel	Hautveränderungen an Auge, Mund, Zunge sowie im Bereich von Kopf, Haut, Gesicht, Hals und Becken; depressive Phasen, Erregbarkeit, Schallempfindlichkeit, Schreckhaftigkeit	Fisch, Leber, Muskelfleisch, Geflügel, Weizen, Mais, Eier, Paprikafrüchte, Rosenkohl, Lauch, Grünkohl
B_{12} Cobalamin	Stoffwechsel, Zellfunktionen, Bildung von roten Blutkörperchen	Anämie, Leukopenie, Glossitis	Bückling, Heringsfilet, Muskelfleisch, Leber, Herz, Niere, Milch, Camembert
C Ascorbinsäure	Infektionsabwehr Blut- und Knochenbildung, Zellstoffwechsel	Skorbut, Hautveränderungen (Hautrisse und -verhornungen), Hautblutungen der Waden, des Gesäßes und der Schleimhäute	Leber, Milch, Kartoffeln, schwarze Johannisbeeren, Spinat, Paprika, Kohlarten, Zitrusfrüchte, Kiwi, frisches Obst
D	Knochenverkalkung, Calcium- und Phosphorstoffwechsel	Rachitis (Säbelbeine, Trichterbrust u. ä.), Knochenerweichung, Gliederschmerzen	Lebertran, Aal, Heilbutt, Hering, Lachs, Kalbfleisch, Eidotter, Milch, Butter, Kakao, Hefe, Pilze
E	Stoffwechselvorgänge, Hormonbildung	Störungen von Keimdrüsen, Skelett- und Herzmuskeln	Paprikafrüchte, Knollensellerie, Wirsing, Spargel, Getreidekeimlinge, Reis, Weizen, Salat, Erdnüsse

Anmerkungen
– Die Zusammenstellung erfolgte aufgrund von Informationen der Deutschen Gesellschaft für Ernährung, von H.-J. Holtmeier und Unterlagen der Lexikonredaktion des Bibliographischen Instituts.
– Angaben über die Höhe der benötigten Vitaminzufuhr pro Lebensalter des Kindes weichen bei den verschiedenen Autoren zum Teil erheblich voneinander ab – eine vielseitige Ernährung trägt am ehesten dazu bei, dem Organismus die benötigten Vitaminmengen zur Verfügung zu stellen.
– In der Tabelle sind nur einige der bekanntesten Vitamine aufgelistet.

♦ Wichtige Tips
– Zerstören Sie die hitzeunbestän-
digen Vitamine, vor allem
Vitamin C, nicht durch langes
Kochen oder Braten.
– Wärmen Sie die Speisen nicht
wiederholt auf.
– Frisch ausgepreßte Obst- und
Gemüsesäfte sollen gleich
getrunken werden. Durch langes
Aufbewahren an der Luft sinkt
der Vitamingehalt schnell ab.
– Gemüse, Obst und Salate säubert
man am besten unter fließendem
Wasser. (Durch Wässern und
Einweichen geht ein großer Teil
der Mineralsalze und Vitamine
verloren.)
– Obst und Gemüse sind Nahrungsmittel, die frisch verzehrt
werden sollen. Läßt man sie
lange an der Luft stehen oder
lagert man sie über Wochen oder
bei hohen Temperaturen, werden
die wichtigen Vitamine wirkungs-
los.
– Lesen Sie möglichst von Zeit zu
Zeit in der umseitigen Vitamin-
Tabelle, und denken Sie daran,
alle Vitamine in ausreichender
Menge bei der Nahrungszuberei-
tung zu verwenden.

Der Wasserhaushalt

Der menschliche Körper besteht zu
rund zwei Dritteln aus Wasser. Es
hat primär die Aufgabe des
Nahrungstransports und der
Temperaturregelung. Ferner hält es
den notwendigen Druck in den
Körperzellen und entschlackt den
Körper. Ohne Wasser käme es
nicht zur Schweiß- und Urinbil-
dung, die überflüssigen Stoffe
würden nicht mehr abgeführt, und
der Organismus wäre rasch
vergiftet.

Der Wasserhaushalt des Körpers ist
eng mit dem Mineralhaushalt
verbunden, denn im Wasser sind
wichtige Mineralien gelöst. (In
einem Liter Mineralwasser finden
sich über 1 g gelöste Mineralien.)

Je jünger ein Kind ist, desto größer
ist sein täglicher Flüssigkeitsbedarf.
Dafür gibt es zwei Gründe: Erstens
laufen die Stoffwechselvorgänge im
Vergleich zum Erwachsenen
schneller ab. Zweitens ist der
Wasserverlust durch die Haut beim
Schwitzen größer, da die Hautober-
fläche im Verhältnis zum Körpergewicht beim Kind erheblich
größer ist.

Ein Kleinkind braucht pro Kilogramm Körpergewicht ca. dreimal
soviel Flüssigkeit wie ein Erwachsener. Ein einjähriges Kind soll
täglich zwischen 1150 und 1300 ccm
Flüssigkeit aufnehmen, ein zwei-
bis dreijähriges 1350 bis 1500 ccm
und ein vierjähriges 1600 bis
1800 ccm. Den Flüssigkeitsbedarf
sollte das Kind etwa zur Hälfte
durch Getränke decken, die andere
Hälfte ist in den Nahrungsmitteln
enthalten. Der Wassergehalt von
Brot, Fleisch, Fisch, Käse und

Eiern beträgt immerhin 40 bis 70 Prozent, der von Kartoffeln, Obst und Gemüse sogar rund 70 bis 93 Prozent. Wieviel Ihr Kind trinken will, richtet sich natürlich nach seinem Durstgefühl. Würzen Sie die Speisen mild (und besser durch frische Kräuter als durch viel Salz), sonst speichert der Körper Wasser, statt es wieder abzugeben. Bei einem normal essenden Kind eignen sich kalorienarme Fruchtsäfte oder Kräutertees, zum Beispiel kalter Pfefferminztee mit Zitrone (und möglichst wenig Zucker), als Durstlöscher am besten.

Aroma- und Würzstoffe

Bereits im Alter von zwei Jahren hat Ihr Kind seine speziellen Geschmacksneigungen, die Sie bei der großen Auswahl der Gewürze und Aromen jetzt immer mit bedenken sollten. Gewürze bestehen aus ätherischen Ölen, Alkaloiden und Glykosiden. Durch den Reiz, den sie auf die Geschmacks- und Geruchsnerven ausüben, wird die Eßlust gefördert und die Bildung von Magensaft angeregt, was die Speisen allgemein bekömmlicher macht. Viele Gewürze haben eine heilende

Etwas zum Trinken sollten Sie möglichst immer bereithalten.

Wirkung. Fenchel und Kümmel zum Beispiel helfen Blähungen verhindern. Andere Würzkräuter enthalten lebenswichtige Vitamine. Vor allem Vitamin C ist in vielen Kräutern enthalten: Petersilie, Dill, Bohnenkraut, Knoblauch, Basilikum, Salbei, Thymian, Rosmarin, Estragon, Zitrone, Schnittlauch usw.

Zuviel Salz ist für die Kinderkost ungünstig. Manche Kinder haben jedoch auch eine Vorliebe für Saures. Geben Sie dieser ruhig nach, und lassen Sie es nach Wunsch rohes Sauerkraut, eine saure Gurke oder Salat von roten Rüben essen.

Gemischte Kost

Die Bedürfnisse des Menschen und seine körperlichen Voraussetzungen sind weder auf reine Pflanzenkost noch ausschließlich auf Fleischverzehr eingestellt. Unser Darm ist mittellang – nicht extrem kurz, wie dies bei «Fleischfressern» der Fall ist, und nicht so lang wie bei den reinen «Pflanzenverwertern». Um in den Genuß der lebensnotwendigen Stoffe zu kommen, die sowohl in Fleisch als auch in Pflanzen enthalten sind, ist eine Kost zu empfehlen, die sich aus beidem zusammensetzt. (Fleisch ist der Hauptlieferant für Eiweiß, Fett und Mineralsalze, Pflanzen bieten vor allem Mineralien und Vitamine.)

Eine überlegt zusammengestellte, gemischte Kost bietet die beste Gewähr für eine vollwertige Ernährung. Achten Sie besonders darauf, daß Sie Nahrungsmittel mit genügend hochwertigem Eiweiß verwenden, und halten Sie den Verzehr von Fett in Maßen (in den verwendeten Fettarten und Ölen sollten mehrfach ungesättigte Fettsäuren enthalten sein). Da Obst, Gemüse und Salate durch lange Lagerung viel von ihrem ursprünglichen Wert verlieren, empfiehlt es sich, sie täglich frisch auf den Tisch zu bringen, gekocht oder als Rohkost.

Folgende Schwerpunkte sollten Sie auf jeden Fall in Ihrem Ernährungsplan haben:
– als Eiweißträger: Milch, Quark, Käse, Fisch, Fleisch, Eier;
– als Fett-Träger: (kaltgepreßte) Pflanzenöle und -margarinen (ungehärtet, mit viel ungesättigten Fettsäuren);
– als Kohlenhydratträger: ungeschälter Reis, Vollkornbrot, Haferflocken, Linsen;
– als Träger von Vitaminen und Mineralstoffen: Rohkostsalate, Gemüse, Obst, Kartoffeln, Vollkornbrot, Milch, Käse.

Ernährung auf der Basis von biologischem oder biologisch-dynamischem Anbau

Seit vielen Jahren wird von einer breiten Öffentlichkeit mit wachsendem Unmut registriert, daß man mit Chemikalien, Düngemitteln, Hormonen usw. Pflanzen und Tiere «hochzüchtet», das heißt «ertragreicher» macht und die unliebsamen «Nebenwirkungen» dann wieder chemisch – zum Beispiel mit Pestiziden – bekämpft. Die langfristigen Auswirkungen sind bisher nur im Ansatz zu erkennen. Die lebensmittel- und arzneimittelrechtlichen Vorschriften sowie die Kennzeichnungspflicht für bedenkliche oder gar schädliche Bestandteile müssen noch deutlich verbessert werden.

Zum gesunden Leben brauchen wir – nach Auffassung von Befürwortern des biologischen Anbaus – Nahrungsmittel, die die Lebenskräfte im Körper anregen. Das können nur Substanzen, die diese Kräfte in ausreichendem Maße mitbringen. Und nur dann können wir von Lebensmitteln sprechen – und nicht nur von Nahrungsmitteln. Jede Pflanze hat einen Grundvorrat an Lebensfähigkeit, der reduziert wird, wenn sie unter unzuträglichen Bedingungen wachsen muß, wie zum Beispiel bei der Monokultur oder einer einseitig das Wachstum treibenden Düngung. Hier wird dann zwar Menge, aber kaum Lebenskraft erreicht.

Will man den Erfolg nicht nur im Ertrag (Gewicht) sehen, sondern auch die Lebenskräfte erhalten, so muß man die Pflanze fähig machen, diese Kräfte aus ihrer natürlichen Umgebung aufzunehmen und zu verstärken – jedenfalls nach Auffassung der Befürworter des biologisch-dynamischen Anbaus. Durch Präparate aus mineralischen, pflanzlichen und tierischen Substanzen wird dies erreicht. Biologisch-dynamisch erzeugte Produkte kommen unter den international geschützten Warenzeichen «demeter» und «Biodyn» in den Handel – jedenfalls im Jahre 1992. Das gilt auch für tierische Produkte, für die entsprechende Richtlinien gelten.

TAGEBUCH

Tagebuch des dritten Lebensjahres für ...

Bitte führen Sie dieses Tagebuch regelmäßig. Wenn Ihr Kind älter geworden ist, erfährt es hier in Wort und Bild viel über sein drittes Lebensjahr. Schreiben Sie auf, was Ihnen wichtig scheint.

Sie können bei einer Frage durchaus auch mehrere Antworten ankreuzen. In die vorgegebenen Felder kleben Sie bitte je ein auf die benötigte Größe zugeschnittenes Foto ein.

1. Vierteljahr

Lasse ich mich noch im Sportwagen spazierenfahren?	Nein, ich laufe lieber	O
	Nur bei längeren Spaziergängen	O
	Wir nehmen immer einen Wagen mit	O
Welche Eßgewohnheiten habe ich?	Ich esse meistens selbständig	O
	Ich lasse mich meistens füttern	O
	Manchmal lasse ich mich füttern, manchmal esse ich selbständig	O
Wie oft spiele ich mit anderen Kindern?	Fast jeden Tag	O
	Zwei- bis dreimal in der Woche	O
	Sehr selten	O
	Ich spiele lieber allein	O
	Ich spiele sehr gern mit den Eltern	O
Erzähle ich meinem Vater, was ich tagsüber getan habe?	Ja, er versteht mich ganz gut	O
	Ja, meine Mutter hilft mir dabei	O
	Nein, das macht meine Mutter	O
Mache ich regelmäßig einen Mittagsschlaf?	Ja, immer	O
	Oft spiele ich nur im Bett	O
	Selten	O
Was mache ich, wenn ein mir Fremder kommt?	Ich verstecke mich hinter der Mutter	O
	Ich laufe in ein anderes Zimmer	O
	Ich schaue ihn neugierig an	O

Wie wurde mein zweiter
Geburtstag gefeiert?

Einige Kinder waren da   ○
Wir haben im Familienkreis gefeiert   ○
Wir haben nicht gefeiert   ○

Trage ich noch Windeln?

Ja, immer   ○
Zu Hause nicht mehr   ○
Nur noch nachts   ○
Nein   ○

Wann gehe ich ins Bett? ....

Was haben meine Eltern besonders gern an mir? ....

Besondere Ereignisse: ....

....

Bitte kleben Sie hier ein Foto ein.
Motivvorschläge:

Szene bei einem Kinderfest

Ich packe ein Geschenk aus

Auf der Rutsche

Bitte kleben Sie hier ein Foto ein.
Motivvorschläge:

Ich helfe im Haushalt

Ich räume auf

Vater und Kind bei der Morgen-
toilette

Dieses Foto ist am ....
aufgenommen

Dieses Foto ist am ....
aufgenommen

2. Vierteljahr

Kann ich schon schwimmen?	Ja, «wie ein Fisch im Wasser»	○
	Nein, ich plansche lieber im Wasser	○
	Nein, ich bin wasserscheu	○
Wann habe ich den größten Appetit?	Mittags	○
	Abends	○
	Zwischen den Mahlzeiten	○
	Das ist unterschiedlich	○
Esse ich lieber in Gesellschaft?	Nein, ich bin dabei gern allein	○
	Ja, mit der ganzen Familie	○
	Das ist mir gleich	○
Was male ich am liebsten?	Ich male «abstrakt»	○
	Ich male Menschen	○
	Ich male alles mögliche	○
War ich schon einmal im Zoo?	Ja, häufig	○
	Ja, einmal	○
	Nein	○
Erinnert mich meine Mutter, auf die Toilette/auf das Töpfchen zu gehen?	Nein	○
	Meistens	○
	Ja	○
Wer verwöhnt mich besonders?	Meine Mutter	○
	Mein Vater	○
	Meine Großeltern	○
	Bekannte und Verwandte	○
Kann ich mich selbst gut beschäftigen?	Ja, ich kann stundenlang allein spielen	○
	Nein, meine Eltern müssen mit mir spielen	○
	Nein, ich langweile mich oft	○
Geht meine Mutter einer regelmäßigen außerhäuslichen Arbeit nach?	Nein	○
	Ja, sie arbeitet halbtags	○
	Ja, sie arbeitet ganztags	○
Hat meine Mutter gelegentlich Angst, daß ich mich verletze?	Ja, immer	○
	Ja, oft	○
	Nur gelegentlich	○
Habe ich meinem Vater schon einmal bei seiner Arbeit zugesehen?	Ja, er arbeitet oft zu Hause	○
	Ja, ich habe ihn schon besucht	○
	Nein	○

Welche Lieblingsspeisen habe ich? ....

....

Welche Speisen und Getränke mag ich gar nicht? ....

....

Besondere Ereignisse: ....

....

....

....

Bitte kleben Sie hier ein Foto ein.
Motivvorschläge:

Ich bin zärtlich zu Mutter
oder Vater

Ich schaue meinem Vater bei
seiner Arbeit zu

Wir spielen zusammen

Bitte kleben Sie hier ein Foto ein.
Motivvorschläge:

Ich male an einer Wandtafel

Wir spielen mit Handpuppen

Ich balanciere auf einem
Mäuerchen

Dieses Foto ist am ....
aufgenommen

Dieses Foto ist am ....
aufgenommen

3. Vierteljahr

Was mache ich, wenn ich etwas nicht tun will?	Ich schreie vor Wut	○
	Ich höre einfach nicht hin	○
	Ich laufe weg	○
	Ich gehorche dennoch	○
Darf ich mich schmutzig machen?	Ja, immer	○
	Nein, überhaupt nicht	○
	Ja, aber nur in geeigneter Kleidung	○
Spielt mein Vater abends mit mir?	Ja, jeden Tag	○
	Meistens ist er zu müde	○
	Er kommt zu spät nach Hause	○
Wer ist «strenger» mit mir?	Mein Vater	○
	Meine Mutter	○
	Beide verhalten sich gleich	○
Welche Einschlafgewohnheiten habe ich?	Ich bin kaum ins Bett zu bringen	○
	Ich gehe meistens freiwillig	○
	Ich stehe oft wieder auf	○
	Ich schlafe sofort ein	○
Wie verhalte ich mich gegenüber fremden Kindern?	Ich sehe ihnen nur zu	○
	Ich beobachte sie, bevor ich mitspiele	○
	Ich mache sofort mit	○
	Ich teile mein Spielzeug mit ihnen	○
Bin ich sportlich?	Ja, ich klettere überall herum	○
	Ja, ich mache mit einem Erwachsenen Gymnastik	○
	Nein, ich spiele lieber ruhig zu Hause	○
Kann ich schon ein Lied singen?	Ja, ich singe oft	○
	Ich versuche, Lieder nachzusingen	○
	Nein, es macht mir keinen Spaß	○
Sammeln meine Eltern, was ich gemalt habe?	Ja, alles, was ich mache	○
	Ja, wenn es ihnen besonders gut gefällt	○
	Nein	○
Sehe ich Kindersendungen im Fernsehen an?	Nein, ich kann nicht so lange still sitzen	○
	Manchmal schon	○
	Manche Sendereihen sehe ich regelmäßig	○
War ich schon mal länger von meinen Eltern getrennt?	Ja, während des Urlaubs	○
	Ja, wegen einer Krankheit	○
	Nein	○

Woran erinnere ich mich besonders gern? ....

....

Mit diesem Einschlafzeremoniell bringen mich meine Eltern ins Bett: ....

....

Besondere Ereignisse: ....

....

....

....

Bitte kleben Sie hier ein Foto ein. Motivvorschläge:

Eine lustige Turnübung

Ich sehe fern

Wie spielen «Einkaufen»

Bitte kleben Sie hier ein Foto ein. Motivvorschläge:

Eine Familienfeier

Ich verstecke mich

Ich füttere Enten und Fische

Dieses Foto ist am ....
aufgenommen

Dieses Foto ist am ....
aufgenommen

4. Vierteljahr

Was weiß ich von mir?	Ich bin ein Mädchen/Junge	○
	Ich bin zwei Jahre alt	○
	Ich heiße ...	○
	Ich wohne ...	○
Was kann ich schon allein?	Den Tisch decken	○
	Spielsachen aufräumen	○
	Das Nachbarkind besuchen	○
Bin ich schon mit meinen Eltern im Urlaub gewesen?	Ja	○
	Nein	○
Weiß ich, wie ich geboren wurde?	Nein, das weiß ich noch nicht	○
	Ich habe schon danach gefragt	○
	Ja	○
Habe ich schon einmal ein Geschenk für meine Eltern gebastelt?	Ja	○
	Nein	○
War ich schon einmal allein einkaufen?	Nein, das kann ich noch nicht	○
	Nein, der Straßenverkehr ist zu gefährlich	○
	Ja	○
War ich schon oft erkältet?	Ja, schon oft	○
	Nein, nur ein- oder zweimal	○
	Nein, noch nie	○
Haben meine Eltern schon ein Kinderfest für mich veranstaltet?	Ja	○
	Nein	○
Wache ich nachts auf, wenn ich auf die Toilette muß?	Nein	○
	Manchmal	○
	Fast immer	○
Lasse ich mich leicht an- bzw. ausziehen?	Nein, ich laufe immer weg	○
	Ja, ich helfe schon dabei mit	○
	Ja, manchmal schaffe ich es schon allein	○
Was mache ich besonders gern?	Wasser- und Sandspiele	○
	Malen und Werken	○
	Verstecken und Nachlaufen	○
	Puppenspiele	○
Verkleide ich mich manchmal?	Ja, ich nehme Kleidungsstücke der Eltern	○
	Ja, ich verwende alles mögliche	○
	Nein	○

Wie groß bin ich? ....

Wieviel wiege ich? ....

Was ist mein Lieblingsbuch? ....

....

Besondere Ereignisse: ....

....

....

....

Bitte kleben Sie hier ein Foto ein. Motivvorschläge:

Ich versuche, mich selbst anzuziehen

Ich spiele «Erwachsener»

Bei einem Besuch auf einem Volksfest

Bitte kleben Sie hier ein Foto ein. Motivvorschläge:

Ich schmuse mit meiner Mutter

Ich reite auf einem Pony

Ich verkleide mich als Clown

Dieses Foto ist am .... aufgenommen

Dieses Foto ist am .... aufgenommen

ENTWICKLUNGS-
ANREGUNGEN

Wie Sie mit Ihrem Kind spielen und lernen können

Die folgenden Kapitel sind den Entwicklungsanregungen vorbehalten. Sie enthalten zur Förderung aller Persönlichkeitsbereiche des Kindes Spiele, Beschäftigungen und Übungen.

In den letzten dreißig Jahren hat sich die Auffassung über die kindliche Entwicklung wesentlich geändert. Früher ging man davon aus, daß sich alle Fortschritte «von selbst» einstellen. Heute wissen wir aufgrund vieler wissenschaftlicher Untersuchungen, daß sich nur durch gezielte Anregungen, die auf den jeweiligen Entwicklungsstand des Kindes abgestimmt sind, seine Fähigkeiten voll entfalten können. Für den Erwachsenen ist es nicht schwer, die Aufmerksamkeit des Kindes zu fesseln: Es ist neugierig und freut sich, wenn ihm eine Aufgabe gelungen ist. An diese Freude über seine eigenen Handlungen und an seine Wißbegier können Sie anknüpfen. Die Aufgaben und Spiele der folgenden Kapitel sind also als ein Angebot für Ihr Kind aufzufassen.

So spielen und lernen Sie mit Ihrem Kind

Wenn Sie alle Entwicklungsanregungen aufgreifen, sie Ihrem Kind anbieten und mit ihm durchspielen, fördern Sie damit seine Entwicklung in der bestmöglichen Art und Weise. Das kostet zwar etwas Zeit, aber wenig Geld. Deshalb haben wir alle Anregungen mit einem (*), zwei (**) oder drei (***) Stern/en gekennzeichnet. Wenn Sie wenig Zeit haben, suchen Sie sich nur die Anregungen mit drei Sternen heraus, wenn Sie mehr Zeit haben, nehmen Sie die Anregungen mit zwei Sternen dazu, und wenn Sie sich Ihrem Kind sehr intensiv widmen können, übernehmen Sie auch die Ein-Stern-Anregungen.

Richten Sie sich bei den Spielen und Lernanregungen mit Feingefühl nach Ihrem Kind, und zwingen Sie ihm nichts auf. Es muß die Freiheit haben, selbst unter den Angeboten auswählen zu können. Nur so gewinnt es an Selbständigkeit und Selbstsicherheit. Wenn Sie diese Selbständigkeit fördern, indem Sie auf seine Wünsche eingehen, werden Sie die Erfahrung machen, daß es bald von sich aus neue Spielvariationen erfindet, daß es lebhaft und phantasievoll bleibt. Mit anderen Worten: Sie haben dann ein kreatives Kind, das von Jahr zu Jahr aktiver wird.

Vergegenwärtigen Sie sich immer, daß das Entwicklungsalter eines Kindes der Maßstab für die geeigneten Anregungen ist: Ihr Kind kann in einigen Entwicklungsbereichen der Norm genau entsprechen, es kann aber auch im einen oder anderen Bereich deutlich einen Vorsprung oder eine Verzögerung aufweisen: kein Grund zu besonderer Freude oder Panik – nach einigen Monaten kann sich das durch das Zusammenwirken verschiedener Einflüsse geändert haben. Sollte der Entwicklungsvorsprung oder die -verzögerung in einem Bereich besonders groß sein und längere Zeit so bleiben, sprechen Sie einmal mit zwei oder drei Müttern, die ein Kind gleichen Alters haben, zum Vergleich, oder fragen Sie in einer Familien- oder Erziehungsberatungsstelle nach.

Sie können die Anregungen der nächsten Kapitel jeweils anbieten, wie sie aufgeführt sind: nach Alter und Entwicklungsbereichen geordnet. Sie können sich aber auch durch mehrmaliges Lesen der altersgeeigneten Anregungen einen guten Überblick verschaffen und dann «aus dem Vollen schöpfen»: also im Zusammenhang entscheiden, welche Anregungen gerade besonders gut passen. Damit vermeiden Sie, daß diese Aktivitäten isoliert, künstlich oder zusammenhanglos wirken. Darüber hinaus kann Ihr Kind besser an sein schon vorhandenes Wissen und seine Erfahrungen anknüpfen, es wird die neuen Eindrücke besser behalten. Lernen nach dieser Art wird auch als «Lernen nach dem Situationsansatz» bezeichnet – eine Methode, die auch im Kindergarten gegenwärtig als die geeignetste Methode angesehen wird.

Das Lernen nach dem Situationsansatz sollte für Ihr Kind zu einer ständigen, inspirierenden Praxis werden. Sie selbst brauchen Ihr Kind nur bei den verschiedensten Aktivitäten einzubeziehen, es mitzunehmen, ihm etwas dabei zu zeigen und ihm erklären. Soweit Sie dieses ständige Einbeziehen Ihres Kindes praktizieren, wird Ihr Kind viele wichtige Lernschritte ganz nebenbei vollziehen, die Entwicklungsanregungen sind dann bestens in den Tagesablauf eingebettet.

Überprüfen Sie dennoch von Zeit zu Zeit, wenn Ihnen die Methode des situativen Lernens für Ihre Erziehungspraxis «liegt», ob Sie wirklich die meisten Entwicklungsanregungen genutzt haben – andernfalls ergänzen Sie, was fehlt. Eine Kombination des Lernens nach dem Situationsansatz mit dem gezielten Angebot der Entwicklungsanregungen ist vermutlich das bestmögliche Vorgehen.

Die wichtigsten Lernregeln

Versuchen Sie möglichst, sich die folgenden Gesichtspunkte immer mal wieder zu vergegenwärtigen:

– Das wichtigste Vorbild für Ihr Kind – das sind Sie selbst und andere Erwachsene in seinem Lebensumfeld!

– Vielfach läßt sich kaum unterscheiden, ob es sich im einzelnen um eine Anregung, ein Spiel oder eine Übung handelt – dies hängt wesentlich davon ab, wie Sie etwas anbieten und vom Entwicklungsstand des Kindes: Ziel ist jedenfalls die bewußte Anregung, das Lernen im Spiel, das wiederholte Sich-mit-etwas-Beschäftigen, um es mehr und mehr zu beherrschen.

– Jede Anregung, jedes Spiel, jede Übung darf nur so lange dauern, wie es Ihrem Kind Spaß macht. Dazu einige Tips: Machen Sie's spannend, lustig und abwechslungsreich. Wenn eine Anregung keine Begeisterung auslöst, dann versuchen Sie's ein anderes Mal wieder.

– Manche Spielangebote oder Übungen gefallen Ihrem Kind besonders gut, wiederholen Sie diese ruhig etwas öfter – damit festigen Sie sein Wissen und Können.

– Wiederholen Sie gelegentlich nach einigen Tagen dieselbe Anregung, um zu sehen, ob Ihr Kind die Aufgabe noch lösen oder bewältigen kann.

– Nehmen Sie immer wieder etwas Neues in Ihr Programm auf, oder gestalten Sie die Aufgabenstellung etwas anspruchsvoller – aber immer so, daß Ihr Kind sie noch gut bewältigen kann.

– Günstig ist, wenn Sie die Anregungen, Spiele und Übungen jeweils ein- bis zweimal vormittags und ein- bis zweimal nachmittags mit Ihrem Kind machen. Sie werden bald herausfinden, daß es zu bestimmten Tageszeiten dafür besonders aufgeschlossen ist. Zum Beispiel:

– im 1. Vierteljahr: zwei- bis dreimal täglich je 10 bis 12 Minuten,

– im 2. Vierteljahr: zwei- bis dreimal täglich je 12 bis 15 Minuten,

– im 3. Vierteljahr: zwei- bis viermal täglich je 12 bis 20 Minuten,

– im 4. Vierteljahr: drei- bis viermal täglich je 15 bis 20 Minuten.

– Die Altersangaben der Entwicklungsanregungen beziehen sich auf Lebensjahr und -monat: 2;0 Jahre = 2 Jahre und 0 Monate, 2;1 Jahre = 2 Jahre und 1 Monat usw. Sie sind als Empfehlung gedacht.

– Unsere Spielübungen sind Vorschläge für Sie. Sicher werden Sie einige von ihnen nach Ihren eigenen Vorstellungen weiterentwickeln. Je abwechslungsreicher und anregender Ihr Spielangebot ist, desto besser. Vielleicht bringt sogar Ihr

**Durch Selbermachen lernt ein Kind
besonders leicht.**

Kind Sie auf Ideen, die in diesem Buch noch nicht zu finden sind!

– Machen Sie die Übungen nur, wenn Sie entspannt und gut gelaunt sind. Sonst bekommt Ihr Kind womöglich den Eindruck, daß Lernen etwas Unangenehmes, etwas Lästiges sei. Und das wäre gerade das Gegenteil von dem, was Sie erreichen wollen.

– Auch der Vater sollte jede Gelegenheit ergreifen, mit seinem Kind zu spielen und zu üben. Jeder Erwachsene hat eine andere Art, Kinder anzuleiten, und auch das Ziel wird von jedem anders vorgegeben. Durch den Wechsel des erwachsenen Lernspielpartners wird die allzu starke Fixierung in bezug auf die Person und die Aufgabenstellung vermieden.

– Wenn Sie sich nochmals kurz an die oben vorgeschlagenen Spiel- und Lernzeiten erinnern, werden Sie feststellen, daß für das eigenständige Spielen und Sich-Beschäftigen Ihres Kindes genug Zeit bleibt. Das ist auch wichtig, weil das selbstbestimmte Erfahren und Lernen besonders wirkungsvoll ist. Ihr Kind stellt sich dabei in der Regel kleine Anforderungen selbst und versucht, sie zu bewältigen. Ist die Anforderung zu hoch, schaltet das Kind von sich aus einige Zwischenstufen ein.

Tips für die Durchführung einer Anregung im einzelnen

– Lesen Sie die jeweilige Aufgabe selbst gut durch, und legen Sie alles bereit, was Sie dazu brauchen.

– Beobachten Sie das Kind bei den Aufgaben gut, und geben Sie im richtigen Augenblick kleine Hilfen, indem Sie zum Beispiel «lenkende» Fragen stellen oder gelegentlich unauffällig eingreifen.

– Sparen Sie nicht mit Anerkennung! Dann macht das Lernen doppelt Spaß (das wissen Sie aus eigener Erfahrung). Belohnen Sie Ihr Kind häufig mit Zärtlichkeiten und mit Worten – Ihr Kind braucht Ihre Reaktion!

– Warten Sie für die Spiele und Übungen einen günstigen Zeitpunkt ab: wenn Ihr Kind ausgeschlafen, satt, gut gelaunt und unternehmungslustig ist. Unterbrechen Sie es nicht bei einer anderen Beschäftigung.

Noch etwas sollten Sie beachten: Ihr Kind ist schon eine (kleine) Persönlichkeit – vergleichen Sie es also nur gelegentlich mit anderen im Sinn eines Leistungsvergleichs!

Schließlich noch ein Tip, der Sie ganz persönlich betrifft. Versuchen Sie, möglichst viele Unternehmungen zu starten, die Ihnen viel Spaß machen, Ihnen Anregungen geben und dazu beitragen, die mögliche Isolierung durch Ihr Kind aufzubrechen. Ob Sie sich eingeengt fühlen, können selbstverständlich nur Sie selbst beurteilen. Denken Sie zum Beispiel an Gespräche mit Ihren Freunden und Bekannten: Dreht sich alles nur um Erziehung, um den Tagesablauf mit dem Kind usw.? Dann wäre das ein deutlicher Hinweis, daß Sie sich aktiv auf die Auseinandersetzung und Beschäftigung auch mit anderen Dingen einlassen sollten. Keine Angst, Ihr Kind wird dadurch nicht vernachlässigt. Was Sie selbst an Anregung erfahren, werden Sie ganz selbstverständlich an Ihr Kind weitergeben. Es wird dadurch eine aktive, kontaktfreudige und aufgeschlossene Mutter (oder aufgeschlossenen Vater) erleben – und das ist ebenfalls ein ganz wichtiger Lernimpuls (Vorbildwirkung...). Und bei vielen Aktionen können Sie auch Ihr Kind mitnehmen!

Durch das Sehen
erschließt sich Ihr Kind die Welt

Ab 2;0 Jahren

*** Ihr Kind kennt inzwischen sicher die wichtigsten Farben beim Namen (Gelb, Orange, Rot, Violett, Blau, Grün, Braun, Weiß, Grau und Schwarz). Nun kann es die Bezeichnungen für Zwischentöne erfahren. In einer Zeitschrift finden Sie gewiß Beispiele für die Farbtöne Lila, Türkis, Ocker.

Verwenden Sie zur genaueren Farbbestimmung auch die Eigenschaftswörter «hell» und «dunkel» in Verbindung mit einer Farbe: helles Rot, dunkles Blau usw. Kleben Sie Farbmuster auf einen langen Kartonstreifen, und suchen Sie zusammen mit Ihrem Kind entsprechende Farben in der Wohnung.

Der Überblick über diese lange Farbskala ist für Ihr Kind nicht leicht. Deshalb bedeutet jede richtige Zuordnung wirklich eine Leistung, die Sie entsprechend anerkennen sollten.

Noch besser: In einer Druckerei, in einem Farbengeschäft oder bei einem Grafiker können Sie nach einem Farbfächer fragen – über die vielen Schattierungen von Farben werden Sie sicher überrascht sein!

Damit macht Ihrem Kind das Vergleichen noch mehr Spaß. Die Musterfläche sollte etwa handtellergroß sein. Wiederholen Sie diese Beschäftigung alle vierzehn Tage fünf bis zehn Minuten lang.

** Bitte nehmen Sie sich die Zeit, alle drei Monate gemeinsam mit Ihrem Kind das Kinderzimmer durchzusehen. Es darf bestimmen, mit welcher Farbe die Spielkiste, ein Kartonhaus oder der Bausteinkasten gestrichen werden soll. So kann es allmählich seine Vorlieben für bestimmte Farben (im Zusammenhang mit bestimmten Gegenständen) entwickeln.

Außerdem bekommt der Raum ohne große Kosten immer wieder ein neues Gesicht. Auch ein Stuhl, der Tisch oder ein anderer geeigneter Gegenstand bieten sich für solche Veränderungen an. Und warum nicht auch die Zimmerwände? Stellen Sie sich darauf ein, daß eine Kinderzimmerwand alle ein bis zwei Jahre gestrichen werden soll – dann werden Sie nicht bei jedem kleinen Schmutz ärgerlich. Das läßt sich eben in einem Kinderzimmer nicht vermeiden. Darum ist auch eher zu einer

Wandfarbe anstelle von Tapeten zu raten.

** Sie können mit Ihrem Kind leicht selbst einen kleinen Sehtest durchführen. Testen Sie zunächst an sich, welche Gegenstände Sie noch aus größerer Entfernung erkennen können (zum Beispiel zwei oder drei Bäume, ein Auto, einen Traktor, einen Busch, einen Hund usw.). Fragen Sie dann Ihr Kind, was es alles sieht, wenn es in die entsprechende Richtung blickt. Im Zimmer testen Sie, ob Ihr Kind aus größerer Entfernung noch Details auf einem Bild erkennen kann, ob es kleine Gegenstände, zum Beispiel einen Nagel an der Wand, eine Fliege, ein Stückchen Schokolade, entdeckt. Prüfen Sie auch, ob Ihr Kind Farben richtig unterscheidet und ob es bei Dunkelheit ebensogut sieht wie Sie.

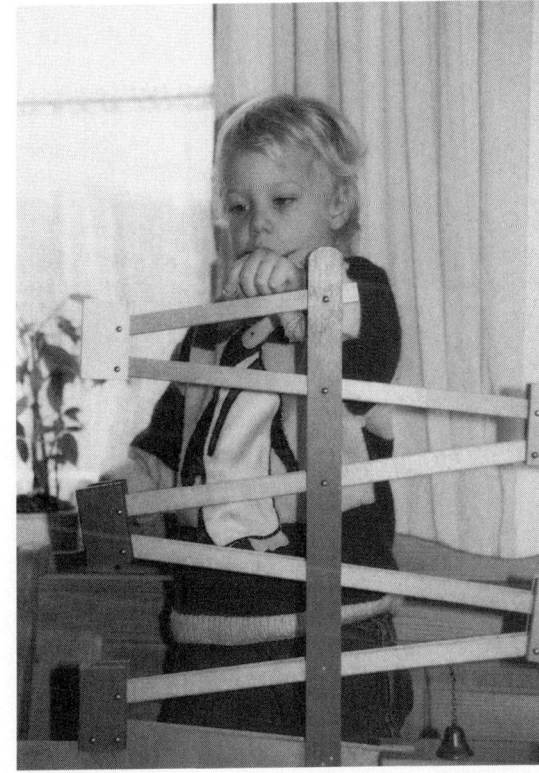

Kugelbahnen gibt es in verschiedensten Variationen. Bauen Sie gemeinsam mit Ihrem Kind eine im Sand!

Voraussetzung ist natürlich immer, daß es die Gegenstände und Farben kennt, nach denen es gefragt wird. Davon können Sie sich ja jeweils einige Tage vorher überzeugen, wenn Sie bei einer Sache nicht ganz sicher sind. Sollten Sie geringe Zweifel daran haben, daß Ihr Kind gut sieht, dann sprechen Sie unbedingt mit einem Kinderarzt darüber. Er wird dann noch spezielle Sehtests (mit fein abgestuften Abbildungen von Gegenständen und Farbtönen) durchführen.

Wiederholen Sie diese Augen-prüfung etwa jedes Vierteljahr einmal.

Ab 2;4 Jahren

** Leiten Sie Ihr Kind dazu an, sich auch sehr kleine Dinge genau anzusehen, also zum Beispiel die Beine einer Fliege (zeigen Sie ihm, wie man sich vorsichtig nähert, um die Fliege nicht zu vertreiben), die Beine einer Spinne, feine Muster in Steinen, der Maserung des Holzes, die Spuren eines dünnen Pinsels. Untersuchen Sie gelegentlich selbst solche Feinheiten mit den Augen. Ihr Kind beobachtet Sie dabei und findet ebenfalls Interesse an diesen Details. Bei solchen Aufgaben werden zugleich Wahrnehmung, Aufmerksamkeit und Konzentration geübt.

** Als Kontrastübung dazu sehen Sie mit Ihrem Kind sehr große Dinge an: ein Gebäude mit mehreren Stockwerken, eine Kirche, einen hohen Baum, eine Fabrikanlage, einen Bahnhof usw. Interessant ist jetzt auch der Blick von einem hohen Aussichtsturm (Fernsehturm, Kirchturm, Hoch-haus) oder von einem Berggipfel. Ihr Kind soll dabei Sichtweisen und Perspektiven kennenlernen, die es normalerweise nicht haben kann. Es betrachtet dann auch die Dinge seiner täglichen Umgebung mit neuen Augen und wird noch wißbegieriger.

* Bei einem Waldspaziergang besteigen Sie mit ihm einen Hochsitz. So verschaffen Sie sich einen Rundblick über ein großes Gelände, von dem aus Ihr Kind in der Ferne Gegenstände erkennen kann, die ihm sonst nur aus der Nähe vertraut sind: Kirchen, Häuser, Schornsteine, ein Dorf, einen großen Bahnhof, eine Allee, eine Fabrik usw. (Suchen Sie vorher einen geeigneten Platz aus, von dem man eine gute Übersicht hat.)

Lassen Sie sich von Ihrem Kind zeigen, wie groß es die verschiede-nen Dinge sieht. Sprechen Sie mit ihm darüber, daß ein Gegenstand desto kleiner erscheint, je weiter er entfernt ist. Abends können Sie es auch auf die Veränderungen der Farben hinweisen: Das rote Ziegeldach wirkt in der Dämme-rung braun, ein grünes Feld sieht fast schwarz aus.

Ab 2;7 Jahren

*** Besuchen Sie mit Ihrem Kind eine Ausstellung, ein Museum, eine Galerie, ein Heimatmuseum oder etwas Ähnliches, wenn sich die Gelegenheit dazu bietet. Damit wecken Sie sein Interesse für Themenbereiche, wie sie zum Beispiel in der Schule später immer wieder auftauchen (im Sachunterricht, im Kunstunterricht usw.). Beachten Sie dabei aber bitte die folgenden Regeln:

– Versuchen Sie nicht, den Ausstellungsbesuch Ihres Kindes mit Ihrem eigenen zu verknüpfen. Denn dann hat keiner etwas davon. Sie möchten vielleicht gerade dort stehenbleiben, wo Ihr Kind nichts Interessantes entdeckt, und an den für das Kind wichtigen Punkten verweilen Sie womöglich zu kurz.

– Und natürlich sagen Sie sich nicht: «Wir müssen lang in der Ausstellung bleiben und alles genau sehen, weil der Eintritt so teuer war!» Bleiben Sie nur so lange, bis das Interesse Ihres Kindes schwindet. (Das ist nach etwa 10 bis 20 Minuten der Fall.)

– Sprechen Sie mit Ihrem Kind viel über das, was es sich anschaut. Machen Sie es auf Einzelheiten aufmerksam, die es fesseln können. Weisen Sie es auch auf vertraute Dinge innerhalb des Neuen hin. Seien Sie nicht ungeduldig, wenn das Kind vor dem uniformierten Aufseher oder einem Absperrungsseil länger

stehenbleibt als vor einem weltberühmten Kunstwerk. Die Beziehung zu Ausstellungsgegenständen und Kunstwerken entwickelt sich von Besuch zu Besuch, sie ist nicht «rasch» herzustellen.

– Das Kind muß nicht die ganze Ausstellung sehen. Betrachten Sie lieber nur einige Bilder oder Geräte. Sie können ja an einem anderen Tag noch einmal hingehen.

– Zuletzt noch ein wichtiger Tip: Bereiten Sie Ihr Kind auf den Ausstellungsbesuch vor. Damit meinen wir allerdings keine «kunstgeschichtliche Einführung».

Die Vorbereitung sieht vielmehr so aus: Das Kind soll sich vorher auf einem Spielplatz oder einem anderen geeigneten Ort kräftig austoben. (Denn sonst will es das in den Ausstellungsräumen!) Nach dem Spielen bekommt es etwas zu essen und zu trinken – und dann können Sie, wenn Ihr Kind nicht müde ist, mit der größtmöglichen Aufmerksamkeit rechnen!

*** Auch im Kinderzimmer können Sie kleine Ausstellungen arrangieren. Sie benötigen dazu etwa zwei bis drei leere Reihen in einem offenen Regal in Augenhöhe Ihres Kindes. Dort veranstalten Sie nach jeweils vierzehn Tagen zum Beispiel die folgenden Ausstellungen:

– Steine-Ausstellung: Sammeln Sie mit Ihrem Kind bei Spaziergängen große und kleine Steine, geschliffene und kantige Steine in verschiedenen Farbtönen.

– Bilder-Ausstellung: Kaufen Sie nach und nach einige Bilder in Postkartengröße von älteren und zeitgenössischen Künstlern. War Ihr Kind beim Besuch einer «richtigen Kunstausstellung» von einem Bild besonders gefesselt? Dann nehmen Sie doch eine Reproduktion gleich in die «private Sammlung» auf (selbst dann, wenn Ihnen das Bild gar nicht gefällt). Unterstützen Sie Ihr Kind im selbständigen Auswählen, unabhängig von Ihrem persönlichen Geschmack! Auch aus Zeitschriften können Sie (in Zusammenarbeit mit Ihrem Kind) eine gute Auswahl an Bildern zusammenstellen. Kaufen Sie dafür vielleicht einmal eine Tier- oder Pflanzenzeitschrift. Auch in den Fotos der Illustrierten, in Reiseberichten usw. können Sie geeignete Motive finden.

– Blätter-Ausstellung: Sammeln Sie die Blätter von zehn verschiedenen Bäumen in je zwei unterschiedlich großen Exemplaren. Schreiben Sie in großen Wörtern die Namen der Bäume dazu. Auch gepreßte Blumen, Gräser und Blätter von Sträuchern können Sie ausstellen.

– Kinderbücher-Ausstellung: Stellen Sie alle Kinderbücher so in das Regal, daß das Titelbild gut zu sehen ist. Ihr Kind greift dann gern nach dem einen oder anderen Buch und beschäftigt sich eine Zeitlang damit.

– Bauklötze-Ausstellung: Legen Sie von jedem Typ ein Exemplar auf das Regal. So sieht Ihr Kind deutlicher, wie viele unterschiedliche Baustein-Typen in seinem Baukasten enthalten sind.

– Früchte-Ausstellung: Kaufen Sie einmal recht unterschiedliche Früchte ein, und stellen Sie von jeder Art ein Exemplar aus: Birne, Apfel, Zwetschge, Apfelsine, Zitrone, Mandarine, Grapefruit, Ananas, Banane usw. (Ein anderes Mal können Sie Gemüsesorten, Trockenfrüchte, Backwaren, Gewürze usw. ausstellen.)

*** Ihr Kind findet fast alle Dinge aufregend, die sich bewegen und verändern. Suchen Sie deshalb immer wieder Orte auf, an denen viel los ist:

– einen Bauplatz, an dem Ihr Kind die Arbeiter beobachten und das «Wachsen» eines Hauses verfolgen kann;

– eine Baustelle, an der ein Tunnel, eine Brücke, ein Kanal oder ähnliches gebaut wird;

– einen Marktplatz;

– einen Jahrmarkt, ein Volksfest;

– einen Bahnhof, in dem das Kind das Ein- und Ausfahren der Züge, die Eile der Fahrgäste, das Auf- und Abladen der Gepäckstücke miterleben kann;

**Wissen sammelt ein Kind auch durch
Sehen und Beobachten.**

Überall gibt es Neues zu entdecken.

– ein Strandbad, in dem viele andere Kinder spielen und im Sand wühlen oder kleine Wassergräben bauen;
– einen Anlegeplatz für Dampfer oder Segelboote;
– eine Autobahnbrücke, von der es herunterschauen kann.

Ab 2,10 Jahren

** Veranstalten Sie immer wieder Suchspiele. Schon der normale Tagesablauf bietet dazu viele Gelegenheiten: Ihr Kind sucht ein Paar Socken, seine Puppe usw. Begleiten Sie es gelegentlich beim Suchen. Nehmen Sie ihm diese Arbeit aber nicht gänzlich ab. Sie sollen dabei nur seinen «Suchweg» lenken und es zum Beispiel darauf aufmerksam machen, wenn es eine Ecke beim Suchen ausgelassen hat. Das erleichtert Ihrem Kind die Arbeit und lehrt es zugleich das systematische Suchen.

Überlegen Sie gemeinsam mit ihm, wann es den gesuchten Gegenstand das letzte Mal benutzt hat. So lenken Sie seine Gedanken auf Vorgänge in der Vergangenheit und fördern damit die Entwicklung der Zeitvorstellungen. Zusätzlich können Sie aber auch besondere Suchspiele arrangieren: Verstecken Sie Spielsachen, Kekse oder Bonbons im Garten oder bei einem Spaziergang. Tauschen Sie mal die Rollen: Ihrem Kind macht es sicher Spaß, wenn es selbst einmal etwas versteckt, das Sie dann suchen müssen! Zeigen Sie ihm dabei, wie Sie an die Sucharbeit herangehen (aber nur durch Ihr eigenes Tun, nicht durch Belehrungen).

Auch beim Ballspielen ergibt sich eine gute Gelegenheit zum Suchen, wenn der Ball durch Zufall weiter ins hohe Gras oder hinter eine Hecke rollt.

So machen Sie das Sprechen zum beliebten Spiel

Ab 2;0 Jahren

*** Sie können die Sprechentwicklung Ihres Kindes wesentlich unterstützen, wenn Sie sich selbst bemühen, sich immer treffend auszudrücken. Unterscheiden Sie zum Beispiel von Anfang an zwischen Stuhl, Hocker, Sessel, Armsessel, Sofa usw. Erklären Sie ihm die Unterschiede zwischen einem flachen Teller, einem Suppenteller, einer Untertasse, einer Obstschale usw. Die Wörter, die Sie selbst verwenden, nimmt Ihr Kind in seinen Sprachschatz auf. Sie sollten gar nicht ständig korrigieren. Es genügt, wenn Sie selbst alle Gegenstände und Vorgänge mit dem richtigen Namen bezeichnen.

Benutzen Sie auch möglichst treffende Tätigkeitswörter. Sagen Sie zum Beispiel: «Wir gehen jetzt einkaufen, wir spazieren, wir wandern, wir klettern auf einen Berg, wir laufen über die Wiese, wir springen über den Bach...» Üben Sie sich selbst ein wenig im Finden des besten Ausdrucks.

** Machen Sie es sich zur Regel, alle zwei Wochen mit Ihrem Kind über einen neuen Bereich zu sprechen. Dabei verwenden Sie dann neue Ausdrücke und bereichern damit den Sprachschatz Ihres Kindes. Führen Sie ruhig jedesmal zehn neue Wörter ein. Im folgenden finden Sie eine Auswahl von Informationsbereichen, die sich gut für diese Anregungen eignen:

– Restaurant (Wie sind ein Gasthaus, ein Café oder ein Restaurant eingerichtet? Welche Tätigkeiten sind dort notwendig? Das läßt sich natürlich am besten erklären, wenn Sie direkt im Lokal sitzen);
– Sportplatz (Welche Anlagen gibt es auf solch einem Platz? Welche Sportarten sind möglich? Schauen Sie einmal mit Ihrem Kind bei einem Sportfest zu);
– Turnhalle (Was geschieht in einer Turnhalle? Erklären Sie die Funktion der Geräte, die Sportarten und Spiele);
– Schwimmbad (Zeigen Sie Ihrem Kind die Schwimm- und Planschbecken, den Sprungturm, auch die Duschen, Toiletten, Umkleideräume und das Pumpenhaus usw.);
– Spielplatz (Suchen Sie außer dem vertrauten Platz auch einmal einen neuen auf, zum

Beispiel einen Abenteuerspielplatz);
- Baustellen (Wie entsteht ein Haus? Welche Geräte brauchen die Arbeiter?);
- Kaufhäuser (Was kann man dort alles kaufen? Wie macht man das?);
- Bahnhof (Züge, Fahrkarten, Güterbahnhof);
- Gärtnerei (Beete, Pflanzen, Tätigkeiten des Gärtners);
- Jahreszeiten (Veränderungen der Pflanzen im Laufe des Jahres);
- Post (Briefträger, Pakete, Briefe, Transportwege, Briefkästen);
- Landwirtschaft (Bauernhof, Felder, Tiere);
- Verkehr (Fahrzeuge, Verkehrsregeln, Schilder, Polizei);
- Tiere des Waldes (Zeigen Sie Ihrem Kind einige der bekanntesten Tiere in Abbildungen, möglichst auch in der Natur);
- Zirkus (Anlage, Artisten, Tiere);
- Essen und Trinken (Speisen, Getränke, Zubereitung, Geräte und Gedecke).

* Sprechen und Denken sind zwei kognitive Bereiche, die ineinander verzahnt sind. Deshalb fördern Sie Ihr Kind auch im Denken außerordentlich, wenn Sie viel mit ihm sprechen. Dazu gehört auch diese Anregung: Beschreiben Sie in jeder Woche mindestens einen Gegenstand ganz genau, und zwar am

Das Kaufladen-Spiel ist eine ausgezeichnete Lernsituation: Wünschen, Sprechen, Betrachten, Auswählen, Reagieren, Geben und Nehmen sind einige der vielfältigen Aktivitäten.

besten einen, für den sich das Kind ohnehin schon sehr interessiert, mit dem es gerade spielt oder der neu ist. Sprechen Sie darüber, welche Farbe, Form und Größe der Gegenstand hat, wozu er gebraucht wird, wie man mit ihm umgeht, ob er die Arbeit erleichtert, ob er allein oder in Verbindung mit anderen Geräten benötigt wird, welche Pflege er braucht. Fast alle Gegenstände eignen sich für eine derartige Beschreibung: ein Stuhl, ein Schuh, das Telefon, ein Buch, eine Sonnenbrille, die Taschenuhr, eine Brotschneidemaschine, die Kaffeemühle, Werkzeug (Hammer, Zange, Schraubenzieher usw.), ein Spielzeuglastwagen, eine Spielzeuglokomotive usw.

** Es dauert sicher noch lange, bis Ihr Kind Ereignisse nach ihrer zeitlichen Reihenfolge ordnen kann. Zuerst muß es lernen, was die Begriffe «vorher» und «nachher» überhaupt bedeuten. Dazu benötigt es viele verschiedene Beispiele. Schildern Sie Ihrem Kind deshalb häufig die Ereignisse der vergangenen Stunden. Etwa so: «Zuerst haben wir die Badesachen eingepackt, den Wasserball, das Handtuch, das Eimerchen und die Sandförmchen... Danach sind wir mit dem Fahrrad ins Bad gefahren... Dort haben wir uns umgezogen und geduscht. Darauf bist du ins Planschbecken gegangen...» Erst nach vielen ähnlichen Beispielen dürfen Sie erwarten, daß Ihr Kind vergangene Ereignisse ordnen

kann und auch die entsprechenden Wörter richtig verwendet. Ermutigen Sie Ihr Kind aber alle zwei bis drei Tage, einen vergangenen Ablauf mündlich wiederzugeben.

Als nächster Schritt folgt, daß Sie gelegentlich schildern, was Sie tun werden. «Ich werde jetzt einen Brief an die Oma schreiben. Dazu muß ich mir zuerst Papier und einen Kugelschreiber holen. Dann erzähle ich im Brief, wohin wir im Urlaub fahren...»

Lassen Sie Ihr Kind beobachten, wie Ihre Handlungen nacheinander ablaufen. Aber Sie brauchen auf die Parallelität zwischen Plan und späterer Durchführung im einzelnen nicht hinzuweisen. Das würde zu «lehrhaft» wirken und das Interesse Ihres Kindes mindern.

Durch solche Berichte über vergangene und kommende Ereignisse erfährt Ihr Kind, wie sich die Zeit (vergleichbar einer Strecke) einteilen läßt. Es kann sich dann selbst über die Ereignisse orientieren und versteht besser, daß auf das Spielen das Mittagessen folgt, auf den Tag die Nacht. Außerdem lernt es, Pläne zu entwickeln und sich nach ihnen zu richten.

Ab 2;4 Jahren

*** Sicher kommt Ihr Kind oft zu Ihnen, um Ihnen etwas mitzuteilen. Es erwartet dann, daß Sie ihm zuhören, weil es ja etwas «Wichtiges» sagen will. Für Sie bietet sich damit eine gute Gelegenheit, mehr über Ihr Kind, seine Gedankengänge, Wünsche und Vorlieben zu erfahren. «Heucheln» Sie also bitte nicht nur Interesse, sondern nehmen Sie das Anliegen Ihres Kindes ernst. Das Kind spürt sofort Ihr echtes Interesse. Dadurch wird es ermutigt, öfter zu kommen, um sich Ihnen mitzuteilen. Erzählen Sie ihm dabei etwas mehr über sein «Problem», erweitern Sie seine Vorstellungen, ziehen Sie einen Vergleich, helfen Sie ihm aus einer Schwierigkeit usw. Nur so lernt es, sich mit einem Partner zu unterhalten. Gleichzeitig übt es sich dabei, viel zu sprechen, sich immer genauer und verständlicher auszudrücken.

Die folgenden Hinweise geben Ihnen weitere Anregungen:
– Nehmen Sie Ihrem Kind nicht die Antwort ab, wenn es von anwesenden Bekannten etwas gefragt wird. Lassen Sie es ruhig selbst antworten. Die Erwachsenen werden dem Kind ja ohnehin kaum eine Frage stellen, die es absolut nicht beantworten kann. Wenn Sie bemerken, daß ihm die Antwort schwerfällt, nehmen Sie sie zum Anlaß, ihm die fehlenden Informationen später zu geben, zum Beispiel wie es heißt, wo es wohnt usw. Solche Fragen können Sie auch ab und zu selbst an Ihr Kind richten, damit es versteht, was damit gemeint ist, und auf Fragen sachlich antworten lernt.
– Lesen Sie Ihrem Kind nicht schon beim ersten Wort seinen Wunsch von den Augen ab, wenn es um etwas bittet. Sonst lernt es nie, seine Wünsche richtig zu äußern. (Vielleicht würde es bald annehmen, daß alle Erwachsenen seine Wünsche erkennen und sie deshalb auch erfüllen müssen!) Lassen Sie es aussprechen und sich möglichst deutlich erklären. Dann können Sie auch leichter eine kleine Diskussion führen, wenn Sie einen Wunsch abschlagen möchten. Denn auch bei einer Verweigerung sollten Sie Ihr Kind nicht einfach mit der Bemerkung «Das geht jetzt nicht!» abspeisen.
– Werden Sie nicht ungeduldig, wenn Ihr Kind noch sehr langsam spricht. Je mehr Sie es zum schnellen Sprechen antreiben, desto mehr Schwierigkeiten wird es haben, flüssiges Sprechen zu erlernen. Gehen Sie einfach mit gutem Beispiel voran, und sprechen Sie sachlich, flüssig, in kurzen Sätzen.
– Unterbrechen Sie Ihr Kind nicht, wenn es etwas sagen will. Warten Sie mit Ihren eigenen Überlegungen und Einwänden so lange, bis es seinen Satz ausgesprochen hat – im Zweifelsfall sogar ein bißchen länger. Vielleicht will es seinen Gedankengang noch fortführen. Und dabei sollten Sie es möglichst nicht stören!

*** Unentbehrlich sind jetzt mehrere Kinderbücher. Selbstverständlich sollte der Bildanteil noch weit überwiegen. Pro Seite oder Doppelseite genügen acht bis zehn Zeilen Text. Die Bilder sollen die Geschichte einprägsam und verständlich darstellen. Die Farben dürfen nicht kitschig oder süßlich sein, sie sollen klar und plastisch wirken. Als Text eignet sich eine Sprache, die einfache, kurze Sätze sowie farbige, treffende Wörter verwendet und unangebrachte Verniedlichungen vermeidet.

In einem für diese Altersgruppe geeigneten Kinderbuch erzählt der Text eine durchgehende Geschichte mit einem oder mehreren Spannungshöhepunkten. Das Kind muß den Inhalt nachvollziehen können (und dürfen!). Er muß für das Kind durch seine Information oder wegen seiner Bedeutung im emotionalen Bereich interessant sein. Grausame Geschichten (auch Märchen) und Erzählungen, in denen sadistisch gehandelt wird, sind nicht geeignet. Der Abschluß des Buches sollte positiv sein, damit das Kind nicht mit Angstgefühlen oder ungelöster Spannung zurückgelassen wird. Gute Kinderbücher sind nicht immer billig. Deshalb ein Tip: Haben Sie doch den Mut, mit anderen Eltern aus dem Haus oder vom Spielplatz über dieses Problem zu sprechen. Wenn jede Mutter fünf gute Bilderbücher kauft und sie mit zwei anderen Müttern austauscht, lernt jedes der drei Kinder in diesem Jahr fünfzehn Bücher kennen! Und so viele eignen sich als Entwicklungsanregung durchaus für ein Kind dieses Alters.

Ab 2;7 Jahren

*** Ihr Kind spricht mittlerweile in vollständigen Sätzen und kann sich gut mitteilen. Nur die Aussprache bereitet ihm noch manchmal Schwierigkeiten. Schreiben Sie deshalb einmal alle Laute auf, die Ihr Kind noch nicht richtig aussprechen kann. Dazu gehören häufig das «st», «r» und «p». Dann suchen Sie einige Wörter, die mit diesen Buchstaben beginnen. Sprechen Sie die Laute Ihrem Kind mehrmals langsam, deutlich und prägnant vor. Mit einem kleinen Scherz und etwas Geduld erreichen Sie, daß Ihr Kind Sie anschaut und Ihren Mund bei der Formung des entsprechenden Lautes gut beobachtet. Lassen Sie es das Wort wiederholen, und sprechen Sie am nächsten Tag ein anderes Wort vor, das mit demselben Buchstaben beginnt. Auch diesmal soll es gut auf die Bewegungen Ihres Mundes achten und das Wort selbst wiederholen. Korrigieren Sie es aber nicht, wenn es den Laut weiterhin verfälscht oder ausläßt. Und wiederholen Sie nie die fehlerhafte Aussprache. Dann würde sie sich nämlich im Gedächtnis Ihres Kindes besonders hartnäckig festsetzen. Sprechen Sie Wörter, in denen der Laut enthalten ist, immer besonders deutlich.

Wenn Ihr Kind diesen Laut auch nach etwa drei Wochen noch nicht richtig aussprechen kann, dann sprechen Sie ihn auch isoliert vor. Sagen Sie zum Beispiel «p», aber nicht «pe». Machen Sie die Bewegung der Zunge, der Lippen und des Mundes überdeutlich vor, und kleiden Sie abwechselndes Sprechen in eine Spielform: Du sagst «p», und dann sage ich zweimal «p», dann wieder du, dann wieder ich. Damit Ihr Kind das Spiel leicht versteht, sprechen Sie sein «p» zunächst leise mit. Im Anschluß an diese Übung sollte Ihr Kind auch den Laut in einem Wort richtig sprechen. Und auch das sollten Sie langsam (und spielerisch) üben. Wichtig ist nur, die Aussprache zu üben und schließlich den Laut richtig auszusprechen. Auf dem Weg zu diesem Ziel braucht Ihr Kind die Motivation, den Laut richtig auszusprechen, unter anderem die Begründung, daß es

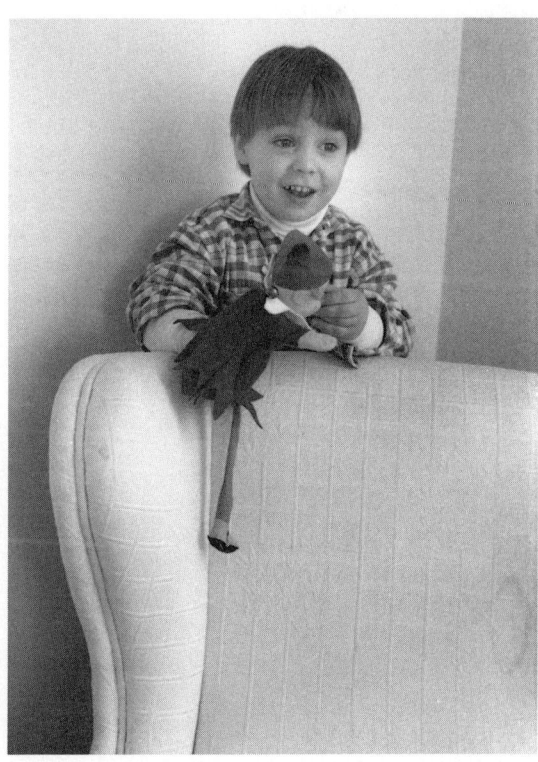

Ein Kasperletheater läßt sich überall improvisieren.

dann besser verstanden werden kann, nicht soviel zu wiederholen braucht, es keine Verwechslung zwischen Wörtern geben kann, wie zum Beispiel zwischen «zählen» und «zahlen», «Tanne» und «Panne», «Pudel» und «Nudel», «Fuß» und «Nuß», «Paste» und «Taste» usw. (Um eine Begründung zu haben, sollten Sie nach Wörtern suchen, die den häufig undeutlich ausgesprochenen Laut enthalten und verwechselt werden können.)

* Eine besonders gute Sprech- und Sprachförderung stellt der Dialog dar. Nehmen Sie irgendeine Puppe in die Hand, und geben Sie Ihrem Kind seine Lieblingspuppe. Die beiden Puppen unterhalten sich dann über Spiele, über Erlebnisse, über Essen und Trinken, den vergangenen Einkauf im Selbstbedienungsladen usw.

Ab 2;10 Jahren

** Versuchen Sie manchmal, selbst kleine Geschichten zu erfinden und Ihrem Kind zu erzählen. Beginnen Sie mit kleinen Tiergeschichten: Was erlebt ein Hund bei seinem Ausflug? Was passiert der Ente im Park? Welche Abenteuer erlebt eine Taube in der Stadt? Jede Geschichte sollte kurz sein, auf einen Höhepunkt zusteuern und einen kurzen, «beruhigenden» Schluß haben. Fragen Sie Ihr Kind anschließend, ob es sich an den Inhalt erinnern kann: «Erzähle mir doch einmal, was du von dieser Geschichte noch weißt!» So lernt Ihr Kind, sich Handlungen einzuprägen und sie in eigenen Sätzen und Wörtern zusammenhängend wiederzugeben.

*** Bitte denken Sie während des ganzen Jahres an folgende Regeln beim Sprechen mit Ihrem Kind:
- Drücken Sie Ihre Gedanken klar und deutlich aus.
- Verwenden Sie treffende Wörter und Ausdrücke.
- Sprechen Sie häufig in Vergleichen und Bildern.
- Bilden Sie immer vollständige, nicht zu lange Sätze.
- Sprechen Sie so natürlich wie möglich.
- Richten Sie Ihre Sprechgeschwindigkeit nach dem Aufnahmevermögen Ihres Kindes.
- Erzählen Sie Ihrem Kind nur dann etwas, wenn es Ihnen aufmerksam zuhört (nicht, wenn es gerade in ein Spiel versunken ist).
- Hören Sie selbst Ihrem Kind aufmerksam zu, wenn es etwas sagen möchte.

Interessante Tätigkeiten regen das Denken an

Ab 2;0 Jahren

** Erwachsene sind oft enttäuscht, wenn ein Kind neues Spielzeug gleich auseinandernimmt und «zerstört». Doch Kinder sind eben schon als Zweijährige unermüdliche Forscher. Sie wollen für alle überraschenden oder ungewohnten Dinge eine Erklärung finden. Und darum untersuchen sie, warum das Spielzeugauto rollt (und nehmen die Räder ab), wie sich die Ladefläche des Kippers bewegen kann (und bauen sie ab), wie das Führerhaus am Chassis befestigt ist (und zerren deshalb so lange daran herum, bis das Auto in zwei Teile zerlegt ist).

Rechnen Sie von vornherein mit diesem Forscherdrang, wenn Sie Spielzeug kaufen. Es sollte immer wieder etwas dabeisein, was man auseinandernehmen und wieder zusammensetzen kann. Auch wenn das Kind das vielleicht nur ein- oder zweimal tut, hat das Spielzeug bereits seinen Lernzweck erfüllt.

Besorgen Sie sich einen Holzbaukasten mit Schrauben und Muttern. Damit können Sie etwas bauen (ein Auto, einen Kran, eine Schubkarre, einen Tisch usw.), das Ihr Kind anschließend auseinandernehmen darf. Zeigen Sie dem Kind gelegentlich, wie die einzelnen Dinge funktionieren, warum sich etwas dreht usw. Wenn Sie etwas bewegen, wird Ihr Kind bald aufmerksam hinschauen – und Ihnen schließlich den Gegenstand aus der Hand nehmen, um es selbst zu tun.

Lassen Sie es auch manchmal zuschauen, wenn Sie Haushaltsgeräte auseinandernehmen und zusammenbauen: In die Rührmaschine führen Sie die geeigneten Rührstäbe ein und nehmen sie zum Spülen wieder heraus; der Pfeifenkopf beim Schnellkochtopf wird zum Säubern abgeschraubt; Sie setzen den Staubsauger zusammen oder leeren ihn. All das sind hochinteressante Vorgänge für Ihr Kind. Sie befriedigen einerseits seine Neugier, andererseits regen Sie sein Interesse an technischen Vorgängen an.

Diese Schlange kriecht durch das ganze Zimmer: die Teile vom Ende werden jeweils vorne angelegt ...

*** Zu den regelmäßigen Beschäftigungen gehört das Aufräumen. Vermutlich zählt es nicht gerade zu Ihren Lieblingstätigkeiten (und deshalb wird es voraussichtlich auch von Ihrem Kind bald abgelehnt).

Aber machen Sie doch ein Spiel daraus, dann ist es für beide unterhaltsamer! Fragen Sie Ihr Kind, wohin jedes einzelne Ding gehört. Wenn es richtig «geraten» hat, darf es einen Gegenstand dorthin bringen.

Selbstverständlich muten Sie Ihrem Kind bei jedem Aufräumen nicht zuviel zu (es genügt, wenn es zwei oder drei Gegenstände an ihren Platz stellt). Damit gewöhnt es sich bereits an eine wichtige Aufgabe und lernt, wohin die Dinge gehören. So findet es sie auch schneller, wenn es sie braucht. Die Spielsachen, mit denen es vermutlich noch weiterspielen will (etwas fertigbauen), sollten selbstverständlich nicht aufgeräumt werden.

*** Regen Sie Ihr Kind etwa alle vierzehn Tage zu einem bestimmten Spiel mit Bauklötzen an: einen Bauernhof, ein ganzes Dorf oder eine Stadt mit mehreren Häusern, ein Schwimmbad zu bauen usw. Überlegen Sie gemeinsam mit dem Kind, wie die einzelnen Details gestaltet werden sollen (der Zaun, die Bäume, die Häuser usw.). Das gemeinsame Spiel macht Ihnen vielleicht selbst so viel Spaß, daß Sie einen besonders

hohen Turm oder eine kunstvolle Burg entstehen lassen! Doch das sollten Sie nicht tun. Dadurch wird Ihr Kind entmutigt. Es merkt, daß es so etwas Schwieriges nicht nachbauen kann. Vielleicht versucht es das sogar, doch weil es dabei notwendigerweise scheitert, wird es enttäuscht.

Geben Sie lieber nur solche Beispiele, die es selbst nachvollziehen kann oder die ein wenig über seiner Fähigkeitsgrenze liegen.

Oder beobachten Sie Ihr Kind genau bei seinem eigenen Tun, und helfen Sie ihm gelegentlich nur einen kleinen Schritt weiter, und zwar so, daß Ihr Kind die Anregung gleich umsetzen kann. So entwickelt es seine Leistungsfähigkeit am besten.

*** Ihr Kind ist in diesem und im nächsten Lebensjahr in einer Entwicklungsphase, die überwiegend durch anschaulich-praktisches Denken gekennzeichnet ist. Das bedeutet: Aufgaben können überzeugend nur dann gelöst werden, wenn sich die dazu notwendigen Hilfsmittel im Sichtkreis des Kindes befinden. Sie können das leicht an folgendem Beispiel ausprobieren: Spielen Sie im Sand mit, und stellen Sie dabei die Aufgabe, ein Loch zu graben. Wenn in der Nähe gut sichtbar eine Schaufel liegt, beginnt das Kind mit der Arbeit. Ist die Schaufel jedoch nicht zu sehen, dann wird Ihre

Aufforderung auch mit dem Hinweis «Hole dir die Schaufel aus der Tasche» kaum Resonanz finden.

Versuchen Sie einmal, so vorzugehen: Stellen Sie kleine Aufgaben, zu deren Lösung gewisse Hilfsmittel erforderlich sind, und legen Sie diese Dinge in den Sichtbereich des Kindes. Das löst bei ihm das sogenannte «Aha-Erlebnis» aus, den zündenden Funken. Halten Sie deshalb die wichtigsten Dinge bereit, ehe Sie die eigentliche Aufgabe stellen (Malgeräte, Bauklötze, Naturmaterialien usw.). Die Aufforderung: «Hole deine Farbstifte aus der Schublade und male!» ist für Ihr Kind im allgemeinen kein Anreiz. (Übrigens wirkt deswegen auch Ihr Vorbild und Ihr eigenes Verhalten so anregend. Ihr Kind sieht, wie etwas gemacht wird und wie dabei etwas entsteht. Das überzeugt es in diesem Alter mehr als tausend Worte!)

Ab 2;4 Jahren

*** So können Sie das Gedächtnis und das Erinnerungsvermögen Ihres Kindes fördern:
– Legen Sie vier Gegenstände (zum Beispiel einen Kamm, eine Bürste, ein Stück Seife, einen Waschlappen) auf einen Stuhl, und bitten Sie Ihr Kind, sich diese einzuprägen. Dann sieht es kurz weg, während Sie einen Gegenstand entfernen. Jetzt

fragen Sie: «Was habe ich weggenommen?» Probieren Sie dieses Spiel bald auch mit fünf, ab zweidreiviertel Jahren mit sechs Gegenständen.
– Legen Sie drei oder vier Gegenstände auf einen Stuhl. Dann soll Ihr Kind wegschauen. Jetzt verändern Sie die Lage eines Gegenstands. (Drehen Sie ihn um, oder legen Sie ihn an eine andere Stelle des Stuhls.) Ihr Kind muß nun erraten, was sich geändert hat. (Es wird erst einige Zeit brauchen, bis es die Aufgabe versteht.) Später können Sie auch mehrere Gegenstände auslegen und weniger deutliche Veränderungen vornehmen.
– Legen Sie drei oder vier Gegenstände auf einen Stuhl, und bitten Sie Ihr Kind, daß es sich die Dinge ganz genau ansieht. Dann muß es wegschauen, und Sie tauschen einen Gegenstand aus. Ihr Kind muß nun erraten, welches Ding verschwunden ist und was statt dessen neu hinzukam. Später können Sie auch bei diesem Spiel den Schwierigkeitsgrad ein wenig steigern.

Spielen Sie etwa alle vierzehn Tage eines dieser drei Spiele. Denken Sie sich immer neue, ein wenig schwierigere Varianten zu den einzelnen Spielen aus. Lassen Sie zum Beispiel beim ersten Spiel nach und nach alle Gegenstände verschwinden. (Der Schwierigkeitsgrad ist richtig, wenn Ihr Kind fünf von sechs Aufgaben löst!)

**Die Geräte der Filme-
macher geben Anlaß zu
vielen Fragen.**

* Von den meisten Dingen, mit denen Ihr Kind Sie täglich hantieren sieht, hat es ein vages Verständnis. Es weiß, wo der Gegenstand hingehört oder wozu Sie ihn brauchen. Oft wird es jedoch ein falsches oder einseitiges Wissen davon haben. Benutzen Sie deshalb häufig die Gelegenheit zur genaueren Information. Erklären Sie Ihrem Kind,
– was Sie mit dem Gegenstand tun,
– warum Sie es tun,
– wie Sie damit umgehen,
– wie der Gegenstand funktioniert,
– welche Sicherheitsvorschriften
  zu beachten sind.

Lassen Sie es eventuell auch selbst damit umgehen. Unter Ihrer Anleitung wird das bei vielen Geräten möglich sein. Zeigen Sie bei Ihren Erklärungen jeweils den erwähnten Bestandteil, damit das Kind eine ganz konkrete Vorstellung davon bekommt. Auch so einfache Dinge wie einen Besen oder eine Kehrichtschaufel sollten Sie in Ihrem «Anschauungsunterricht» nicht auslassen. Gewiß kann Ihr Kind auch an ihnen etwas Neues hinzulernen. Dieses Wissen dient ihm zugleich zum Verständnis anderer Gegenstände.

*** Mit jedem neuen Wort erschließt sich Ihrem Kind die Wirklichkeit etwas mehr. Ein Wort ist wie ein magisches Werkzeug, das die Dinge festhält. Gewöhnlich lernt Ihr Kind ein neues Wort anhand eines bestimmten Gegenstands (Flasche, Glas usw.). Doch fast alle Wörter bezeichnen mehrere, einander nur ähnliche Dinge zugleich.

Diese Tatsache können Sie schon jetzt Ihrem Kind vermitteln. Damit fördern Sie die Entwicklung seines Denkens und sein Abstraktionsvermögen. Zeigen Sie ihm also gleich mehrere verschiedenartige Exemplare, die mit diesem Wort gemeint sein können. Natürlich sollten Sie das nicht bei jedem Gegenstand tun. Aber benutzen Sie doch ab und zu die Gelegenheit dazu. Ihr Kind wird dann ganz von selbst dazu übergehen, auch schon früher gelernte Wörter in ihrer Bedeutung richtig zu verallgemeinern.

Ab 2;7 Jahren

*** Viele Kinder beschäftigen sich gern mit Puzzle-Spielen. Andere lehnen sie aber auch völlig ab. Versuchen Sie, bei Ihrem Kind Interesse für diese Spiele zu wecken. Beginnen Sie mit einem zweiteiligen Puzzle. In einer Zeitschrift finden Sie leicht die farbige Abbildung eines Gegenstands, den Ihr Kind gut kennt. Kleben Sie sie auf einen Karton auf, und zerschneiden Sie sie dann (mit einem leicht gebogenen Schnitt) in zwei Teile. Zeigen Sie Ihrem Kind, wie man die beiden Teile wieder richtig zusammensetzen kann. Es wird das sicher auch selbst versuchen wollen. Am nächsten Tag fertigen Sie ein neues, zweiteiliges Puzzle an, später ein dreiteiliges. Geeignete Motive sind zum Beispiel: ein Haus, ein Auto, ein Baum, eine Blume, eine Frucht.

Geben Sie Ihrem Kind aber jeweils nur ein Puzzle zum Spielen. Mit den Teilen verschiedener Bilder kommt es vorerst noch nicht zurecht. Steigern Sie die Schwierigkeit bis zu maximal vier Teilen am Ende des dritten Lebensjahres. Bei Puzzles übt Ihr Kind seine Wahrnehmungsfähigkeit, seine Fähigkeit, aus einzelnen Elementen etwas geistig und manuell zusammenzusetzen. Es lernt, genau zu vergleichen, Vorstellungen aufzubauen und zu überprüfen sowie über Versuch und Irrtum zu einem bestimmten Ergebnis zu kommen.

* Nun ist Ihr Kind soweit, daß Sie mit ihm über einige Maßbegriffe sprechen können (Längenmaße, Gewichtsmaße und Raummaße). Erklären Sie ihm zunächst an Beispielen die Ausdrücke
– lang, kurz,
– schwer, leicht,
– groß, klein.

Zeigen Sie ihm immer gleichzeitig die beiden gegensätzlichen Beispiele: einen langen Stab, einen kurzen

Stab, einen schweren Korb, einen leichten Korb, einen großen Stein, einen kleinen Stein usw. Nach etwa zwei Monaten verdeutlichen Sie ihm auch, daß die Angaben «lang» und «kurz» relativ sind. Ein «kurzer» Zaun ist immer noch viel länger als eine «lange» Nadel! Als nächstes (wiederum etwa acht Wochen später) vergleichen Sie drei Dinge nach einer ausgewählten Dimension, zum Beispiel nach der Länge: eine kurze Schnur, eine kürzere Schnur, die kürzeste Schnur. Einige Tage später sprechen Sie über den langen Zaun, den längeren Zaun und den längsten. Erst wenn Ihr Kind diese Begriffe selbst sicher gebrauchen kann (im nächsten Jahr), sollten Sie zu schwierigeren Beschreibungen übergehen: «Dies ist der längste Zaun, er ist länger als dieser Zaun...» Suchen Sie entsprechend auch Beispiele für schwer, schwerer, am schwersten, leicht, leichter, am leichtesten, groß, größer, am größten, klein, kleiner, am kleinsten. Stellen Sie etwa alle zwei bis drei Tage einen derartigen Vergleich an.

** Sammeln Sie in den nächsten Wochen viele unterschiedliche Flaschen. Wenn genug beisammen sind, stellen Sie sie in einer Reihe auf. Deuten Sie auf eine der Flaschen, und fragen Sie Ihr Kind, welche Flasche fast so aussieht wie diese. Wahrscheinlich werden Sie ihm beim erstenmal erklären müssen, was Sie mit dieser Frage

meinen. Stellen Sie deshalb zwei ähnliche Flaschen nebeneinander, und sprechen Sie über ihre gemeinsamen Merkmale: ihre Farbe, ihre Größe, ihre Form usw. Lassen Sie Ihr Kind die Form der Flasche auch mit den Händen erfühlen. So verstärkt sich der Eindruck, den es vom Sehen hat, auch durch das Tasten.

Dann probieren Sie diese Anregung noch einige Male. Spielen Sie die Frage nach der Ähnlichkeit auch mit anderen Dingen durch: mit verschiedenen Apfelsorten, mit Käsepackungen, mit Wurstsorten usw. Je mehr Beispiele Sie finden und Ihr Kind vergleichend beschreiben lassen, desto deutlicher wird es auch bisher unbeachtete Unterschiede wahrnehmen. Seine Wahrnehmungen werden dadurch differenzierter. Es übt neue Wörter ein, die die feinen Unterschiede beschreiben können. So erhält es eine reiche Erfahrungsgrundlage für sein Denken. Aber auch seine Kreativität wird gefördert, die ja erst dann «aktiv» werden kann, wenn ein Mindest-Wissens- und Erfahrungsrepertoire vorhanden ist.

* Sie können Ihr Kind schon frühzeitig auf die Unterschiede zwischen Ursache und Wirkung aufmerksam machen. So helfen Sie ihm, aus einer Vielzahl von Eindrücken besonders wichtige herauszufinden. Dafür ein Beispiel: Wenn sich bei Regenwetter Pfützen bilden, liegt das im wesentlichen an

der Regenmenge und zugleich an der Beschaffenheit des Bodens. Es liegt aber zum Beispiel nicht daran, daß es vielleicht blitzt. Das ist nur eine Begleiterscheinung. Hier ist noch eine Reihe von Situationen aufgezählt, in denen Sie Ihr Kind auf Wichtiges und Unwichtiges aufmerksam machen können. (Denken Sie sich bitte weitere Fälle aus!)

– Füllen Sie im Freien oder in der Badewanne einen Eimer mit Wasser bis fünf Zentimeter unter den Rand. Lassen Sie dann nach und nach einige schwere Dinge hineingleiten: Steine, ein Stück Eisen, Sand usw. Ihr Kind darf natürlich helfen. Es wird bemerken, daß der Wasserspiegel abhängig vom Volumen, aber unabhängig vom Gewicht der Gegenstände ist.

– Leiten Sie mit einem Schlauch Wasser in einen Sandhaufen, und beobachten Sie mit Ihrem Kind, was dabei geschieht: Der Sand wird weggespült, und es bildet sich eine Pfütze. Hebt man den Schlauch an, wird die Spülwirkung des Wasserstrahls größer. Er kann sogar ein richtiges Loch ausspülen. Wenn der Schlauch eingegraben wird, spült er sich selbst wieder frei. Wird der Daumen halb vor die Schlauchöffnung gehalten, verändert sich die Spritzwirkung. Der Sand wird dann noch schneller weggeschwemmt. Zeigen Sie Ihrem Kind, welche Veränderungen am Schlauch oder an der Spritzrichtung welche Wirkungen auslösen.

– Schalten Sie ein kleines Radio ein, und lassen Sie Ihr Kind ausprobieren, wie es die Musik lauter oder leiser stellen kann. Nur wenn es an einem bestimmten Knopf dreht, wird die Sendung lauter oder leiser. Auch das Ein- und Ausschalten geht nur mit Hilfe des entsprechenden Knopfes.

– Lassen Sie mit Ihrem Kind einen Drachen steigen. Es kann dabei genau beobachten, wie der Wind den Flug beeinflußt und was passiert, wenn Sie mit dem Drachen laufen oder stehenbleiben. Verlängern Sie die Schnur so weit wie möglich, verkürzen Sie sie, zeigen Sie Ihrem Kind alles, was man mit einem Drachen tun kann. Es darf ihn auch selbst führen. Erklären Sie ihm jeweils, warum der Drachen seine Flughöhe oder Flugrichtung ändert. Anschließend soll Ihr Kind selbst genau beschreiben, was der Drachen (entsprechend Ihren Bewegungen) voraussichtlich tun wird.

– Schauen Sie mit Ihrem Kind von einer kleinen Brücke in einen Bach. Machen Sie es auf das Spiegelbild aufmerksam. Werfen Sie gemeinsam Äste und Steine ins Wasser. (Die Steine versinken, die Äste schwimmen weiter!) Was tun Schiffchen? Sie drehen sich, sie werden zum Rand getrieben, sie schwimmen eilig den Bach hinab usw. Dabei

Die Kulissen als Spielplatz tauchen später in einem Film wieder auf.

lernt Ihr Kind, daß im Bach unterschiedliche Strömungen herrschen, obgleich doch das Wasser insgesamt in die gleiche Richtung abwärts fließt. Kleiden Sie diese Beobachtungen in ein Spiel: Was macht dein Schiffchen im Vergleich zu meinem? Wessen Schiffchen ist schneller am Ziel?

Bei all diesen Experimenten kommt es auf folgende Aspekte an: Ihr Kind soll
– genau beobachten (wenn auch nur kurze Zeit),
– genau beschreiben,
– Erklärungen finden,
– die Erklärungen überprüfen,
– sich eventuell neue Erklärungen ausdenken, bis es die richtige gefunden hat.

Regen Sie Ihr Kind wie in einem Spiel durch geeignete Fragen immer wieder zu weiteren Denkschritten in eine bestimmte Richtung an, aber bieten Sie ihm möglichst wenig «fertige» Lösungen. Nur so lernt Ihr Kind, selbst zu denken!

** Nehmen Sie ein großes Blatt Papier (DIN A2), und zeichnen Sie in eine Ecke einen Hasen, in die andere eine Rübe. Dann ziehen Sie eine Linie vom Hasen zur Rübe, die einige Kurven und etwa drei Überschneidungen hat. Bitten Sie Ihr Kind, mit dem Finger oder mit einem Farbstift den Weg des Hasen zur Rübe nachzufahren (möglichst ohne abzusetzen).

Bei weiteren Spielen können die Linien zunehmend «kurven- und kreuzungsreicher» werden. Als Themen bieten sich zum Beispiel an:
– Eine kleine Ente sucht ihre Mutter.
– Ein Schiff fährt in einem Seen- und Flußgebiet verschiedene Landeplätze an und kommt schließlich zum Hauptanlegeplatz.
– Ein Auto fährt durch die Stadt und kehrt dann in seine Garage zurück.

Ihr Kind will täglich Neues über seine Umwelt wissen

Ab 2;0 Jahren

** In jeder Jahreszeit gibt es andere Obst- und Gemüsesorten zu kaufen. Erzählen Sie Ihrem Kind, wo die verschiedenen Arten wachsen und wann man sie kaufen kann. Machen Sie Ihr Kind mit den einzelnen Arten vertraut, indem Sie jedes Vierteljahr im Verlauf von zehn bis vierzehn Tagen möglichst viele unterschiedliche Früchte und Gemüsesorten auf Ihren Speisezettel setzen, neben den üblichen auch ausgefallene Dinge wie Ananas, Schwarzwurzeln, verschiedene Nüsse (Haselnüsse, Walnüsse, Erdnüsse usw.) und Trockenfrüchte (Datteln, Feigen, Rosinen, Sultaninen).

Lassen Sie Ihr Kind beim Kaufen und beim Auspacken daheim zuschauen (damit es auch sieht, in welcher Menge Sie die jeweilige Art einkaufen). Zeigen Sie ihm dann, wie Sie diese Dinge zubereiten.

*** Alles, was sich bewegt, macht Kindern besonders Spaß. Deshalb können Sie Ihrem Kind gar nicht genug Tiere zeigen. Gehen Sie möglichst nahe an ein Tier heran, und lassen Sie Ihr Kind das Tier lange beobachten. Es soll nicht nur das Aussehen, sondern auch das Verhalten des Tieres kennenlernen: wie und was es frißt, wie es sich vor anderen Tieren schützt, wie es schläft usw. Erzählen Sie ihm auch, welche Bedeutung es für die Menschen hat, machen Sie es nach

und nach mit folgenden Tiergruppen vertraut:

– Haustiere (Hund, Katze, Kaninchen, Meerschweinchen, Hamster, Fische im Aquarium, Vögel im Käfig);
– Tiere in Garten und Feld (Hase, Igel, Ameise, Regenwurm, Raupe, Biene, Hummel, Frosch, Eidechse, Blindschleiche, Ringelnatter, Libelle, Ente, Gans, Schwan);
– Tiere im Wald (Reh, Hirsch, Fuchs, Dachs, Eichhörnchen);
– Vögel (Sperling, Amsel, Drossel, Star, Buchfink, Kohlmeise, Rotkehlchen, Schwalbe, Möwe, Bussard, Habicht usw.).

Erzählen Sie Ihrem Kind etwas über das Tier, nachdem es ihm gerade zugeschaut hat. Einige Stunden später erinnern Sie es noch einmal daran, indem Sie ihm zum Beispiel vorschlagen, es zu malen.

** Für Pflanzen interessiert sich Ihr Kind vorerst noch nicht so sehr, wenn es sich nicht gerade um Blumen mit prächtigen bunten Blüten handelt. Doch Sie können sein Interesse leicht wecken, wenn Sie Blumen, Sträucher und Bäume in ein Spiel oder eine Beschäftigung einbeziehen. Die folgenden Anregungen dienen dazu:

– Sammeln Sie bei Spaziergängen durch Wiesen und Felder einige Blumen. Zeigen Sie Ihrem Kind, was man mit Blumen tun kann (einen kleinen Kranz binden, sie in eine Blumenvase stellen, beim Geburtstag den Teller mit Blumen umrahmen usw.).
– Pflücken Sie immer wieder neue Blumensorten, und lassen Sie Ihr Kind auch ein paar Exemplare davon finden. Dabei nennen Sie jeweils den richtigen Namen und wiederholen ihn später bei einer Unterhaltung mehrere Male. Wenn Ihr Kind fünf Blumenarten sicher unterscheiden kann, machen Sie einen Strauß, in dem von jeder Art zwei bis drei vorkommen. Dann nehmen Sie ein paar neue Blumenarten hinzu.
– Wenn Sie im Blumenbestimmen nicht sicher sind, fragen Sie einen Gärtner im Beisein des Kindes nach dem richtigen Namen. So erfährt es nebenbei gleich, wie man sich fehlende Informationen beschaffen kann. Sie können aber auch in einem Bestimmungsbuch nachschlagen, in dem Blumen abgebildet sind. Vielleicht macht es Ihrem Kind Spaß, darin nach der Blume zu suchen und sie neben das Bild zu halten.
– Nach und nach können Sie es auch mit Sträuchern und Bäumen vertraut machen. Dies ist für Ihr Kind besonders interessant, wenn etwa an einem Strauch Stachelbeeren (oder Johannisbeeren oder Himbeeren) und an den Bäumen Kirschen und Äpfel hängen. Im Herbst können Sie gemeinsam Wal- oder Haselnüsse suchen, Eicheln und Tannenzapfen sammeln.

*** Jetzt können (und müssen) Sie auch mit der Verkehrserziehung beginnen. Beherzigen Sie dabei folgende Grundregeln:
– Verhalten Sie sich auf der Straße immer so, wie sich Ihr Kind später allein verhalten soll. Laufen Sie also nie schnell vor einem Auto über die Straße, benutzen Sie möglichst Fußgängerüberwege, und bleiben Sie auf dem Gehweg. Ihr Kind beobachtet Sie ständig und übernimmt Ihre Verhaltensweisen.

– Zeigen Sie Ihrem Kind, wie man eine Straße richtig überquert. Sie schauen erst nach links und rechts und sagen etwa: «Da kommt ein Auto, wir müssen also noch warten... Jetzt kommt kein Auto.» Dann gehen Sie auf dem kürzesten Weg auf die andere Seite.
– Erklären Sie Ihrem Kind die Verkehrsampeln («Wenn das Fußgängerzeichen rot ist, dürfen wir nicht herüber, erst wenn der grüne Fußgänger aufleuchtet!»

Saskia gießt Pflanzen mit großer Sorgfalt.

– Zeigen Sie Ihrem Kind, daß es nicht unbedacht vom Randstein auf die Straße treten darf, weisen Sie es auf Radwege hin.

– Machen Sie Ihr Kind jeden Monat mit einem anderen Weg vertraut, und gehen Sie ihn dann möglichst oft. Erzählen Sie Ihrem Kind dabei, worauf zu achten ist. Dazu eignet sich der Weg zu Ihrem bevorzugten Geschäft, zur nächsten Bushaltestelle, zum Park, zum Spielplatz, zu Freunden usw. Ihr Kind gewöhnt sich allmählich daran, wie es sich auf diesen Straßen verhalten soll. Und das überträgt es in den folgenden Lebensjah-

ren unter Ihrer Anleitung auch auf fremde Wege und neue Verkehrssituationen.

– Zeigen Sie Ihrem Kind, wie schnell Autos und andere Fahrzeuge herannahen. Leiten Sie es an, nie eine Straße zu überqueren, wenn sie nicht frei ist (wenn also noch ein Fahrzeug kommt).

– Die meisten schweren Unfälle mit Kindern passieren, weil die Kinder zwischen parkenden Autos hindurch auf die Straße laufen oder ganz unvermittelt auf die Fahrbahn rennen (weil der Ball weggerollt ist, weil sie auf der anderen Seite einen

Kinder machen nach, was sie bei Erwachsenen sehen.

Freund entdeckt haben usw.).
Zeigen Sie Ihrem Kind deshalb
immer wieder, wie es sich in
diesen typischen Gefahrensituationen verhalten muß.

Ab 2;4 Jahren

** Machen Sie sich einmal die
Mühe, je ein Exemplar der
wichtigsten Kleidungsstücke Ihres
Kindes hervorzuholen: Oberbe-
kleidung, Unterwäsche, Strümpfe,
Kopfbedeckung, Handschuhe,
Mantel usw. So bekommt Ihr Kind
einen Überblick über seine
Garderobe und unterscheidet,
wofür man die einzelnen Teile
braucht. Wenn es irgend etwas
davon gleich anziehen will, darf es
das natürlich.

Die Demonstration wird
übrigens zu einem lustigen Spiel,
wenn Sie auf dem Boden immer
«ein ganzes Kind» auslegen. Sie
können auch noch Winter- und
Sommersachen, Badesachen,
Nachthemden usw. miteinander
vergleichen. Und dann machen Sie
das Spiel: «Was paßt nicht zusammen?» (die Badehose zum
Winterpulli usw.).

** Machen Sie Ihr Kind mit den
wichtigsten Materialien bekannt,
die in seiner Umgebung vorkommen: Holz, Eisen, Stahl, Alumini-
um, Messing, Kupfer, Silber, Gold,
Papier, Wolle, Seide, Gummi,
Leder, Plastik, Styropor, Glas usw.

Zeigen Sie ihm dazu verschiedene
Gegenstände, die aus diesem
Material hergestellt wurden.

Vielleicht finden Sie auch ein
paar Möglichkeiten, mit einem
dieser Stoffe zu basteln (Holzlöffel
schnitzen, kleine Eisenreifen
biegen, Styropor schneiden und
bemalen usw.). Beide Eltern
können sich dabei sicher sehr gut
ergänzen, da jeder mit bestimmten
Materialien besser umgehen kann.
Beim Zuschauen und Probieren
lernt Ihr Kind auch, wie verschiedene Werkzeuge eingesetzt werden.
Große Perfektion ist dabei zwar
nicht erforderlich, nehmen Sie sich
jedoch möglichst solche Aufgaben
vor, die Ihnen einigermaßen
gelingen. Denn wenn etwas völlig
mißlingt, wird Ihr Kind enttäuscht
sein.

** Das sogenannte Fragealter
beginnt bei jedem Kind zu einem
anderen Zeitpunkt. Manche fangen
schon sehr früh an, die bekannten
«W-Fragen» zu stellen (wer, was,
wann, wie, wo, warum usw.). Jede
Antwort darauf bringt Ihr Kind
einen Schritt weiter und ermutigt
es, weiterhin viel zu fragen. Mit der
Zeit erwirbt es sich so ein breites
Grundwissen. Sie sollten also
möglichst immer die Zeit und die
Geduld aufbringen, seine Fragen
zu beantworten.

** Zeigen Sie Ihrem Kind immer
wieder etwas Neues aus unserer
Umwelt, das es schon gut verstehen
kann. Allen Vorschlägen ist

gemeinsam, daß sich dabei einiges bewegt, daß es eine Abwechslung gegenüber dem Alltag darstellt und das Kind (durch den Kontrast zwischen gewohnt und neuartig) dazu anregt, auch die gewohnte Umgebung mit neuen Augen zu sehen.

– Besuchen Sie einen Bauernhof, wenn Sie in der Stadt wohnen. Schauen Sie sich dabei gemeinsam die Tiere an, und erklären Sie Ihrem Kind, wozu die Tiere gehalten werden, wo ihr Stall ist, wo ihr Futter zubereitet oder aufbewahrt wird. Noch besser als Erklärungen sind natürlich eigene Beobachtungen, die das Kind machen kann: wenn es beim Melken zuschauen darf, wenn es beim Eiersuchen hilft, wenn es sieht, wie die Kühe zur Weide getrieben werden. Es soll aber auch die Maschinen kennenlernen, die auf dem Bauernhof verwendet werden: den Traktor, die Mähmaschine, ein Förderband, einen Aufzug usw. Führen Sie es in die Ställe, in die Scheune, zur Hundehütte, zum Misthaufen usw., so daß es auch erfährt, wie ein Bauernhof für die verschiedensten Aufgaben eingerichtet ist.

– Bei den nächsten Besuchen des Bauernhofs beziehen Sie auch bewußt die Umgebung ein. Das heißt: Gehen Sie durch das ganze Dorf, zeigen Sie Ihrem Kind die wichtigsten Plätze (Kirche, Marktplatz, Feuerwehrhaus, Dorfteich, Rathaus, Wirtshäuser, Weideplätze, Äcker und Felder usw.).

– Nehmen Sie jede Gelegenheit wahr, Ihrem Kind Volksfeste, Umzüge, Wochen- und Jahrmärkte zu zeigen. Es geht dabei nicht allein um die Veranstaltung selbst. Auch das Mitmachen der Zuschauer ist für Ihr Kind sehr interessant. Es spürt ihre Erwartung, es sieht ihre Heiterkeit, es verfolgt ihre Aktivitäten (Klatschen usw.) und macht dabei wichtige Erfahrungen. Bleiben Sie aber immer nur so lange, wie Ihr Kind mag. Nach einiger Zeit hat es wahrscheinlich genug von der Veranstaltung. Es wird von den vielen Menschen zuwenig persönlich angesprochen, es kann sich nicht frei bewegen. Doch schon ein kurzer Besuch bringt wesentliche Entwicklungsimpulse mit sich.

– Besuchen Sie in diesem Jahr mindestens dreimal einen Tierpark. Wundern Sie sich nicht, wenn Ihr Kind lieber bei den Enten oder Wellensittichen stehenbleibt als vor dem Löwenkäfig und anderen großen Tieren. Erst nach mehrmaligem Besuch verliert es die Scheu vor ihnen. Außerdem sind natürlich Tiere, die sich bewegen, viel interessanter für Ihr Kind als Tiere, die passiv in einer Ecke liegen. Machen Sie es auf Details aufmerksam: auf die kräftigen Hörner eines Steinbocks, auf die Kletterkünste der Affen, auf das Pfauenrad usw.

Nehmen Sie sich aber nicht vor, gleich beim erstenmal den gesamten Tierpark zu besichtigen. Ihr Kind hat mehr davon, wenn es lange vor einem einzigen Käfig stehenbleiben darf (zum Beispiel dem Affenkäfig oder dem Becken mit den Seehunden) und die Tiere beobachten kann, als wenn es eine große Pflichtrunde absolvieren muß. Überfüttern Sie es nicht mit Informationen. Beobachten Sie auch, wie andere Eltern ihre Kinder zum Schauen anregen, wo sie stehenbleiben und was andere Kinder gern sehen. Vielleicht ist es etwas, was auch Ihr Kind fasziniert. Zwischendurch darf es natürlich auch mal ein Eis essen, einen Sprudel trinken, mit einer Kinderbahn fahren usw.

– Wir haben vorhin davon gesprochen, daß ein Stadtkind zur Abwechslung einen Bauernhof und ein kleines Dorf kennenlernen soll. Genauso wichtig ist es natürlich, daß ein auf dem Land lebendes Kind eine Stadt kennenlernt. Es soll die Verkehrsmittel sehen (Straßenbahnen, Omnibusse, Züge, Überführungen, Tunnel, Kreuzungen mit Ampeln usw.), die großen Warenhäuser und Spezialgeschäfte, die großen Gebäude (Amtsgebäude, Hochhäuser, Wohnblocks, einen Fernsehturm, eine Fabrikanlage, den Bahnhof usw.) sowie weitere Besonderheiten der Stadt, die nicht zu große Wege mit sich bringen. Das alles läßt sich natürlich nicht bei einem einzigen

Besuch verwirklichen. Durch die Vielzahl der neuen Eindrücke würde Ihr Kind höchstens verwirrt. Fahren Sie statt dessen mehrmals in die Stadt, und suchen Sie dann einen bestimmten Bereich (Verkehrsmittel, Geschäfte, Gebäude, Plätze usw.) gezielt auf. Am folgenden Tag zeichnen Sie dann gemeinsam zwei oder drei der «Attraktionen», vor denen Ihr Kind stehenblieb. Rufen Sie ihm im Gespräch immer wieder wichtige Details in Erinnerung. Durch Vergleiche werden Ihre Erklärungen noch lebendiger: «Dort fahren viele Autos, hier fahren nur wenige, bei uns sind die Häuser niedriger als der Kirchturm, in der Stadt sind sie viel höher.»

Ab 2;7 Jahren

*** In diesem Jahr sollte Ihr Kind unbedingt Genaueres über die Tätigkeiten beider Eltern erfahren.

Wenn der Vater oder die Mutter einen überwiegend von Männern oder Frauen ausgeübten Beruf hat (Busfahrer, Sekretärin), sollte Ihr Kind auch andere Berufe kennenlernen, die gleichermaßen von Männern wie von Frauen ausgeübt werden (zum Beispiel Postbote, Kellner, Taxifahrer usw.). So bekommt Ihr Kind von vornherein nicht den Eindruck, daß Berufsrollen geschlechtsgebunden sein müssen (wenn es erwachsen ist, wird es noch weniger in diesem Sinn «geschlechtsgebundene» Berufe geben als heute).

Möglicherweise üben Sie einen Beruf aus, den Sie Ihrem Kind kaum durch Erklärungen verständlich machen können (zum Beispiel Programmierer oder Bankkaufmann) oder bei dem die Besichtigung des Arbeitsplatzes nicht möglich ist. Dann kann vielleicht ein Bekannter aushelfen, dessen Beruf sich besser zur Verdeutlichung eignet. Er (oder sie) sollte dem Kind dann seine Tätigkeit beschreiben und es ein bis zwei Stunden an seinem Arbeitsplatz mitnehmen.

Den Beruf des Vaters oder der Mutter können Sie vielleicht zu Hause in Teilen nachspielen. Etwa «Ausfahrer»: Einer geht in ein Zimmer, holt dort einen «Auftragsblock» hervor und tritt danach seine Fahrtroute an. Dann geht er in den Lagerraum und lädt die auszuliefernde Ware auf das Fahrzeug (Kinderlastwagen). Das Kind hilft ihm dabei. Dann wird das Auto zugeschlossen und fährt los. Zwischendurch halten Sie an einer Tankstelle, vor Verkehrsampeln, bei den Kunden usw. Sie können immer wieder einzelne Teile dieser langen Handlungskette nachvollziehen. Durch das Spiel merkt sich Ihr Kind die entsprechenden Tätigkeiten viel besser. Vergessen Sie auch nicht Dinge wie Frühstücks- und Mittagspause,

Geld abliefern, Gehalt von der Bank abheben. Das Kind soll schon jetzt den Zusammenhang zwischen Geldverdienen und Geldausgeben kennenlernen. (Wenn Sie Ihren Beruf zu Hause ausüben, ist es natürlich noch viel einfacher, ihm die wichtigsten Zusammenhänge zu erklären.)

Nehmen Sie sich für diese spielerische «Einführung in das Berufsleben» viel Zeit. Immerhin füllt die Berufstätigkeit die meiste Zeit der Erwachsenen aus. Und ohne entsprechende Erklärungen kann das Kind gar nicht verstehen, warum der Vater oder die Mutter morgens «verschwindet», warum oft von Geld oder von Berufsproblemen gesprochen wird und warum der Lebensinhalt der Erwachsenen nicht im Spielen besteht. Wenn Sie Ihr Kind mit Ihrem und ein oder zwei anderen Berufen vertraut gemacht haben, können Sie auch über bestimmte Bedingungen der Arbeit sprechen: ob Ihnen die Arbeit gefällt, warum sie Ihnen gefällt, ob der Arbeitsplatz schön ist, ob Sie mit anderen Menschen zusammenarbeiten, was Ihre Kollegen tun usw.

*** Viele Erfahrungen über Berufe sammelt Ihr Kind natürlich auch in seinem Tagesablauf. Es beobachtet den Postboten, den Zeitungsträger, die Männer von der Müllabfuhr, die Straßenkehrer, die Busfahrer usw. Täglich begegnet es Verkäufern und Verkäuferinnen, dem Gemüsehändler, es sieht den Metzger, den Friseur, den Bäcker, den Arzt usw. Die so gewonnenen Eindrücke können Sie noch vertiefen, indem Sie ihm von den Berufen dieser Personen mehr erzählen, indem Sie sich in der Gegenwart Ihres Kindes von diesen Menschen beraten lassen und stehenbleiben, wenn es gerade jemanden während der Arbeit beobachtet. Vermeiden Sie unbedingt negative Bewertungen einzelner Tätigkeiten, weisen Sie vielmehr auf die Nützlichkeit der verschiedenen Berufe hin.

Ab 2;10 Jahren

*** Sprechen Sie jetzt einmal ganz ausführlich mit Ihrem Kind über den menschlichen Körper. Beginnen Sie während des Badens. Sie können zum Beispiel ein kleines Quiz starten: «Wo ist die Nase?», «Wo ist dein Bauchnabel?», «Wo ist dein Glied (deine Scheide)?», «Wo ist dein Kopf?»

Fragen Sie alle Körperpartien – durcheinander – ab (Scheitel, Haare, Ohren, linken Arm, rechten Arm, Hände, Finger, Schulter, Hals, Nase, Augen, Augenbrauen, Wimpern, Schläfe, Stirn, Kinn, Wange, Zunge, Zähne, Oberkörper, Brust, Rücken, Rippen, Bauch, Gesäß oder Po, Hüfte, Oberschenkel, Unterschenkel, Waden, Knie, Ferse, Fuß, Rist, Ballen, Zehen, Ellbogen, Daumen, Zeigefinger, Mittelfinger, Ringfinger, kleinen

Finger, Fingerkuppe, Knöchel usw.).

Wenn Ihr Kind nicht mehr mitmachen will, setzen Sie das Spiel an einem anderen Tag fort. Zwischendurch loben Sie es bei richtigen Antworten. Und fragen Sie auch ab und zu: «Und wo ist meine Nase (mein Mund, mein Bauch usw.)?» Die Körperteile, die es noch nicht namentlich kennt, zeigen Sie ihm an seinem und Ihrem eigenen Körper. Wechseln Sie sich in der Erklärung der Geschlechtsteile mit Ihrem Partner ab, und zeigen Sie dabei auch die unterschiedlichen Geschlechtsmerkmale. Sie können Ihrem Kind jetzt auch schon einiges von den Vorgängen in seinem Körper erzählen: vom Weg der Nahrung, vom Blut als Transportmittel, vom Atmen, von der Aufgabe seines Herzens (lassen Sie es seine und Ihre Herzschläge fühlen), von der Aufgabe der Knochen (Stabilität des Körpers), von der Aufgabe der Muskeln (Ihr Kind sollte zum Beispiel Ihren Oberarmmuskel anfassen, wenn Sie etwas hochheben) usw.

All diese Erklärungen sollen mit konkreten Beispielen verbunden sein und können nicht an einem Tag, sondern je nach Gelegenheit gegeben werden (zum Beispiel auch, wenn Ihr Kind sich verletzt hat und blutet).

* Viele Geräte in Ihrem Haushalt kennt Ihr Kind bereits sehr gut und weiß genau, welchen Aufgaben sie

dienen. Von anderen hat es nur eine sehr verschwommene Vorstellung. Weiß es zum Beispiel schon, warum Sie bestimmte Nahrungsmittel im Kühlschrank aufbewahren, andere aber nicht? Weiß es, wie der Staubsauger funktioniert, warum die Kleider in einen Schrank gehängt werden, wie die Waschmaschine arbeitet? All diese Dinge können Sie ihm von nun an erklären, sein Interesse werden Sie bald bemerken. Solche Erläuterungen haben noch ein paar andere positive Seiten (neben der reinen Information): Ihr Kind denkt mit, es vergleicht frühere Erfahrungen mit den neuen, es korrigiert Fehlauffassungen, es genießt die Unterhaltung mit Ihnen, es wird mehr bereit sein, seinen Wissensstand allgemein zu erweitern. Bald verwendet es sein neues Wissen «praktisch» (im Alltag oder im Spiel), es erlebt dabei eine Bereicherung des Handelns und Denkens gegenüber früheren Tätigkeiten. So wird es darin bestärkt, zusätzlich Informationen aufzunehmen.

** Ein besonders wirksamer Anschauungsunterricht ergibt sich, wenn Sie zum Beispiel alte und moderne Geräte miteinander vergleichen: Hand-Kaffeemühle – elektrische Kaffeemühle, Besen – Staubsauger, Kohleherd – Elektroherd, Ofenheizung – Zentralheizung, Schneebesen – elektrischer Rührbesen usw. Diese Vergleiche sind nicht immer im eigenen Haushalt möglich. Machen Sie Ihr Kind vielleicht ab und zu bei Besuchen auf ein älteres oder moderneres Gerät aufmerksam, das Sie nicht mehr oder noch nicht in Ihrem Haushalt verwenden.

*** Werkzeugkästen sind im allgemeinen eine Fundgrube für Kinder. Doch der elterliche Werkzeugkasten enthält oft nicht nur Dinge, die zum Spielen geeignet sind.

Stellen Sie deshalb einige Dinge zusammen, mit denen es hantieren darf. Dazu gehören: ein kleiner Hammer, eine Dose mit dünnen, etwa 3 cm langen Nägeln, ein oder mehrere Stücke weiches Holz (Brettchen) oder eine Korkplatte, eine Beißzange und ein 1 m langer, dünner, weicher Draht, eine Flachzange, ein Schraubenzieher und einige Schrauben.

Dann geben Sie ihm natürlich ein paar Hinweise für den Umgang mit diesen Werkzeugen. Basteln Sie gemeinsam zum Beispiel einen kleinen Puppentisch (mit einer Platte und zwei Seitenteilen), eine Platte mit Drahthenkeln (zum Transport für Bausteine), ein Brett mit Nägeln, an denen man die Topflappen aufhängen kann, usw.

Setzen Sie sich neben Ihr Kind, während es die einzelnen Werkzeuge ausprobiert (so können Sie auch kleine Gefahrensituationen beseitigen). Zeigen Sie ihm an mehreren Beispielen, wie es die verschiedenen Werkzeuge verwenden kann.

Wenn sein Spiel stockt, geben Sie

ihm eine weiterführende Anregung. Bringen Sie in jedem Fall sein kleines Werk zu einem Abschluß (auch wenn Ihr Kind inzwischen weggeht und sich für etwas anderes interessiert). Es soll sehen, daß aus den verschiedenen Einzelteilen etwas «Fertiges» entsteht und daß es für eine Aufgabe benutzt werden kann.

Nach einigen Tagen wiederholen Sie dieses Spiel mit einer anderen Zielsetzung, aber mit denselben Werkzeugen. Es ist wichtig, daß es die vielen Gelegenheiten erkennt, bei denen man die Geräte des Werkzeugkastens verwenden kann. Dann wird es später seine Beschäftigungen damit um so sinnvoller und phantasievoller gestalten können.

So können Sie die Musikalität Ihres Kindes fördern

Ab 2;0 Jahren

** Lernen Sie – wie schon im zweiten Lebensjahr – auch jetzt viele Lieder mit ihrem Kind. Beginnen Sie damit, daß Sie das Lied oder nur die erste Strophe davon zweimal hintereinander vorsingen. Wenn Ihr Kind Ihnen (von sich aus) aufmerksam zuhört, fordern Sie es beim drittenmal zum Mitsingen auf. Schauen Sie es bei dieser Wiederholung direkt an. So kann es Ihre Mundbewegungen verfolgen.

Erzählen Sie ihm gleich oder am nächsten Tag den Inhalt des Liedes mit Ihren Worten. (Aus diesem Grund sollten Sie nur Lieder auswählen, die Ihr Kind auch verstehen kann und die inhaltlich in unserer Zeit noch zu verstehen sind.) Anschließend sprechen Sie einmal den Text des ganzen Liedes. Noch einprägsamer wird Ihre kleine «Gesangsstunde», wenn Sie eine Figur oder eine Szene des Liedes auf ein großes Blatt Papier zeichnen. (Natürlich darf Ihr Kind mitmalen, wenn es Lust dazu hat; es macht auch nichts, wenn ihm das Malen dann plötzlich mehr Spaß macht als das Singen!)

An einem der nächsten Tage wiederholen Sie das Lied mit allen Strophen. Sprechen Sie auch wieder seinen Text, und singen Sie das Lied zusammen mit Ihrem Kind. Nach einer Pause von ein paar Tagen kommen Sie wieder auf das Lied zurück, etwa in folgender Weise:
– einmal ganz singen (mit dem Kind),
– einmal summen (auf die Silbe «la» oder «mm»),
– einmal nur den Text sprechen,
– einmal alle Strophen des Liedes singen,
– einmal das Lied singen und dazu klatschen,
– einmal das Lied singen und dazu tanzen oder rhythmische Bewegungen machen.

Es gibt natürlich noch weitere Variationsmöglichkeiten. Sie können das Lied zum Beispiel sehr leise singen. Dabei hört Ihr Kind besonders aufmerksam zu. Oder Sie singen sehr laut oder langsamer als sonst oder bewegter. Klatschen (oder trommeln) Sie auch einmal nur den Rhythmus des Liedes (also ohne Melodie). Ihre Stimme sollte beim Singen immer möglichst natürlich klingen, und der Text sollte klar zu verstehen sein.

Wenn Sie keine Kinderlieder (mehr) kennen, sollten Sie sich ein Liederbuch kaufen, wie es in der Grundschule oder im Kindergarten verwendet wird. In jeder Buchhandlung wird man Sie beraten. Nur wenige Kinder in diesem Alter können Lieder richtig nachsingen. Vermeiden Sie jede abwertende Kritik, da Sie Ihrem Kind sonst die Freude und Unbefangenheit beim Singen nehmen.

** Kinder sollen nicht nur Musik hören – sie sollen auch sehen, wie Musik «gemacht» wird: von Orchestern, Kapellen, kleinen Gruppen oder einzelnen Personen. Die Qualität der «Aufführung» spielt dabei keine vorrangige Rolle. Lassen Sie Ihr Kind also zuschauen, wenn eine Blaskapelle bei einem Volksfest spielt, wenn ein Kurorchester ein Konzert gibt, wenn Straßenmusikanten die Passanten unterhalten oder wenn eine Popgruppe spielt.

Mit einem Xylophon lassen sich wunderbare Töne erzeugen.

Sicher wird sich Ihr Kind nur kurze Zeit dafür interessieren. Doch das genügt ja auch. Immerhin beobachtet es dabei, was die Musiker mit den einzelnen Instrumenten machen, es sieht, welche Instrumente es überhaupt gibt und wie unterschiedlich ein und dieselbe Musikgruppe spielen kann. Ergänzen Sie dieses direkte Erlebnis mit Musik aud dem Radio und Fernseher, vom CD-Player, Tonbandgerät oder Plattenspieler. Erklären Sie ihm auch, welches Soloinstrument es gerade hört. Bei Konzert- und Opernübertragungen im Fernsehen schwenkt die Kamera oft zu den Solisten. Sehen Sie solche Sendungen gemeinsam an.

*** Vielleicht hat Ihr Kind jetzt schon Spaß an einem richtigen «Musikprogramm», das Sie mit ihm durchspielen. Beginnen Sie mit einem kleinen (Ihrem Kind unbekannten) Lied, das Sie auf einem Instrument (Kinderinstrument) spielen. Dann singen Sie gemeinsam ein Lieblingslied Ihres Kindes. Anschließend sprechen Sie ein Gedicht, das Ihrem Kind Spaß macht. Als nächster Programmpunkt folgt ein Tanz, den Ihr Kind allein oder mit Ihnen zusammen probiert. Den Abschluß kann ein kleines Instrumentalstück bilden. Das alles sollte nicht länger als zehn Minuten dauern. Wenn dieses Spiel Ihrem Kind gefallen hat, wiederholen Sie eine ähnliche Aufführung in der folgenden Woche.

Unsere Vorschläge sollen Ihnen nur Anhaltspunkte geben, die Sie so phantasievoll wie möglich erweitern können. Wichtig ist nur, daß das Programm ohne langweilige Stockungen abläuft und daß Ihr Kind sich selbst aktiv daran beteiligt. Es muß vor allem sein Spaß an körperlicher Bewegung befriedigt werden, sonst verliert es die Lust an der Sache!

Ab 2;7 Jahren

*** Wenn Ihr Kind mit sehr viel Begeisterung bei den musikalischen Spielen mitmacht, können Sie von jetzt an einige spezielle Anregungen geben. Ist das nicht der Fall, genügt es, wenn Sie sein musikalisches Interesse weiterhin mit den Übungen des ersten halben Jahres fördern. Die folgenden Spiele fallen ihm vielleicht später leichter.

– Klatschen Sie mit Ihrem Kind verschiedene Rhythmen: belebte, schnelle, gravitätische usw. Wiederholen Sie diese Übungen am nächsten Tag, und regen Sie Ihr Kind zum Mitklatschen an. Diese Übungen sind für Ihr Kind leicht zu bewältigen, wenn Sie ein wenig Geduld aufbringen und einen Rhythmus häufiger wiederholen. Machen Sie zwischen den Wiederholungen größere Pausen. Wählen Sie anfangs leichte Rhythmen.

– Testen Sie, ob Ihr Kind schon Töne nachsingen kann (die

richtige Tonhöhe trifft). Berücksichtigen Sie die Tonlage, in der Ihr Kind gewöhnlich singt (hoch oder tief), und wählen Sie die Stimmlage entsprechend. Sie können den Ton auch mit einer Blockflöte vorgeben. Loben Sie Ihr Kind, wenn es klappt, und zeigen Sie Ihre Freude. Dann macht es ihm mehr Spaß, die Töne richtig nachzusingen. Diese Übung ist nicht leicht. Auch ältere Kinder und Erwachsene können einen Ton nicht immer auf Anhieb richtig treffen. Wenn Ihr Kind das jetzt aber schon lernen kann, ist es für seine musikalische Bildung günstiger! (Probieren Sie also immer wieder!)

– Summen Sie einen Liedanfang vor, und fragen Sie Ihr Kind, welches Lied so beginnt.

Beim Gestalten erfährt Ihr Kind, was es alles kann

Ab 2;0 Jahren

*** Ihr Kind soll natürlich so viel wie möglich im Freien spielen. In den wärmeren Jahreszeiten wird es sich dabei häufig im Sandkasten aufhalten; im Winter kann es sich im Schnee austoben. Sorgen Sie dafür, daß es viele Erfahrungen mit Materialien wie Sand, Lehm, Erde, Split, Kiesel, Wasser, Schnee, Eis sammeln kann. Dazu gehört, daß Sie ihm auch entsprechendes Spielzeug geben: einige Förmchen, eine Schaufel, einen Eimer, einen Rechen und ein Sieb, eventuell auch eine kleine Schubkarre.

Beim Spielen lernt Ihr Kind, mit trockenem und mit feuchtem Sand umzugehen. Es formt ihn, es versucht ihn zu transportieren, es «backt Kuchen», es macht Gräben, Löcher und Hügel, es wirft ihn in die Luft, und es beobachtet, wie er sich während dieser Tätigkeiten verändert. Mal rinnt er, mal klumpt er, man kann ihn glätten, zusammenpressen, sieben, aufeinandertürmen usw. Viele Sandspiele wird Ihr Kind von anderen Kindern abgucken, wenn es auf dem Spielplatz ist. Aber setzen Sie sich auch selbst zu ihm, und zeigen Sie ihm einige kleine Tricks (zum Beispiel das «Kuchenbacken» mit Förmchen). Zeigen Sie also,
– wie man ein Loch mit der Schaufel tiefer, runder oder größer machen kann,
– wie ein kleiner Berg aufgeschüttet und zwischendurch festgeklopft wird,
– wie eine Straße gezogen wird, auf der dann der Lastwagen entlangfährt,
– wie Förmchen für Verzierungen benutzt werden können – und andere einfache Handlungen.

Haben Sie Hemmungen bei der Vorstellung, daß Ihnen andere Eltern bei Ihren «Sandkastenspielen» zuschauen? Wichtiger ist es, dem eigenen Kind weiterzuhelfen und sich mit ihm zu beschäftigen! Im übrigen warten die anderen Mütter am Spielplatz wahrscheinlich nur auf einen «mutigen» Vorläufer – und setzen sich dann selbst ganz ungezwungen in den Sand zu den Kindern. (Es ist wissenschaftlich nachgewiesen, daß Kinder ohne gelegentliche Anregungen, aber auch ohne Anerkennung der «Werke» in ihrer Entwicklung langsamer vorankommen. Sie können dann sogar völlig das Interesse an einem bestimmten Spiel verlieren, speziell dann, wenn sie sehen, daß die anderen Kinder ihnen bei solchen Spielen immer überlegen sind.)

Auch im Winter können Sie Ihrem Kind eine Menge Anregungen geben. Zeigen Sie ihm, wie man einen Schneeball formt, bauen Sie einen Schneemann mit ihm (der aber nicht viel größer als das Kind sein sollte), bilden Sie gemeinsam Tiere, Höhlen, Berge usw. Doch selbst der lustigste Schneemann wird Ihrem Kind natürlich keinen Spaß machen, wenn es beim Bauen nasse Füße bekommt oder wenn es friert. Ziehen Sie ihm deshalb Kleidung und Handschuhe an, die zwar wasserdicht und warm sind, aber dennoch das Fühlen und Zugreifen nicht behindern!

Ab 2;4 Jahren

*** Für die folgenden Anregungen benötigen Sie eine größere Menge Ton oder Knetmasse. (Den Ton können Sie in einem Eimer, den Sie mit nassen Tüchern zudecken, längere Zeit aufbewahren.) Zum Kneten braucht Ihr Kind anfangs nur eine Farbe; ab zweidreiviertel Jahren können Sie dann drei weitere Farben dazugeben. Die richtige Menge wäre ein Block von 10 mal 10 mal 5 cm. Setzen Sie sich zum Modellieren zusammen mit Ihrem Kind an einen Tisch

(den Sie am besten mit einer geeigneten Unterlage schützen, die dann immer wieder beim Kneten verwendet wird). Kneten Sie einen kleineren Batzen mit beiden Händen weich, dann rollen Sie ihn oder drücken ihn flach. (Wenn die Knetmasse sehr fest ist, sollten Sie auch für Ihr Kind das Material vorher weichkneten.) Modellieren Sie nur ganz einfache Dinge: eine Wurst, eine Schlange, einen Teller, eine Mulde usw. Nach verschiedenen Versuchen kann Ihr Kind das sicher auch. Bald können Sie zu komplizierteren Dingen, zum Beispiel Tieren, übergehen (möglichst Tiere ohne dünne Beine, die leicht abfallen bzw. umknicken!).

Ab 2;7 Jahren

*** Nun können Sie richtige «Malstunden» einführen. Folgende «Zutaten» sind dabei sehr nützlich:
– Ein «Malerkittel», der die Kleidung schützt. Wie wäre es mit einem weißen Kittel? Ihrem Kind machen die bunten Farbkleckse darauf sicher Spaß. Nehmen Sie ein Kleidungsstück, das zwar leicht waschbar ist, nötigenfalls aber auch einfach weggeworfen werden kann, wenn die Farbe beim Waschen nicht mehr völlig herausgehen will.
– Eine große Unterlage (1 mal 1,5 m), die auf dem Boden ausgerollt wird: Dann kann sich Ihr Kind Malpapier und Farb-

Knete ist ein idealer Werkstoff für das erste figürliche Gestalten.

kasten darauf legen, und Sie brauchen sich keine Sorgen um Kleckse auf dem Teppich zu machen.

– Viel Papier! Ein Blatt sollte am besten viermal so groß wie ein Briefbogen sein. Vielleicht können Sie sich günstig Abfälle aus einer Druckerei besorgen. (Kleben Sie das Papier an den Ecken auf der Unterlage fest. Dann kann sich Ihr Kind mit einer Hand aufstützen und mit der anderen Hand malen, ohne daß das Blatt verrutscht.)

– Farbe und Farbbehälter. Schütten Sie zwei Eßlöffel flüssiger Farbe (vier bis sechs verschiedene Farben) in kleine Näpfe (zum Beispiel Joghurtbecher oder Senfgläser), und kleben Sie die behälter auf ein großes Brett (40 mal 40 cm).

– Geeignete Pinsel. Besorgen Sie sich zum Beispiel einen Rundpinsel mit festen Borsten (6 bis 10 mm Durchmesser) und einen Flachpinsel (1,2 bis 1,5 cm breit).

In der ersten Zeit sollten Sie auf einem eigenen Blatt mitmalen. Dann kann Ihr Kind beobachten, wie Sie den Pinsel halten und eintauchen, wie Sie Linien und Kreise malen usw. Malen Sie auch bald einen Menschen, natürlich nicht übertrieben «kunstvoll», sondern nur flächig in großen Zügen (Kopf, Rumpf, Beine, Arme, Haare, Augen, Nase und Mund). Gegen Ende des Jahres kann Ihr Kind schon recht gut Menschen malen. Dann fragen Sie danach, ob der Kopf direkt auf dem Körper ruht. Ihr Kind «entdeckt» dann als weiteres Detail den Hals. Entsprechend findet es noch andere Einzelheiten: die Handfläche, die Finger usw. Rechnen Sie aber nicht damit, daß es diese Dinge dann auch bei den nächsten Bildern malt. Es wird immer wieder frühere Formen der Darstellung wiederholen. Und dann macht es plötzlich wieder einen großen Schritt nach vorn. Wichtig ist, daß Sie seine Bilder anerkennen und sich sichtbar darüber freuen. Dazu gehört, daß Sie die Malwerke im Kinderzimmer und vielleicht noch an anderen Stellen der Wohnung aufhängen. Nach einiger Zeit tauschen Sie die Bilder gegen neue aus. Lassen Sie möglichst auch andere Kinder mitmalen. So bekommt Ihr Kind weitere, nicht «pädagogisch gemeinte» Anregungen, die es freudig aufgreift.

Versprechen Sie sich übrigens nicht gleich zuviel von den Malkünsten Ihres Kindes! Die ersten «Werke» werden nur aus einigen Linien bestehen, die sich wild überkreuzen, und aus «Farbsümpfen». Fragen Sie aber trotzdem, was auf dem Bild dargestellt ist. Ihr Kind weist dann sicher auf bestimmte Striche und erklärt Ihnen etwas dazu. Nach und nach werden Sie zwischen den Aussagen des Kindes und der Darstellung eine gewisse Übereinstimmung entdekken. Beim Menschen, den Ihr Kind sicher oft zu malen versucht, finden

Sie vielleicht zuerst nur einen Kopf mit zwei langen, dünnen Beinen daran («Kopffüßler»). Später kommen die Arme dazu (die dann vielleicht noch aus dem Kopf wachsen) und dann erst der Rumpf. Schlagen Sie Ihrem Kind immer wieder neue Motive vor: ein Tier, eine Blume, einen Baum, ein Haus usw. Folgende Dinge sollten Sie vermeiden:

– Kritisieren Sie die Bilder nicht, vergleichen Sie sie nicht wertend, mischen Sie sich nicht «verbessernd» ein.

– Geben Sie Ihrem Kind nicht zu viele Farben auf einmal.

Dominik malt mit viel Schwung.

– Benutzen Sie noch keine
Staffelei (weil die nassen Farben
quer über das ganze Bild laufen).
– Lassen Sie das Kind nicht zu
lange mit Fingerfarben malen (es
kann damit nicht so fein malen,
wie es will, weil alle Striche
gleich breit sind und die Farbe
nicht so lange «mitläuft» wie
beim Pinsel).
– Geben Sie ihm nicht zu kleines
Papier.
– Lassen Sie das Malen nicht zu
einer Seltenheit werden (weil
dabei zuviel Papier verbraucht
wird oder weil Ihnen die Kleck-
serei lästig wird).

*** Wenn Sie gerade wenig Zeit
haben und nicht beobachten
können, was Ihr Kind mit den
Farben (möglicherweise) anstellt,
geben Sie ihm einfach Fettstifte.
Vier bis sechs verschiedene Farben
genügen. Auch dafür sollten Sie das
Papier gut auf der Unterlage
befestigen, damit es nicht verrut-
schen kann. So hat es Ihr Kind
beim Zeichnen leichter. Fettstifte
sind natürlich nicht nur ein Ersatz
für die anderen Farben. Der
Wechsel zwischen Malen und
Zeichnen ist sogar wichtig und
notwendig. Beim Zeichnen sind
Ihrem Kind Arbeitsweisen möglich,
die mit den Wasserfarben noch
nicht so recht klappen: Es kann
zum Beispiel leichter Details
einfügen (Augen, Knöpfe usw.).

Ab 2;10 Jahren

** Im Freien oder in der Wohnung
können Sie Ihr Kind zu folgenden
Spielen anregen:
– Einen Personenzug, eine
Straßenbahn oder einen Güter-
zug aus Stühlen und Tischen
bauen. Je mehr Kinder mitspielen, desto lustiger ist das natürlich. Das Fahrzeug startet an
einer bestimmten Station, es
hält, wird entladen, Personen
steigen aus oder ein, der Bahn-
hofsvorsteher pfeift usw.
– Ein Schiff, ein Lastauto oder ein
Feuerwehrauto aus Tischen,
Stühlen, Kissen, Decken usw.
bauen und dann damit fahren.
– Ein Haus, eine Höhle, ein Zelt
aus Brettern, Decken, Kartons
bauen usw. Man kann darin
schlafen, essen, Puppen und
Spieltiere hineinsetzen usw.

*** Gegen Ende des Jahres ist Ihr
Kind schon sehr geschickt. Sie
können diese Fähigkeit, die
Koordination von Augen und
Fingern, mit einem uralten Spielzeug leicht fördern: mit Perlen.
Kaufen Sie in einem Spielzeugge-
schäft ein paar große braune und
weiße Holzperlen oder bunte
Glasperlen mit großen Löchern.
Zeigen Sie Ihrem Kind, wie man
mit einer (stumpfen) Nadel und
(reißfestem) Garn die Perlen zu
einer Kette auffädelt. Wenn es die
Technik einigermaßen beherrscht,
können Sie ihm Anregungen für

die optische Gestaltung der Kette geben. Nehmen wir an, es stehen weiße und braune Perlen zur Verfügung. Dann gibt es zum Beispiel folgende Möglichkeiten: Sie machen ein Armband oder eine Halskette aus lauter braunen Perlen, eine andere wird weiß-braun, eine dritte besteht nur aus weißen Perlen, eine vierte aus je zwei weißen, einer braunen Perle abwechselnd usw. Wählen Sie immer erst dann ein neues Beispiel, wenn Ihr Kind die vorhergehende Anregung aufgegriffen hat.

(Lassen Sie es aber auch dazwischen «unregelmäßige» Ketten nach eigenem Belieben aufreihen.)

* Aus bunten Zeitschriftenseiten oder selbstklebendem (Schrank-)Papier können Sie ein Mosaik gestalten. Reißen Sie das Papier zusammen mit Ihrem Kind in kleine Schnitzel. Anschließend kleben Sie sie auf ein großes Blatt, und zwar so, daß dabei entweder eine Figur oder ein Farbmuster entsteht.

Bewegungsspiele fördern die Initiative

Ab 2;0 Jahren

** Zur durchschnittlichen Weiterentwicklung der kindlichen Muskeln genügt das allgemeine motorische Bewegungspensum, das ein Kind täglich von sich aus vollbringt. Dennoch ist es günstig, diesem allgemeinen «Training», das sich unwillkürlich beim Spielen und bei der Erkundung der Umwelt ergibt, noch weitere spezielle Übungen hinzuzufügen, vor allem dann, wenn Sie in einer engen Wohnung leben und Ihr Kind nur wenig im Freien herumtoben kann:

– Lassen Sie Ihr Kind (beim täglichen Spaziergang) auf einer großen Treppe herumklettern.
– Lassen Sie es auf kleinen Mäuerchen (10 bis 20 cm hoch) balancieren. (Gegen Ende des Jahres kann die Mauer auch 30 bis 50 cm hoch sein.)
– An diesem Mäuerchen kann Ihr Kind auch lernen, mit beiden Füßen gleichzeitig abzuspringen.
– Lassen Sie es von einem Mauervorsprung in Ihre Arme springen.
– Gehen Sie zu einem kleinen, steilen Abhang, den Ihr Kind auf allen vieren hinauf- und hinunterklettern kann. Bald wird es dort, auch ohne die Hände zu Hilfe zu nehmen, im Gleichgewicht bleiben.
– Lassen Sie Ihr Kind entlang einer geraden Linie (zum Beispiel einer Plattenreihe) gehen. Später soll es das auch mit geschlossenen Augen versuchen, hinterher vergleichen Sie beide dann die Abweichung.
– In einer Kiesgrube oder an einem Fluß können Sie Zielübungen mit Steinchen machen. Ihr Kind kann zum Beispiel auf ein Stück Holz oder einen alten Blechkübel Steine werfen (aus einer Entfernung von etwa 2 m).
– Auf einem freien Gelände kann Ihr Kind einen Stab (Spazierstock, Besenstiel) senkrecht tragen, einmal mit angewinkelten Armen, dann mit hoch erhobenen Händen.
– Beim Ballspielen kann es den Ball abwechselnd mit dem linken und rechten Fuß vor sich her stoßen.

*** Die folgenden Tips dienen dem Vertrautwerden mit dem Wasser, der wichtigsten Vorübung für das Schwimmen. Berücksichtigen Sie sie beim Baden Ihres Kindes. (Wie Sie mit Ihrem Kind schwimmen lernen, beschreiben wir im «Elternbuch 4».)

– Das Badewasser soll eine Temperatur zwischen 30 und 32 Grad haben (mit dem Thermometer messen!). Natürlich muß auch das Badezimmer angenehm warm sein. Die Waschprozedur kommt erst nach dem Spielen. Zum Abschluß duschen Sie Ihr Kind mit kälterem Wasser (zwischen 17 und 20 Grad) ab, damit sich die Poren der Haut schließen und um es abzuhärten.

– Bleiben Sie sicherheitshalber immer im Badezimmer, wenn Ihr Kind in der Wanne sitzt. Es kann leicht passieren, daß es mal mit der Nase ins Wasser fällt und sich dann vor lauter Schreck nicht selbst wieder hochstemmt.

– Lassen Sie warmes Wasser nachlaufen, wenn sich das Badewasser zu sehr abgekühlt hat. Dabei wird Ihr Kind auch gleich mit «strömendem» Wasser vertraut, es gibt Wellen, Spritzer und Luftblasen. Verwenden Sie die Dusche als «Springbrunnen» oder «Regen».

– Zum Baden gehören unbedingt ein paar Spielsachen: Wassertiere, Schiffchen, Becher, eine wasserfeste Puppe usw.

– Wenn Ihr Kind sich in der Wanne sicherer fühlt, können Sie den

Wasserspiegel erhöhen. Lassen Sie es zwischendurch auf dem Bauch liegen, spielen Sie mit ihm «Wassergießen», «Schaumschlagen», «Planschen», «Sturm am Meer» usw.
– Seien Sie großzügig und lassen Sie Ihr Kind auch heftig in der Wanne herumspritzen. Sie können ja vorher ein großes Tuch auf den Boden legen, das die Überschwemmung aufsaugt! Bei der Spritzerei macht sich das Kind am besten mit dem Element Wasser vertaut. Denn dabei lernt es, daß es gar nicht so

schlimm ist, wenn auch mal was ins Gesicht oder in die Augen geht – es findet es sogar lustig!
– Setzen Sie sich ab und zu selbst in die Wanne zu Ihrem Kind, und spielen Sie mit ihm!

Ab 2;4 Jahren

** In diesem Alter begeistern sich Kinder noch kaum für «sture» gymnastische Übungen, wie zum Beispiel Kniebeugen oder Liege-

Spielgeräte können sehr unterschiedlich verwendet werden.

stütze. So etwas ist einfach zu langweilig für sie. (Und die «Nützlichkeit» können sie ja noch nicht erfassen.) Doch jede Gymnastik macht Spaß, wenn sie mit einem Spielgegenstand verbunden ist, zum Beispiel mit einem Ball. Denn dann konzentriert sich das Kind ganz auf den Gegenstand (den Ball) und merkt gar nicht, daß es dabei ein beachtliches körperliches Training absolviert.

Die meisten Ballspiele lassen sich nach Geschwindigkeit, Schwierigkeit und Zeitdauer leicht steigern. Sie können sie also einerseits dem Können Ihres Kindes anpassen, es aber andererseits zu jeweils neuen Aufgaben dabei herausfordern. Fangen Sie immer mit einer Übung an, die leicht für Ihr Kind ist. Dann steigern Sie die Schwierigkeit der Aufgaben langsam, und zwar immer nur so weit, wie die Sache Ihrem Kind offensichtlich Spaß macht. Das ist in der Regel der Fall, wenn ihm die Aufgabe gelingt, wenn es sich bei der zweiten und dritten Wiederholung schon sicher fühlt und später nur selten einen Fehler macht. Sie müssen Ihr Kind also ständig in seinen Reaktionen beobachten.

Ihren eigenen Ehrgeiz (in bezug auf das «Können» Ihres Kindes) sollten Sie sogar möglichst «vergessen». Wiederholen Sie lieber die einfachsten Spiele, anstatt das Kind zu neuen, schwierigen Übungen herauszufordern. Es braucht Ihre Anerkennung und Ihr Lob. Wenn ihm etwas gelingt, will es Ihre Freude darüber spüren. Doch wenn Sie statt dessen nur sagen: «Das hast du aber schon besser gekonnt!», verliert es leicht sein Selbstvertrauen. Es wird die Übung dann nicht mehr ohne Zwang wiederholen. Denn es will in der Regel jede Möglichkeit des Versagens vermeiden.

Die folgenden Spiele können Sie gut mit einem Ball machen, der etwa 15 bis 20 cm Durchmesser hat, schön bunt ist und gut springt:

– Sie sitzen Ihrem Kind gegenüber, beide im Grätschsitz. Rollen Sie den Ball zwischen sich hin und her (Steigerung: Entfernung).
– Sie sitzen sich mit geschlossenen Beinen gegenüber. Lassen Sie den Ball einige Male rechts an sich entlangrollen, dann links.
– Sie und das Kind legen sich flach auf den Bauch. Aus dieser Lage rollen Sie sich den Ball zu (Steigerung: Entfernung).
– Sie und Ihr Kind sitzen sich gegenüber und stützen die Hände hinter sich auf. Dann stoßen Sie sich den Ball gegenseitig mit den Füßen zu und fangen ihn auch mit den Füßen auf.
– Ihr Kind macht eine Brücke, bei der es Hände und Füße auf den Boden aufstützt (mal Bauch zum Boden, später Rücken zum Boden), dann wird der Ball unter der Brücke durchgerollt.
– Ihr Kind rollt den Ball durch seine gegrätschten Beine nach hinten. Sie fangen ihn, mit dem Rücken zum Kind, auf und rollen

ihn in der gleichen Stellung zurück.

– Sie und Ihr Kind stehen sich gegenüber und werfen sich gegenseitig den Ball zu. Beginnen Sie mit einer Entfernung von etwa einem Meter. Aber passen Sie auf, daß der Ball nie ins Gesicht des Kindes fliegt.

– Zeigen Sie Ihrem Kind, wie es den Ball hochwerfen und selbst fangen kann. Verzichten Sie darauf, Ihre eigenen Fangkünste am haushoch geworfenen Ball zu demonstrieren! Das würde Ihr Kind nur entmutigen. Werfen Sie ihn anfangs nicht höher als bis zum eigenen Kinn.

– Der Ball wird mit beiden Händen hoch über den Kopf genommen und weit nach vorn geworfen.

– Der Ball wird mit beiden Händen hochgehoben, vor die eigenen Füße geworfen und beim Hochspringen wieder aufgefangen. (Warten Sie mit dieser Übung so lange, bis Ihr Kind zugeworfene Bälle sicher fängt.)

– Stellen Sie einen Wäschekorb 1 bis 2 m vor Ihrem Kind auf, und lassen Sie es den Ball hineinwerfen (Steigerung: größere Entfernung, kleineres Zielobjekt).

– Sie und Ihr Kind nehmen je einen Ball und halten ihn mit beiden Händen hoch über dem Kopf. Dann laufen Sie zweimal in großem Kreis hintereinander her, ohne den Ball zu verlieren.

Wiederholen Sie all diese Spiele nicht zu oft hintereinander, um das Kind nicht zu langweilen oder zu ermüden. Wechseln Sie deshalb rasch zwischen den verschiedenen Anregungen.

** Lassen Sie Ihr Kind auf Ihrem Rücken reiten. Wenn es sich erst einmal daran gewöhnt hat und auch Ihren Hals nicht mehr ängstlich umklammert, dürfen Ihre Bewegungen allmählich abwechslungsreicher und ausladender werden.

** Setzen Sie das Kind auf Ihre Schultern, und laufen Sie so mit ihm hin und her. Sie können sich auch etwas vor- und zurückbeugen. Aber halten Sie dabei seine Hände immer sehr fest, damit es sich sicher fühlt. Achten Sie darauf, daß Ihr Kind nirgends anstößt (Türrahmen, Lampen usw.).

** Umfassen Sie beide Handgelenke Ihres Kindes, und schwingen Sie es drei- bis fünfmal im Kreis herum (öfter nicht, denn Sie und das Kind werden sicher schwindlig dabei!). Sie können auch «Flieger» spielen, wenn Sie Ihr Kind an einem Arm und einem Bein (derselben Körperseite) festhalten. Natürlich brauchen Sie dafür viel Platz.

* Lassen Sie Ihr Kind langsam Ihren Rücken herunterrutschen, während Sie es an den Händen halten. Zum Schluß können Sie es absetzen oder wieder hinaufziehen.

** Spielen Sie «Schubkarre»: Sie

**Der abgedeckte Brunnen wird
zu einem neuen Spielplatz.**

fassen das Kind bei den Füßen, und es läuft auf seinen Händen vorwärts (von zunächst 2 m auf etwa 7 m steigern).

** Zeigen Sie Ihrem Kind, wie man einen Purzelbaum macht. Anfangs braucht es eine kleine Hilfestellung dazu und eine Unterlage.

Ab 2;7 Jahren

*** Gehen Sie häufig zu Kinderspielplätzen. Es gibt zwar viel an den Plätzen und Geräten auszusetzen (Einengung der Kreativität, Starrheit im weitesten Sinn, «totes Material»). Doch für begrenzte Zeit bieten sie den Kindern gute Möglichkeiten für Körperbewegungen. Verzichten Sie also nicht auf Rutsche, Schaukel, Wippe, Rundlauf, Sandkasten, Kletterbogen und Kletterturm. Vielleicht haben Sie ja sogar das Glück, in der Nähe eines phantasievoll gestalteten Spielplatzes zu wohnen. (Aber selbst dann sollten Sie zwischendurch immer wieder andere, anregende «Umwelten» aufsuchen, wo Ihr Kind spielen kann – Wiesen, Seeufer, einen Wald usw.)

Sicher interessiert sich Ihr Kind sehr bald für die Rutsche. Es schaut den anderen Kindern zu und beobachtet was sie dort tun. Vielleicht will es gleich selbst hinaufklettern und von oben bis unten rutschen. Erlauben Sie ihm das nicht. Es muß erst langsam mit der Rutschbahn vertraut werden. Lassen Sie es zuerst nur kleine Stückchen am unteren Ende herunterrutschen, und halten Sie es dabei unter den Armen fest. Erst nach mehrtägiger Vorbereitung darf es dann von ganz oben herunterrutschen. Und auch dabei müssen Sie anfangs danebenstehen. (Suchen Sie sich für diese Vorübungen eine Rutschbahn aus, an der nur wenige andere Kinder spielen.) Bleiben Sie beim Hinaufklettern hinter Ihrem Kind, damit Sie es bei einem Fehltritt auffangen können. Gut ist auch, wenn Sie (oder ein Schulkind) ein paarmal mitrutschen und das Kind festhalten.

Wahrscheinlich sind Sie anfangs ängstlicher als Ihr Kind. Lassen Sie sich jedoch nichts anmerken! Sie wollen ja sicher nicht, daß Ihr Kind von Ihnen die skeptische oder furchtsame Einstellung zu dem Gerät übernimmt! Seien Sie aber auch nicht leichtsinnig! Beobachten Sie Ihr Kind, und prüfen Sie, ob es alles richtig macht. Sagen Sie ihm sofort die notwendigen Verbesserungen.

Wir haben die Rutsche nur als Beispiel herausgegriffen und Ihnen das schrittweise Erkunden und Probieren nahegelegt.

Ähnlich können Sie bei allen anderen Geräten des Spielplatzes vorgehen. Wenn Sie sehen, daß Ihr Kind nur wenig Anleitung braucht, weil es die anderen Kinder gut beobachtet hat und ihr Verhalten übernimmt, beschränken Sie Ihre

Hilfestellung auf das Mindestmaß. Aus der umsichtigen Lernweise bei einem Spielgerät erwirbt Ihr Kind Erfahrungen, die es teilweise auch auf andere Geräte überträgt. Zugleich muß daneben immer ein Spielraum für selbständiges Erforschen und Erproben bleiben.

** Jetzt kann Ihr Kind ohne Schwierigkeiten mit einem Roller, einem Dreirad oder einem Go-Kart umgehen. Diese Kinderfahrzeuge fördern die motorische Entwicklung sehr. Das Kind gewöhnt sich an einige Bewegungsabläufe, es automatisiert sie und steuert zugleich andere Muskelgruppen aktiv. Diese «Mehrfachbeanspruchung» sieht etwa so aus: Während die Füße gleichmäßig treten, beachtet das Kind den Gehweg, weicht Hindernissen aus, genießt das «Fahrgefühl» und hat trotzdem noch Augen für interessante Dinge, die sich ringsum ereignen.

Es ist jedoch nicht notwendig, daß Sie alle Fahrzeuge kaufen. Sprechen Sie einmal mit Nachbarn, die ein Kind im gleichen Alter haben. Sicher sind sie bereit (und sogar froh über Ihren Vorschlag), Ihrem Kind vorübergehend das Dreirad oder den Roller im Austausch mit einem Go-Kart oder Kinderfahrrad zu überlassen.

*** Vielen Kindern fällt es schwer, rechts und links zu unterscheiden. Eine der Schwierigkeiten beim Lernprozeß liegt darin, daß Sie Ihrem Kind gewöhnlich gegenüberstehen: Ihre rechte Hand weist auf die linke Hand des Kindes. Sie müssen sich also, wenn Sie von rechts und links reden, immer neben Ihr Kind stellen (oder hocken). Sonst wird es den Unterschied noch lange nicht begreifen. Halten Sie Ihren rechten Arm neben den rechten Arm des Kindes: «Das ist der rechte Arm.» Betonen Sie einige Zeit lang alle Dinge, die rechts sind: «Du malst gerade mit deinem rechten Arm!» – «Eben hast du die Oma mit der rechten Hand begrüßt!» – «Du machst die Tür mit der rechten Hand auf!» usw.

Nach vierzehn Tagen machen Sie Ihr Kind mit dem Begriff links vertraut: «Ich trage meine Uhr am linken Arm.» – «Du bekommst auch eine Spielzeuguhr für deinen linken Arm.» – «Das Bild hängt links an der Wand.» Üben Sie dies zunächst wiederum zwei Wochen.

In der fünften Woche verwenden Sie beide Begriffe, «rechts» und «links». Erst in der sechsten Woche sollten Sie testen, ob Ihr Kind wirklich Bescheid weiß: «Hebe bitte deine rechte Hand ganz hoch!» Wenn es richtig «antwortet», sparen Sie nicht mit Lob.

Wenn es den falschen Arm hochhebt, sprechen Sie zunächst zwei bis drei Wochen lang nicht mehr von «rechts» und «links». Von der Technik des Lernens her hilft die längere Pause zu zwei Aspekten: 1. falsch gelernte Zuordnungen zu vergessen («löschen») und 2.

Überschneidungen zu vermeiden. Erst dann beginnen Sie wieder langsam von vorn. Fragen Sie erst dann nach der linken Hand, wenn Ihr Kind die Frage nach der rechten immer richtig beantwortet.

*** Großen Erfolg können Sie bei Ihrem Kind mit einem Hindernislauf durch die ganze Wohnung ernten. (Sie müssen sich natürlich daran beteiligen!) Bauen Sie diese Hindernisse ein: einen Stuhl zum Durchkriechen, einen Stuhl zum Drübersteigen, einen Tisch zum Durchkrabbeln (in der Hocke), einen Sessel zum Durchrobben, einen Tisch, um den Sie zweimal herumgehen, einen Hocker zum Draufsteigen. Zwischendurch wird außerdem noch ein Purzelbaum gemacht, ein Stück auf allen Vieren gegangen, entlang einer geraden Linie (Teppichkante) balanciert, ein halbgefüllter Wassereimer getragen usw. Stellen Sie die Hindernisse so zusammen, daß alle Körperteile beansprucht werden. Ihr Kind übt bei diesem Spiel zusätzlich Kraft, Schnelligkeit, Gelenkigkeit, Koordination und Genauigkeit. Wiederholen Sie es etwa alle zwei bis drei Wochen. (Es bietet auch bei einem Kindergeburtstag eine Abwechslung!) Machen Sie alle Übungen vor, und lassen Sie sie Ihr Kind gleich danach ausführen.

Ab 2;10 Jahren

*** Nun können Sie auch bei gemeinsamen Waldspaziergängen kleine «Hindernisläufe» einbauen. Setzen Sie sich ein Ziel, das Ihrem Kind verlockend erscheint: eine Hütte, einen Hochsitz, ein Wildgehege usw. Dann suchen Sie sich einen schönen «hindernisreichen» Weg dahin aus. Das sollte zum Beispiel dabei vorkommen:
– durch einen Graben stapfen,
– über eine schmale Brücke gehen,
– auf einem Baumstamm balancieren,
– durch ein Gestrüpp kriechen,
– auf einen kleinen Berg steigen,
– auf einem Ast schaukeln,
– an einem kleinen Baum herumturnen.
Wenn der Weg nicht zu lang ist, wird sich Ihr Kind bei einem so abwechslungsreichen Spaziergang bestimmt nicht langweilen. Am Ziel muß es aber noch eine «Überraschung» erleben. Vielleicht können Sie mit ihm ein Pfeifchen schnitzen, einige lustige Baumwurzeln suchen, ein Vogelnest beobachten usw.

*** Nehmen Sie sich ein Instrument, mit dem Sie gut einen Rhythmus angeben können: eine Trommel, einen Gong oder einen alten Kochtopf. Dann gehen Sie mit Ihrem Kind durch die Wohnung und richten Ihren Geh- und Musikrhythmus nach seinen Schritten. Wenn es gleichmäßig schreitet, fordern Sie es zu schnellerem oder langsamerem Gehen auf. Wenn auch das klappt, kann allmählich ein Instrument die Führung übernehmen, etwa so: Bitten Sie das Kind, genau zuzuhören («Bei jedem Schlag setzen wir einen Fuß auf!»), und beschleunigen Sie abwechselnd das Tempo.

** Kann Ihr Kind schon mit beiden Beinen zugleich hüpfen? Von der untersten Treppenstufe oder einem Hocker springt es sicher schon. Aber zeigen Sie ihm auch, wie es vom Fußboden mit beiden Beinen zugleich abspringen kann. Gehen Sie in die Hocke «wie ein Frosch», pendeln Sie mit den Armen vor und zurück und springen Sie los. Ihr Kind macht Ihnen das bestimmt gern nach und wird es bald gelernt haben.

** Über Sie auch, wie man auf einem Bein «wie ein Storch» stehen kann, wie man mit dem rechten und linken Bein hochhüpfen kann, wie man mit beiden Beinen hochspringt, wie man auf Zehenspitzen stehen kann.

** Ahmen Sie oft gemeinsam Tiere nach, die eine charakteristische Gehweise haben:
– Wir hüpfen wie ein Frosch.
– Wir schlängeln uns wie eine Schlange.
– Wir stolzieren wie ein Hahn.
– Wir laufen flink wie eine Maus.
– Wir kriechen wie eine Schildkröte.
– Wir stapfen wie ein Elefant.
– Wir schreiten wie eine Giraffe.
– Wir schleichen wie eine Katze.
– Wir flattern wie ein Vogel.

Jetzt lernt Ihr Kind «Ich» sagen

Ab 2;0 Jahren

*** Ihr Kind kann sich nun auch schon längere Zeit allein beschäftigen. Es hat genügend Fähigkeiten und Fertigkeiten als Voraussetzung dazu entwickelt. (Und es genügt, daß die Bezugsperson zeitweise anwesend ist.) Jeder erfolgreiche Versuch, sich selbst zu beschäftigen, stärkt seine Selbständigkeit.

Es bekommt ein Gefühl der Befriedigung durch das Bewußtsein, daß es Situationen wunschgemäß verändern, gestalten bzw. durch Tätigkeiten ausfüllen kann. Stören Sie diese Aktivitäten des Kindes so wenig wie möglich. Das heißt: Reißen Sie es nicht aus einem Spiel heraus, in das es sich vertieft hat. (Sie wollen ja auch nicht beim Arbeiten, Lesen oder Fernsehen gestört werden!) Warten Sie lieber einmal mit einem Zwischenimbiß, bis Ihr Kind von sich aus unterbricht.

Sie werden sein Spiel nicht stören, wenn Sie das eine oder andere Spielzeug oder einen Gegenstand, mit dem Ihr Kind sein Spiel ergänzen kann, hinzugeben. Aber tun Sie das unauffällig. Ihr Kind will jetzt nicht einmal eine Bemerkung hören wie: «Das kannst du sicher gut gebrauchen» oder: «Willst du das haben?» Solche Beschäftigungsphasen stellen gleichzeitig auch Selbstregulierungsphasen Ihres Kindes dar. Es kann während einer Beschäftigung von der vorangehenden ausruhen, es kann motorische Unruhe durch stille Tätigkeiten ausklingen lassen usw.

*** Für Ihr Kind ist es wichtig, den eigenen Lernfortschritt zu beobachten. Das trägt dazu bei, daß es sich ein Bild von sich selbst machen kann. Sprechen Sie also darüber, was Ihr Kind gerade gelernt hat, zum Beispiel so: «Gestern konntest du noch nicht vom Stuhl herunterspringen, und jetzt geht es schon prima. Du hast es gelernt. Jetzt kannst du es!» Oder: «Vor einigen Wochen konntest du deinen Mantelknopf noch nicht aufmachen. Gerade hast du es getan. Du kannst es!» Wenn Sie solche Lernprozesse betonen, versteht Ihr Kind sich mehr und mehr als jemand, der noch nicht Gekonntes in der nächsten Zeit dazulernt. Dieses Wissen hilft ihm auch, gelegentliche «Mißerfolge», wenn eine bestimmte Tätigkeit nicht gelingen will, leichter zu ertragen.

Weisen Sie auch auf die Zukunft hin: «Wir lernen jetzt, wie man ein Buch Seite für Seite weiterblättern kann. Du wirst es auch gleich können. Schau, ich mache es so …» Natürlich werden Sie die Dinge, die Ihr Kind noch nicht tun kann (und auch noch längere Zeit nicht tun wird), nicht ausdrücklich betonen. Lenken Sie sein Augenmerk besonders auf die kurz vor ihm liegende Zeitspanne, die es bereits überblicken kann («heute nachmittag», «morgen»).

Zeigen Sie ihm vielleicht auch mal einige ältere Fotos von sich selbst, und lassen Sie es gleichzeitig in den Spiegel schauen. So kann es sich mit seinem früheren Aussehen vergleichen.

** Ihr Kind weiß mittlerweile, daß es sich selbst steuern kann, daß es sich gewissermaßen «selbst gehört». Aber seine Selbstinterpretation ist noch wenig gefestigt. Wenn Sie ihm zum Beispiel in energischem Ton einen Auftrag geben («Komm sofort her»), befolgt es ihn vermutlich, ohne das eigentlich zu wünschen; es ist also auch noch wesentlich durch andere bestimmbzw. manipulierbar.

Sein Selbstverständnis wird gestärkt, wenn Sie wiederholt aufzählen, was ihm, was Ihnen allein, was Ihnen allen gehört. Sagen Sie dazu, daß es über seine eigenen Dinge selbst bestimmen kann. Damit erweitern Sie zugleich

seinen Einflußbereich und sein Wissen darüber.

*** Zur Ich-Entwicklung ist es unerläßlich, daß Ihr Kind Erfahrungen mit seinem Körper sammelt. Es sollte der bekannteste, vertrauteste, am genauesten einschätzbare und somit verfügbarste Bestandteil des Ich sein (alle Gegenstände und selbst die nächsten Bezugspersonen sind vergleichsweise «weit» entfernt). Ihr Kind soll ihn beim Baden in der Wanne, bei Spielen und Übungen aus dem Abschnitt «Gymnastik und Bewegung», im Gespräch und besonders beim Liebkosen kennen-

Der Umgang mit dem Schlüssel als Zeichen der Selbständigkeit …

lernen. Die Sexualerziehung spielt dabei eine wesentliche Rolle (vgl. S. 111).

Ab 2;7 Jahren

* Vielleicht übt der Fernseher schon jetzt eine magische Anziehungskraft auf Ihr Kind aus (vor allem, wenn Sie selbst häufig in seiner Gegenwart davorsitzen). Ihr Kind sollte in diesem Alter noch nicht fernsehen, sondern alle Anregungen und Erlebnisse durch den direkten Kontakt erfahren. Sogar Tiersendungen und pädagogisch betreute Kinderprogramme sind für diese Altersstufe nicht geeignet.

Wenn sich Ihr Kind langweilt, erfinden Sie ein Spiel, oder greifen Sie zu den Entwicklungsanregungen, ab S. 149. Es braucht dringend den aktiven Umgang mit seiner Umwelt. Wahrnehmen, Sprechen, Denken, Gedächtnis, Lernen, Wissen, Handeln, emotionales Verhalten usw.

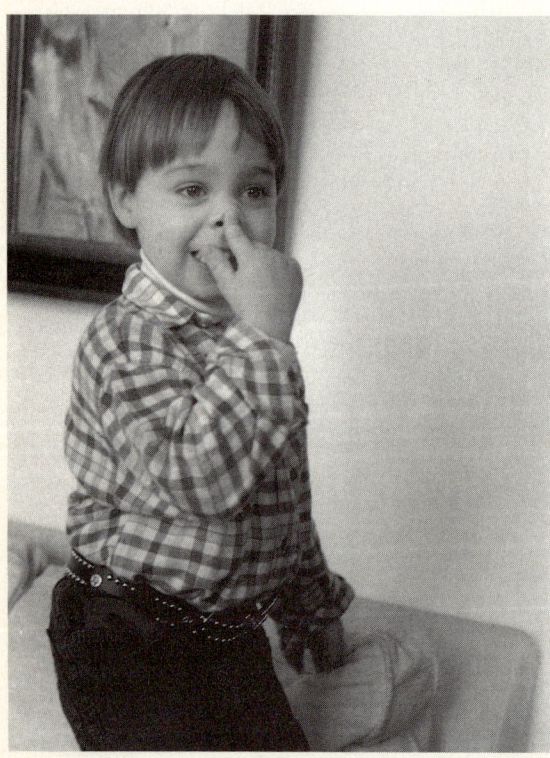

Trifft der Zeigefinger die Nasenspitze auch bei geschlossenen Augen?

müssen ständig angeregt werden, wenn Ihr Kind alle seine Fähigkeiten entwickeln soll. Beim Fernsehen ist es lediglich passiver Zuschauer.

** Ihr Kind kann nun schon kleine Aufträge ausführen: etwas zureichen, aufräumen, den Mantel aufhängen usw. Geben Sie jeden Auftrag gut überlegt. Überzeugen Sie sich unmittelbar danach, ob er richtig ausgeführt wurde, und loben Sie Ihr Kind. Damit zeigen Sie ihm erst, daß es Sie richtig verstanden und die Sache gut gelöst hat. Außerdem sieht es durch Ihre Anerkennung, daß Sie den Auftrag für wichtig halten. Vermeiden Sie Kommentare wie: «Ich habe dir schon oft gesagt, du sollst...» Aber beginnen Sie auch nicht umständlich mit der Bemerkung: «Du würdest mir einen großen Gefallen tun, wenn du...» Geben Sie statt dessen jeden Tag einige Aufträge klar und bestimmt.

*** Das Vertrauen in die eigenen Fähigkeiten ist eines der wichtigsten Lernziele der Ich-Entwicklung. Das Anspruchsniveau des Kindes richtet sich in der Regel nach dem der bevorzugten Bezugsperson; von ihr übernimmt es die Vorstellung, welche Anforderungen es bewältigen sollte. Wenn von ihm zuviel verlangt wird, entwickelt es ein «überhöhtes» Anspruchsniveau. Die Wahrscheinlichkeit für Mißerfolge ist dann natürlich weit größer als bei einem den Leistungen angepaßten Anspruchsniveau: Es kann sich kein Vertrauen in die eigene Leistungsfähigkeit bilden. Die Fähigkeit sinkt zusätzlich ab, weil das Kind nach häufigen Enttäuschungen und Mißerfolgen nicht mehr mit allen Kräften an einer Aufgabe arbeitet. Statt dessen vergeudet es viel Energie mit Überlegungen wie «Werde ich das schaffen?», «Das schaffe ich ja doch nicht!» usw. Überfordern Sie Ihr Kind nicht.

Freuen Sie sich mit ihm, wenn es kleine Leistungen gut vollbringt. Das erhöht seine Leistungsfähigkeit durch Übung und Gewöhnung. Das Kind bekommt Vertrauen in das eigene Ich. Und das ist auch eine Voraussetzung für ein emotional ausgeglichenes Erleben und Verarbeiten.

Helfen Sie Ihrem Kind, seine Gefühle zu entfalten

Ab 2;0 Jahren

Sicher haben Sie bei Ihrem Kind schon einige der folgenden Gefühlsäußerungen beobachten können: Liebe, Glück, Zuneigung, Freude, Neugier, Eifersucht, Neid, Wut, Angst. Es zeigt seine Gefühle natürlich anders als ein Erwachsener: Es stampft vielleicht heftig mit dem Fuß auf, es vergießt dicke Tränen bei Schmerzen oder einem plötzlichen Erschrecken.

Wenn so etwas vorkommt, sollten Sie mit ihm über die Ursache sprechen (also zum Beispiel klären, warum es aufstampfte usw.). Es konnte vermutlich einen eigenen Wunsch nicht verwirklichen, es wurde von Ihnen «überfahren», es versteht die Ablehnung seines Wunsches nicht. Es faßt sie vielleicht sogar als ein Zeichen mangelnder Liebe auf. Nur wenn Sie genau erklären, warum Sie seinen Wunsch nicht erfüllen können, wird es Ihre Entscheidung (leichter) akzeptieren.

Wenn Sie eine Gefühlsäußerung richtig erkannt haben, können Sie gelegentlich mit dem Kind darüber reden. Sagen Sie ihm, wie dieses Gefühl bezeichnet wird, und sprechen Sie mit ihm über die Ursache. So lernt Ihr Kind seine eigenen Verhaltensweisen genauer kennen. Das wird ihm später auch helfen, sich selbst zu steuern.

Durch genaues Beobachten des kindlichen Verhaltens merken Sie auch schnell, wenn sich Veränderungen anbahnen. Zeigen sich plötzlich mehr negative Reaktionen als positive, dann «stimmt etwas nicht». Das heißt: Sie müssen dann Ihr eigenes Verhalten überprüfen. Vielleicht bringen Sie zuwenig Zeit zum Spielen auf, vielleicht hören Sie nicht genügend auf Ihr Kind, sondern schreiben ihm zuviel vor oder reden pausenlos auf es ein? Vielleicht hat es Schwierigkeiten mit den Geschwistern oder anderen Bezugspersonen? Vielleicht ist aber auch sein Befinden insgesamt nicht gut. In jedem Fall müssen Sie dann die Situation so verändern, daß wieder die positiven Gefühle überwiegen. Das ist auch deshalb wichtig, weil alle neuen Eindrücke und Erlebnisse von den vorangegangenen mitbestimmt werden. So wird etwa ein «gefühlsneutrales» Ereignis im einen Fall positiv aufgenommen, im anderen negativ. Negativ interpretierte Erlebnisse können das Kind auf die Dauer depressiv, mißmutig und gefühlskalt machen. Positive Eindrücke verstärken dagegen eine positive Lebensgrundstimmung.

Entscheidend ist dabei nicht eine Einzelsituation. Erst viele ähnliche Erlebnisse im Verlauf einer größeren Zeitspanne prägen die Gefühle dauerhaft. Ein Beispiel zeigt Ihnen vielleicht etwas deutlicher, wie Sie mit Ihrem Kind nach einer Gefühlsäußerung sprechen können. Das Kind will einen Vogel aus dem Käfig nehmen. Sie

befürchten, daß er wegfliegt und nur schwer wieder einzufangen ist. Also gehen Sie nicht auf den Wunsch ein. Ihr Kind protestiert, weint, wird wütend. Sagen Sie dann zum Beispiel: «Hör bitte zu, ich will dir erklären, warum du den Vogel nicht herausnehmen kannst!» Vielleicht ist es noch nicht gleich bereit, Ihnen zuzuhören. Dann warten Sie, bis es sich ein wenig beruhigt hat, und versuchen es dann noch einmal: «Wenn der Vogel aus dem Käfig kommt, fliegt er davon.

Bei Festen von Erwachsenen sollten Sie auch ein kleines Kinderprogramm gegen Langeweile einplanen.

Wir können ihn nicht fangen, denn er ist viel schneller als wir. Wenn wir auf den Tisch steigen, um ihn von der Gardinenstange zu holen, sitzt er bereits wieder auf dem Schrank. Wenn jemand zur Tür hereinkommt, fliegt er hinaus ins Freie. Dann findet er den Rückweg nicht mehr. Er verhungert vielleicht draußen, weil er nicht gewohnt ist, sich die Nahrung selbst zu suchen. Wir möchten den Vogel aber doch behalten!» Spielen Sie eventuell die Szene vor. Auch das trägt dazu bei, daß Ihr Kind seine Wut ablegt. Es sieht ein, daß Ihr Verbot nicht willkürlich war, sondern einen Sinn hatte.

** Viele Gefühle und die Art, sie zu zeigen, erfährt Ihr Kind, wenn es andere Menschen beobachtet: Es sieht im täglichen Umgang mit Ihnen, welche Ereignisse auf Sie zukommen und wie Sie sich dabei verhalten – ob Sie den Vorfall gelassen hinnehmen, unruhig sind, sich aufregen, wütend werden usw.

Es ist eine gute Regel für Sie, nur dann stärkere Gefühlsäußerungen zu zeigen, wenn Ihr Kind den Anlaß oder Grund dafür einsehen kann. Sonst nimmt es an, daß Ihr Verhalten völlig unmotiviert ist. Es würde den Eindruck bekommen, daß Gefühlsäußerungen unberechenbar, zufällig und willkürlich

Die Handhabung einer Marionette erfordert besondere Anleitung.

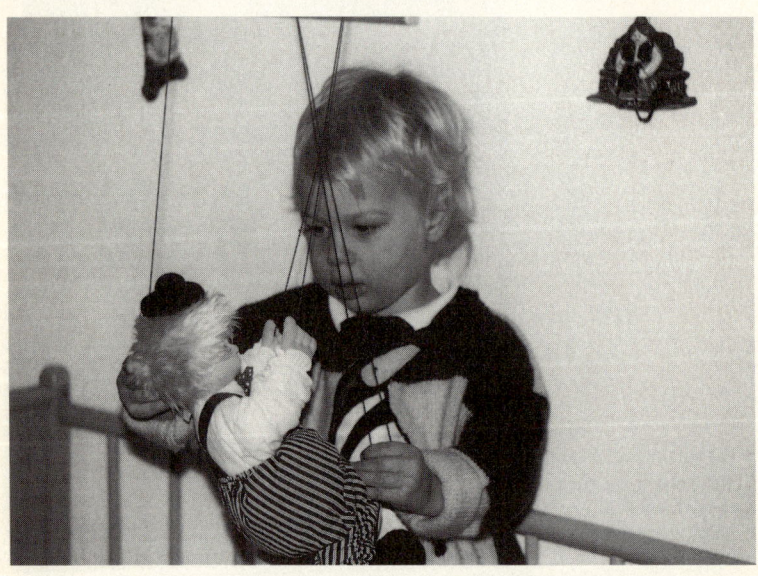

sind. Ihr Kind soll vielmehr lernen, bei bestimmten Ursachen angemessen emotional zu reagieren. Denn dann können andere Menschen sein Verhalten leichter deuten und richtig auf seine Äußerungen reagieren. Machen Sie Ihrem Kind also verständlich, warum Sie selbst in bestimmten Situationen sich so und nicht anders verhalten. Es wird all das sehr schnell auffassen und lernen. Wenige gute Beispiele, Hinweise und Erklärungen reichen aus, damit Ihr Kind das unterschiedliche Verhalten seiner Mitmenschen zu interpretieren lernt.

** Ein gutes Hilfsmittel zum Verständnis von Gefühlsäußerungen sind Kinderbücher und Bilderbücher mit kurzen Texten. Lesen Sie eine Geschichte vor, in der zum Beispiel ein trauriges oder wütendes, lachendes oder neugieriges Kind beschrieben wird, und sprechen Sie über den Grund seines Verhaltens und über seine Gefühle. Die Distanz zu den Ereignissen macht Ihrem Kind das Verständnis leichter. Es ist ja nicht selbst in den Konflikt verwickelt. Suchen Sie Beispiele für die verschiedenen Gefühle. Damit fördern Sie zugleich auch sein soziales Verhalten. Denn Gefühlsäußerungen sind ja mit die wichtigsten Signale im Umgang mit anderen Menschen. Oft kommen in Kinderbüchern auch Tiere vor, die menschliche Gefühle zeigen. Ein Hase ist «traurig« oder «weint»

sogar, ein Vogel singt «glücklich» usw. Vermeiden Sie solche Geschichten als Beispiel. Ihr Kind bekommt sonst vom Verhalten eines Tieres einen falschen Eindruck. Und außerdem geht es ja um menschliche Verhaltensweisen; das Beispiel von Tieren wäre also ein unnötiger Umweg.

*** Lassen Sie Ihrem Kind genügend Zeit, angemessene Gefühlsäußerungen zu entwickeln. Das heißt: Kritisieren Sie es niemals, wenn es Gefühle zeigt. Sagen Sie also nie: «Du mußt doch nicht so wild herumhüpfen, wenn du dich freust!» oder «Sei doch nicht so wütend!»

Sie können die Gefühlsäußerungen höchstens beeinflussen, indem Sie über den Anlaß sprechen. Fragen Sie zum Beispiel nach dem Grund des Ärgers oder des Wutausbruchs, und suchen Sie dann nach einer befriedigenden Lösung. Sie kann manchmal schon einfach darin bestehen, daß Sie Ihr Verbot sachlich begründen, bis Ihr Kind es versteht. Das trägt dazu bei, daß es mit der Zeit immer verständiger reagiert. Vermeiden Sie aber Scheinargumente wie: «Draußen ist es heute viel zu kalt!» (Sie könnten Ihr Kind ja wärmer anziehen...). Im Laufe der Zeit durchschaut es nämlich Täuschungsmanöver. Und dann fängt es an, Sie hinters Licht zu führen!

*** Vor allem ein Gefühl müssen Sie sehr sorgfältig beobachten: die

Angst. Zeigt Ihr Kind tatsächlich nur bei begründeten Anlässen Angst? Oder ist es zu ängstlich? Fragen Sie sich dann, ob Sie es ständig aus eigener übertriebener Ängstlichkeit warnen («Nein, da kannst du herunterfallen!» – «Lauf nicht so schnell, sonst fällst du hin!» – «Nein, das kann brechen!»). Üben Sie lieber mit ihm, wie es Gefahren vermeiden kann («Wenn du auf den Baum klettern willst, mußt du dich mit dieser Hand an dem Ast festhalten und den Fuß dorthin stellen!»). Nach mehreren Hinweisen und Tips macht Ihr Kind dann gewiß keinen Fehler mehr. Es wird sicher und erlebt seinen Erfolg. Natürlich dürfen Sie selbst auch nicht unbegründete Angst zeigen oder gleich einen Schreckensruf ausstoßen, wenn etwa ein Messer vom Tisch fällt...

*** Häufig werden Sie bei Ihrem Kind ganz unangemessene Reaktionen feststellen – übermäßige Gereiztheit, Unruhe, Nervosität, Aufregung, Aggressivität oder mehrere Wutausbrüche hintereinander. Das ist dann wahrscheinlich ein Zeichen dafür, daß es übermüdet oder überfordert ist. Oft hilft dann schon das Angebot eines Fruchtsaftes oder einiger Kekse, eines Apfels oder einer kleinen Schnitte Brot. Wenn Ihr Kind darauf nicht eingeht und auch nicht ins Bett will, können Sie kaum etwas anderes tun als abwarten (oder es mit einer Geschichte oder einem Bilderbuch unterhalten). Es kommt jedenfalls leichter über den «Spannungszustand» hinweg, wenn von ihm dann weniger Aktivität gefordert wird.

Omas haben an Enkelkindern viel Freude, sie brauchen aber auch viel Geduld.

So findet Ihr Kind Kontakt zu anderen Menschen

Ab 2;0 Jahren

** Die folgende, erste Anregung richtet sich nur an Eltern, die mehrere Kinder haben. Denn es geht um das Verhalten der Geschwister untereinander – und um Ihren Einfluß darauf. Natürlich wollen Sie, daß sich Ihre Kinder verstehen, daß sie miteinander spielen und daß sie zusammenhalten. Doch wie läßt sich das erreichen? Vermeiden Sie die wichtigsten Anlässe, die zum Streit zwischen Geschwistern führen:

– Die Bevorzugung eines Kindes. Die Geschwister fühlen sich dadurch natürlich zurückgesetzt und zeigen dies durch Aggressivität gegenüber dem Lieblingskind.
– Zärtlichkeiten, die bevorzugt einem Kind (zum Beispiel dem Jüngsten, dem Sohn, der Tochter) gelten.
– Pflichten und Aufgaben, die mit den Worten begründet werden: «Du bist doch schließlich älter und vernünftiger!»
– Babysitter-Dienste bzw. Ablehnung von Wünschen zugunsten des jüngeren Kindes. Geben Sie statt dessen immer wieder Anregungen zu gemeinsamen Aktivitäten.

– Spielen Sie mit allen Kindern zusammen (zum Beispiel mit Bausteinen oder mit Puppen usw.), und geben Sie dabei jedem die Tips, die seinem Alter und Entwicklungsstand entsprechen. So gewöhnen sich die Kinder allmählich daran, längere Zeit ohne Konflikte miteinander zu spielen.
– Bitten Sie jedes Kind einmal, dem anderen ein Spielzeug abzugeben. Sie müssen dabei natürlich sehr diplomatisch vorgehen und dürfen keinesfalls Druck auf die Kinder ausüben. Fragen Sie höchstens zweimal hintereinander, ob ein Kind etwas hergeben will. Wenn es das ablehnt, versuchen Sie es zu einem späteren Zeitpunkt wieder. Auf diese Weise leiten Sie Ihre Kinder langsam dazu an, später auch ganz von sich aus Spielsachen auszutauschen bzw. «zu verleihen».
– Lassen Sie die Kinder nicht zu lange allein im Zimmer, damit erst gar kein Streit beginnen kann. Wenn sie mehrmals ein paar Minuten ohne Ihr Dabei-

sein friedlich zusammen gespielt haben, können Sie die «unbeaufsichtigten» Spielphasen schrittweise verlängern.

– Geben Sie Ihren Kindern Anregungen wie: «Ich mache euch einen Vorschlag. Du fährst mit dem Lastwagen Bauklötze zum Bauplatz. Und du baust damit einen Turm!» Auch wenn Ihre Kinder einen derartigen Vorschlag nur ganz kurz aufgreifen, haben Sie viel erreicht. Die Kinder erfahren, daß man in einem Spiel verschiedene Tätigkeiten übernehmen kann, die sich ergänzen. Und sie verlieren vorübergehend das Interesse daran, nun unbedingt mit dem Spielzeug des anderen spielen zu wollen.

– Beschäftigen Sie die Geschwister auch einzeln in Ihrer unmittelbaren Umgebung (in der Küche, beim Aufräumen, beim Autowaschen usw.). Jedes der Geschwister braucht auch Ihre persönliche Ansprache, um sich geliebt und verstanden zu wissen.

Selbstverständlich müssen Sie auch den Altersabstand berücksichtigen. Nur wenn er etwa ein bis zweieinhalb Jahre beträgt, können Sie in diesem Alter erwarten, daß die Kinder auch längere Zeit miteinander spielen wollen – sonst sind die unterschiedlichen Interessen so ausgeprägt, daß es zu wenig Chancen für gemeinsame Aktivitäten gibt. In Ausnahmefällen spielen allerdings auch Geschwister mit größerem Altersabstand miteinander.

** Erweitern Sie die Erfahrungen Ihres Kindes mit Erwachsenen. Bisher kennt es wahrscheinlich niemanden so gut wie Vater und Mutter. Nutzen Sie von nun an jede Gelegenheit, bei der es Freunde, Bekannte und Verwandte besser kennenlernen kann. Dazu gehört zum Beispiel, daß es sich während eines Besuchs im gleichen Raum wie die Erwachsenen aufhält und dort spielen kann. So kann es den Gesprächen zuhören und gleichzeitig ein Gefühl dafür bekommen, wie Erwachsene miteinander umgehen. (Wenn Sie nur allein mit Ihrem Kind sprechen, erfährt es diese Art des Dialogs nicht.) Lassen Sie Ihr Kind auch gelegentlich mit anderen Erwachsenen allein, wenn es sie schon kennt und mag.

Bitten Sie Besucher ruhig, einmal die Aufsicht zu übernehmen und sich für kurze Zeit mit dem Kind zu beschäftigen. Vielleicht kann der Erwachsene auch etwas allein tun, bei dem Ihr Kind nur interessiert zuschaut: eine Handarbeit, die Pfeife stopfen, einen Film in den Fotoapparat einlegen, ein Möbelstück streichen usw. Natürlich wird es all die Dinge besonders spannend finden, die es bei Ihnen bisher nicht beobachten konnte. Dabei werden für Ihr Kind Ihre eigenen Verhaltensweisen ein wenig relativiert, es erfährt, daß sich nicht alle Erwachsenen so verhalten wie

Sie. Nach vielen Erfahrungen mit anderen kann es sich dann an einer breiten Verhaltenspalette orientieren und das daraus übernehmen, was ihm gemäß ist.

Ab 2;7 Jahren

*** Erweitern Sie die sozialen Erfahrungen Ihres Kindes nun auch systematisch durch den Kontakt mit anderen Kindern. Das ist nicht nur sehr wichtig, wenn es keine Geschwister hat. Auch Kinder mit Geschwistern sollten Kinder aus anderen Familien kennenlernen. Im Spiel mit Kindern seines Alters und bei gemeinsamen Beschäftigungen lernt Ihr Kind:

– Auch andere Kinder erleben mit ihren Handlungen und Verhaltensweisen Freude, Erfolge und Mißerfolge.
– Es kann sich in die Gruppe und in die Situation anderer Menschen einbezogen fühlen. So erlebt es, daß es nicht jederzeit von seinen Eltern abhängig ist. Es entfaltet mehr Eigeninitiative oder läßt sich durch andere Kinder anregen. Durch den Erfolg fühlt sich das Kind in seiner Verhaltensweise bestärkt und bekommt Selbstvertrauen. Es ist deshalb auch wichtig, daß

Ein Brunnen ist ein interessanter Treffpunkt für Kinder.

es nicht nur mit einem (zum Beispiel dominierenden) Kind zusammenkommt, sondern unterschiedliche Erfahrungen machen kann. So lernt es am besten, die eigenen Interessen mit denen des Spielpartners abzustimmen.

– Ihr Kind ist durch die «Überlegenheit» eines Erwachsenen immer eingeengt. Er lenkt es durch Worte, durch seine Spielvorschläge usw. (Andererseits wäre es falsch und unnatürlich, wenn er «auf Kind» machen würde. Außerdem würde das Kind unsicher in der Interpretation dessen, was «Erwachsensein» ist.) In einer gleichaltrigen Kindergruppe fällt diese Überlegenheit weg; das «entlastet» es psychisch.

– Ihr Kind lernt früh, sich auf die Interessen anderer einzustellen. Geben und Nehmen können dabei sehr häufig wechseln: Einmal nimmt Ihr Kind einem anderen etwas aus der Hand, dann wird ihm etwas weggenommen. Ein anderes Mal gibt es freiwillig etwas her und bekommt etwas auf Wunsch. Zustimmung, neutrales Verhalten und Ablehnung erfährt Ihr Kind auch in Worten unmittelbar von einem gleichaltrigen Spielgefährten und kann dann sein eigenes Verhalten leichter darauf einrichten.

– Die soziale Rolle Ihres Kindes wird nicht vorschnell festgelegt. Es bleibt flexibel, da es sich oft auf verschiedene Verhaltenswei-

sen einstellen muß. In den nächsten Jahren kann es sich dank seiner unterschiedlichen Erfahrungen auf eine Rolle einpendeln, die ihm gemäß ist: eine Rolle, die soziales Verhalten gegenüber anderen bewußt einbezieht, ohne dabei eigene Wünsche und Interessen ganz aufzugeben.

Damit Ihr Kind diese verschiedenen Lernziele erreichen kann, braucht es also gleichaltrige Spielgefährten. Wenn Sie keine Familie mit Kindern kennen, sollten Sie auf dem Spielplatz mit einer anderen Mutter sprechen. Erklären Sie ihr, warum Sie den Kontakt zwischen Kindern für wichtig halten. Anfangs sollten noch beide Mütter dabeisein, wenn sich die Kinder in Ihrer oder der anderen Wohnung treffen. Erst wenn die Kinder sich aneinander gewöhnt haben und gut zusammen spielen, gehen die Erwachsenen in ein anderes Zimmer.

Nach einer Weile sehen Sie (und die andere Mutter) dann auch, ob Sie vermißt werden. Beim nächstenmal kann die Mutter, die zu Besuch ist, schon fragen, ob sie kurz weggehen kann. Sie sollte nicht heimlich fortgehen, weil die Enttäuschung groß ist, wenn das Kind die Abwesenheit bemerkt.

Wenn sich die Kinder aneinander und an die Trennung von der Mutter gewöhnt haben, können Sie sie gut ein- bis zweieinhalb Stunden allein bei der anderen Mutter spielen lassen. Länger nicht, denn

Ich sehe dich, aber du hörst mich nicht: verstehst du mich trotzdem?

Kindern geht es gut, wenn Erwachsene Zeit für sie haben.

das bringt in diesem Alter nicht sehr viel mehr an sozialer Anregung.

*** Beobachten Sie die Kinder beim Spielen, und greifen Sie ruhig ein, wenn ein Streitfall von den Kindern nicht günstig gelöst werden kann (wenn also droht, daß sich eines zu sehr in seinen Zorn hineinsteigert, wenn es aggressiv wird oder sich weinend zurückzieht). Zeigen Sie den Kindern immer wieder, wie man sich aufeinander abstimmen kann, indem man Spielsachen gleichmäßig verteilt oder austauscht. Gerechtes Tauschen und Teilen sind mit die wichtigsten demokratischen Spielregeln, die Ihr Kind schon jetzt einüben kann. Werden Sie nicht müde, die Kinder immer wieder dazu anzuleiten, bis sie dies von selbst als eine befriedigende Lösung ansehen.

* Gegen Ende des dritten Lebensjahres können Sie verschiedene Rollenspiele vorschlagen, die Ihr Kind mit Ihnen oder mit anderen Kindern spielt, zum Beispiel:
– Der Briefträger bringt Post.
– Wir kaufen ein.
– Es kommt Besuch.
– Wir fahren Straßenbahn.
– Ein Polizist regelt den Verkehr.

ÜBERSICHTEN

Literatur

BECK, U.: Risikogesellschaft. Auf dem Weg in eine andere Moderne. Frankfurt a. M. 1986

BELSER, H., u. a.: Curriculum-Materialien für die Vorschule. Weinheim 1973

Bundeszentrale für gesundheitliche Aufklärung (Hg.): Die neue Sicherheitsfibel. Ein Ratgeber für Eltern – zur Verhütung von Kinderunfällen. Köln 1988

Bundeszentrale für gesundheitliche Aufklärung (Hg.): Selbsthilfe für Eltern. Köln 1983

Bundeszentrale für gesundheitliche Aufklärung (Hg.): Kinderspiele. Anregungen zur gesunden Entwicklung von Kleinkindern. Köln 1983

Der Bundesminister für Bildung und Wissenschaft (Hg.): Grund- und Strukturdaten 1990/91. Bad Honnef 1990

Deutsche Arbeitsgemeinschaft Selbsthilfegruppen e. V. (Hg.): Selbsthilfegruppen-Förderung. Gießen 1987

Deutsche Gesellschaft für Ernährung (Hg.): Von Anfang an. Zur Bedeutung der Ernährung in den ersten Lebensjahren. Frankfurt a. M. 1984

Deutscher Verein für öffentliche und private Fürsorge (Hg.): Tageseinrichtungen für Kinder – eine Aufgabe der Jugendhilfe. Frankfurt a. M. 1990

Deutsches Jugendinstitut e. V. (Hg.): Wie geht's der Familie? München 1988

EBERT, S. (Hg.): Zukunft für Kinder. Grundlagen einer übergreifenden Politik. München 1991

ELMADFA, I., AIGN, W., und FRITZSCHE, D.: GU-Nährwert-Kompaß 1988/89. München 1988

ENGFER. A., u. a. (Hg.): Zeit für Kinder! Kinder in Famileie und Gesellschaft. Weinheim 1991

Evangelische Bundesarbeitsgemeinschaft für Sozialpädagogik im Kindesalter (Hg.): Dokumentation. Symposion Kinder – Kirche – Zukunft. Stuttgart 1988

FTHENAKIS, W. E.: Väter. 2 Bände. München 1985

Gewerkschaft Öffentliche Dienste, Transport und Verkehr (Hg.): Mehr ... für Kinder. Anstöße zur Reform der öffentlichen Kinderbetreuung. Stuttgart 1990

GLATHE, B.: Gymnastik für Mutter und Kind. München 1972

GOERTZ, G. v.: Mein Zuhause. Das Kinderzimmer. München 1983

HOLTMEIER, H.-J.: Gesunde Ernährung von Kindern und Jugendlichen. Stuttgart 1986

GRÜNEISL, G., und ZACHARIAS, W.: Die Kinderstadt. Eine Schule des Lebens. Handbuch für Spiel, Kultur, Umwelt. Reinbek 1989

HOLTMEIER, H.-J.: Diät bei Übergewicht und gesunde Ernährung. Stuttgart 1986

HURLOCK, E. B.: Die Entwicklung des Kindes. München–Weinheim 1972

Katalyse e. V. – Institut für angewandte Umweltforschung: Kinderernährung. Köln 1987

Katalyse-Umweltgruppe Köln e. V. (Hg.): Chemie in Lebensmitteln. Frankfurt a. M. 1991

KLÖCKER, M., und TWORUSCHKA, U. (Hg.): Miteinander – was sonst? Multikulturelle Gesellschaft im Brennpunkt. Köln–Wien 1990

KOHNSTAMM, R.: Praktische Kinderpsychologie. Eine Einführung für Eltern, Erzieher und Lehrer. Bern 1985

KUHLEN, V.: Verhaltenstherapie im Kindesalter. Grundlagen, Methoden und Forschungsergebnisse. München 1976

Lexikonredaktion des Bibliographischen Instituts (Hg.): Meyers Taschenlexikon in 10 Bänden. Mannheim 1985

LÖSCHER, W.: Riech- und Schmeckspiele. München 1987

MEINERZHAGEN, M., und ECKARDT, N.: Der Öko-Berater für Eltern. Reinbek 1989

MIETZEL, G.: Pädagogische Psychologie. Göttingen 1975

MILLER, A.: Am Anfang war Erziehung. Frankfurt a. M. 1987

Ministerium für Arbeit, Gesundheit und Soziales des Landes Nordrhein-Westfalen (Hg.): Sicherheitslexikon für alle HaushAlte. Düsseldorf 1988

MÜLLER-KALDENBERG, R.: Mütter mit Beruf. Reinbek 1990

MUSSEN, P. H., u. a.: Essentials of Child Development and Personality. Cambridge u. a. 1980

NAVE-HERZ, R. (Hg.): Wandel und Kontinuität der Familie in der Bundesrepublik Deutschland. Stuttgart 1988

OERTER, R., und MONTADA, L. (Hg.): Entwicklungspsychologie. München–Weinheim 1987

PAINTER, G.: Baby-Schule. Gütersloh 1972

PALITZSCH, D. (Hg.): Pädiatrie. Stuttgart 1990

Der Paritätische Wohlfahrtsverband Bayern (Hg.): Soziales Netz Kinderbetreuung. München 1991

PETERSEN, G.: Kinder unter 3 Jahren in Tageseinrichtungen. Band 1: Grundfragen der pädagogischen Arbeit in altersgemischten Gruppen. Köln 1988

PEUKERT, K. W.: Sprachspiele für Kinder. Stuttgart 1972

Presse- und Informationsamt der Bunderegierung. Politik für die Familie. Bonn 1990

ROLLE, J., und KESBERG, E.: Medienwelt = Kinderwelt? Köln 1991

SCHENK-DANZINGER, L.: Entwicklungspsychologie. Wien 1987

SCHNEEWIND, K. A., u. a.: Eltern und Kinder. Stuttgart 1983

SCHREIBER, M.: Linkshändige Kinder (I) und (II). Kindergarten heute. 1988 (18), 4, 172–176 und 1988 (18), 5, 19–24

SPEICHERT, H., und SCHÖN B.(Hg.): Das rororo Elternlexikon. Reinbek 1988

Stadt Nürnberg (Hg.): Sozial-Atlas 91/92. Stadtwegweiser für Bürger und soziale Dienste. Nürnberg 1991

TAUSCH, R., und TAUSCH A.-M.: Erziehungspsychologie. Göttingen 1965

TEXTOR, M. R.: Familien: Soziologie, Psychologie. Eine Einführung für soziale Berufe. Freiburg i. B. 1991

ZEILE, E. (Hg.): Ich habe ein behindertes Kind. München 1988

ZIMMER, J., u. a.: (Hg.): Erziehung in früher Kindheit. Band 6: Enzyklopädie Erziehungswissenschaft. Stuttgart 1985

♦ Weiterführende Lernspiel-Anregungen sind u. a. den letzten Jahrgängen folgender Zeitschriften zu entnehmen:.

Unsere Kinder. Fachzeitschrift für Kindergarten- und Kleinkindpädagogik. Österreichische Caritaszentrale (Hg.)

Kindergarten heute. Zeitschrift für Erziehung im Vorschulalter. Verlag Herder GmbH & Co. KG (Hg.)

Spielen und Lernen. Beilage: spiel mit. Für alle Kinder, die gern spielen und lernen. Velber Verlag GmbH (Hg.)

♦ Zur Orientierung über Aktuelles und neue Entwicklungen in Pädagogik und Psychologie:

ELTERN. Gruner & Jahr (Hg.)

Kinderzeit. Sozialpädagogische Blätter. Pestalozzi-Fröbel Verband und B&B GmbH

Bildquellen

Berger, Stella: S. 1, 25, 27, 37, 40 unten, 69, 70, 107, 113, 175, 179, 204, 207

Diekmeyer, Ulrich: S. 17, 19, 40 oben, 53, 65, 78, 79 links, 92, 93, 100, 102, 119, 135, 157, 161 oben, 162 oben, 172, 183, 193, 199, 213, 218, 223, 225 oben

Fiebig, Jochen: S. 11, 31, 56, 61, 79 rechts, 153 unten, 165, 169, 191, 198, 203, 211, 214, 225 unten

Münzer, Agnes: S. 184, 220

Münzer, Florian: S. 181

Wild, Katharina: S. 20, 43, 45, 74, 89, 94, 101, 153 oben, 161 unten, 162 unten, 171, 217

Diese Firmen haben uns freundlicherweise Artikel für Fotos geliehen:

Wagner, Büro-Buch-Spiel, Olching

Register